Burocracia e participação

Conselho Editorial
Flávia Biroli
Luciana Panke
Marie-Hélène Paret Passos
Regina Dalcastagnè
Ricardo Silva
Renato Perissinotto

Burocracia e participação
A gestão no orçamento de Porto Alegre

Marianne Nassuno
prefácio de Luiz Carlos Bresser-Pereira

EDITORA
HORIZONTE

Copyright © 2011
Marianne Nassuno

Editora
Eliane Alves de Oliveira

Capa
Editora Horizonte

Revisão
Gabriela Delgado e Jacob Lebensztayn

Diagramação
Palatino 10,5/14

Impressão
Assahi Gráfica, São Bernardo do Campo, maio, 2011

Papel
Chamois bulk 70g

Dados Internacionais de Catalogação na Publicação (CIP)

Burocracia e participação: a gestão no orçamento de Porto Alegre / Marianne Nassuno. – Vinhedo, Editora Horizonte, 2011.

ISBN 978-85-99279-31-1

1. Gestão pública - Brasil 2. Crítica à burocracia 3. Democracia contemporânea 4. Orçamento participativo - Porto Alegre

CDD 300.320

Editora Horizonte
Rua Geraldo Pinhata, 32 sala 3
13280-000 – Vinhedo – SP
Tel: (19) 3876-5162
contato@editorahorizonte.com.br
www.editorahorizonte.com.br

Dedico este livro a meus pais, Shizuka e Shunji Nassuno, por estarem a meu lado em todos os momentos e criarem a oportunidade de fazer algo novo ao me trazerem ao mundo.

SUMÁRIO

Perfácio, 9

Nota da autora, 15

Introdução, 18

Capítulo 1: Burocracia e participação, 32
   1.1. O tipo ideal weberiano de burocracia, 34
   1.2. A Nova Gestão Pública e a crítica à burocracia, 45
   1.3. Reforma do Aparelho do Estado no Brasil e o cidadão-usuário, 51

Capítulo 2: Participação e burocracia, 57
   2.1. Debate sobre a democracia contemporânea, 58
   2.2. Participação, 63
   2.3. Igualdade e liberdade, 85

Capítulo 3: Históricos e resultados do orçamento participativo de Porto Alegre, 97
   3.1. Histórico do OPPA, 97
   3.2. Resultados do OPPA, 108

Capítulo 4. A gestão no orçamento participativo de Porto Alegre: estrutura, procedimentos, documentos e pessoal, 126
   4.1. Estruturas, 127
   4.2. Processo de trabalho, 131
   4.3. Documentos, 133
      4.3.1. O OPPA no processo orçamentário tradicional, 135
      4.3.2. Documentos específicos do OPPA, 143
   4.4. O pessoal do OPPA, 149

Considerações finais, 186

Referências bibliográficas, 202

Anexo I: Principais mudanças ocorridas no OPPA, 211

Anexo II: OPPA no plano plurianual, 217

SIGLAS UTILIZADAS

OPPA Orçamento Participativo de Porto Alegre
CROP Coordenador Regional do Orçamento Participativo
OP Orçamento Participativo
DASP Departamento de Administração do Serviço Público
MARE Ministério da Administração Federal e Reforma do Estado
NAP Nova Administração Pública
AP Administração Popular
CAR Centro Administrativo Regional
COP Conselho do Orçamento Participativo
CRC Coordenação de Relações com a Comunidade, nome original do GRC
GAPLAN Gabinete de Planejamento
GRC Gabinete de Relações com a Comunidade
IPTU Imposto Predial Territorial Urbano
ISS Imposto sobre Serviços
FPM Fundo de Participação dos Municípios
LDO Lei de Diretrizes Orçamentárias
PI Plano de Investimentos e Serviços
PoA Porto Alegre
PT Partido dos Trabalhadores
RI Regimento Interno
SPM Secretaria de Planejamento Municipal
UAMPA União das Associações de Moradores de Porto Alegre

PREFÁCIO

Os dois requisitos mínimos para que um país se torne democrático são a garantia da liberdade individual e do sufrágio universal. Na Inglaterra e na França, os direitos civis foram definidos no século XVIII e garantidos no século XX; já os políticos, nesses dois e nos demais países desenvolvidos, só foram garantidos na virada do século XIX para o século XX. Por isso, a democracia ou o Estado democrático é uma instituição ou um regime político ou uma forma de Estado recente. Como muitas outras instituições, desenvolveu-se com o capitalismo. Só depois da apropriação de excedente, no sistema econômico, deixar de ser feita por uma oligarquia que tinha o comando do Estado, para ser efetivada no mercado, por meio da realização de lucros, é que se tornou possível a existência de regimes democráticos. Anteriormente, o controle do Estado era condição de sobrevivência da oligarquia aristocrática que, por isso mesmo, não admitia que seu poder se tornasse dependente da vontade do povo manifesta através de eleições.

O primeiro povo que completou a revolução capitalista formando seu Estado-nação e realizando sua revolução industrial foi o inglês, no final do século XVIII. Mas foi apenas um século depois que na Inglaterra e nos demais países ricos foi admitido o sufrágio universal. Por muito tempo a burguesia e a classe profissional – as duas classes dirigentes nas sociedades capitalistas – declaravam-se liberais e temiam a democracia argumentando recear a "ditadura da maioria": que os trabalhadores votassem em partidos socialistas com a universalização do sufrágio e, uma vez vencedores das eleições, expropriassem os proprietários.

A democracia que resultou desse acordo foi limitada. Inicialmente, foi uma democracia de elites, na qual o povo tinha o direito de votar, mas não o de governar, nem mesmo de ter voz. Entretanto, depois da Segunda Guerra Mundial, durante os 30 anos dourados do capitalismo, a democracia experimentou um grande avanço nos países mais desenvolvidos, na medida em que o Estado deixava de ser meramente liberal para ser o Estado Social. Correspondentemente, a democracia deixou de ser uma democracia de elites para se tornar uma democracia social e de opinião pública. Os cidadãos passaram a poder se manifestar não apenas no momento das eleições, mas também por meio de pesquisas de opinião pública. Entretanto, a democracia continuou limitada, porque a burguesia e a classe profissional continuavam a temer o seu aprofundamento: a hegemonia ideológica dessas classes sociais dirigentes e seu controle das mídias limitavam a formação da vontade popular, e os políticos continuavam dependentes delas para financiar campanhas eleitorais muito caras.

É nesse quadro que, nos países ricos, no último quartel do século passado, a teoria política se voltou para o conceito de "democracia deliberativa" – um conceito radicalmente utópico, sem qualquer base na realidade, que tinha como consequência não pretendida legitimar o neoliberalismo então em ascensão. Já nos países mais "atrasados", que realizaram sua transição para a democracia muito mais tarde, como foi o caso do Brasil, consolidou-se o conceito de "democracia participativa". O conceito era também relativamente utópico, mas estava mais próximo da realidade que a democracia deliberativa, e seu compromisso com o estabelecimento e consolidação de um Estado Social era bem maior. O ideal da democracia participativa expressou-se em nosso país na Constituição de 1988, e em várias instituições e práticas políticas entre as quais os conselhos municipais de saúde e os orçamentos participativos – especialmente o Orçamento Participativo de Porto Alegre – uma experiência de participação popular no governo de uma cidade que logo ganhou repercussão mundial.

O tema deste livro de Marianne Nassuno é o Orçamento Participativo de Porto Alegre. Mas nele o ponto de vista é diferente daquele que está presente na maioria dos demais trabalhos sobre essa experiência democrática. Neles, o que se procurou foi saber até que ponto foi ou é uma experiência real de participação política. E a resposta a essa pergunta foi geralmente positiva, ainda que esteja claro para todos que se trata de uma participação limitada. Especialmente, porque no caso de Porto Alegre, a conquista do direito à participação na definição dos investimentos a serem realizados pela Prefeitura Municipal não foi sancionada pela Câmara dos Vereadores. A participação só foi possível porque no Brasil o orçamento é autorizativo em vez de ser determinativo, de forma que o prefeito tem um espaço relativamente amplo para decidir sobre os investimentos públicos a realizar.

Mas o que interessa à autora não é fazer uma avaliação do Orçamento Participativo de Porto Alegre, mas, sim, até que ponto seu êxito dependeu da organização pública ou da administração pública de Porto Alegre. Ao concentrar sua atenção nesse ponto, ela faz uma contribuição importante para o estudo da participação. Porque esta é uma forma de exercício de poder que só se transforma em realidade se as respectivas leis e políticas públicas forem bem executadas pelo aparelho do Estado. Na participação política democrática os agentes são os cidadãos e os políticos eleitos, mas os servidores públicos têm o papel fundamental de estruturar e viabilizar em ações concretas a manifestação da vontade popular. É esse papel da administração pública no caso do Orçamento Participativo de Porto Alegre que Marianne Nassuno analisa com profundidade e rigor neste livro.

Mas que tipo de administração pública é essa? Estamos acostumados a pensar na burocracia em termos weberianos como uma corporação racional, mas autoritária. O que vemos neste livro, porém, é um conjunto de profissionais ou funcionários públicos comprometidos com a ideia de democracia e mais, com a ideia de democracia participativa. Mas, assim, onde está a tensão que Marianne salienta entre duas formas de poder – o da participação e o da burocracia? Ela responde que só podemos entender o Orçamento Participativo de Porto Alegre no quadro mais geral da sociedade brasileira e das crenças e aspirações que nela se formam nos anos em que ocorre a transição democrática. Mais especificamente, ela nos diz que é preciso pensar a atuação dos servidores de Porto Alegre no quadro conceitual da teoria da democracia participativa, e das novas ideias que constituem a Administração Pública Gerencial – uma releitura brasileira e social-democrática da Nova Gestão Pública. Foram essas ideias que orientaram a reforma do aparelho do Estado brasileiro que começou em 1995 – uma reforma da qual Marianne Nassuno participou juntamente comigo entre 1995 e 1998, e que continua a ser implementada por todo o Brasil.

A Nova Gestão Pública foi uma escola de pensamento que surgiu no final dos anos 1980, principalmente no Reino Unido, para estabelecer as bases teóricas da reforma gerencial que então começava nesse país, na Austrália e na Nova Zelândia. Que releitura foi essa feita no Brasil? E por que ela foi importante para o Orçamento Participativo de Porto Alegre? Minha tese é a de que a reforma gerencial é a segunda reforma administrativa relevante do aparelho do Estado moderno. É a reforma que, ao diminuir o custo dos grandes serviços sociais e culturais que o Estado presta aos cidadãos, legitima o Estado Social. A primeira foi a Reforma Burocrática que Max Weber conheceu e analisou, e que marcou, no plano político, a transição do Estado Absoluto para o Estado Liberal; a segunda foi a Reforma Gerencial que se tornou necessária para viabilizar e legitimar administrativamente a transição de um Estado Liberal, no qual a carga tributária era muito pequena, para um Estado Social no qual o peso dos impostos se tornará elevado.

Um Estado Democrático Social é uma forma política de Estado mais equilibrada e justa do que é o Estado Democrático Liberal. Supõe a existência de uma cidadania mais desenvolvida e participativa, e de um quadro de servidores públicos mais eficiente e democrático. Supõe, portanto, uma administração pública moderna e bem integrada à sociedade a que serve. Quando eu desenvolvi as ideias da Reforma Gerencial de 1995, ajudado por uma bela equipe de altos e competentes servidores públicos, entre os quais minha ex-aluna Marianne, eu próprio refletia as aspirações democráticas e participativas existentes na sociedade brasileira. Fazia, naturalmente, minha própria interpretação desses valores e crenças; expressava minhas arraigadas convicções social-democráticas. Vale, entretanto, mencionar aqui um fato significativo. Eu era então membro do Partido da Social Democracia Brasileira, mas o tema da democracia participativa não era central no meu partido, a não ser para o grande homem público que foi André Franco Montoro. Estava espalhado em toda a sociedade brasileira e era particularmente caro para o Partido dos Trabalhadores no seio do qual surgiu o Orçamento Participativo de Porto Alegre. Quando, no primeiro semestre de 1995, comecei a formular o Plano Diretor da Reforma do Aparelho do Estado, defini duas formas gerenciais de responsabilização – a administração por resultados e a competição administrada por excelência, que deveriam em parte substituir as formas burocráticas clássicas de controle: os regulamentos detalhados, a supervisão cerrada e a auditoria. Em um primeiro momento, não me lembrei de acrescentar uma terceira forma gerencial de responsabilização que é a do controle social. Quem me lembrou disto foi minha velha amiga, então deputada federal pelo PT, Maria Conceição Tavares, em uma audição na Comissão do Trabalho da Câmara dos Deputados. Aceitei imediatamente a lembrança, e passei a atribuir ao controle social um papel fundamental na administração gerencial ou gestão pública. Controle social é componente fundamental e imprescindível de experiências de democracia participativa, caso do Orçamento Participativo de Porto Alegre. Ao se abrir canais de comunicação para os cidadãos vocalizarem suas prioridades no processo de formulação de políticas do governo municipal, necessária e concomitantemente devem-se propiciar os meios, daí o controle social, para que tais cidadãos possam verificar se suas solicitações foram atendidas. Na inexistência desse mecanismo de acompanhamento e responsabilização, as demandas da população correm o risco de cair na vala comum das promessas políticas não cumpridas. Na democracia participativa espera-se que os cidadãos tenham um papel importante ao lado dos políticos e dos altos servidores públicos na definição das políticas públicas e principalmente no controle de sua execução.

Tanto o Orçamento Participativo de Porto Alegre como a Reforma Gerencial do Estado de 1995 foram e estão sendo bem sucedidos. Isto se explica porque são duas instituições que correspondem às aspirações da sociedade brasileira, e, também, porque supõem a existência de um quadro de funcionários dotado de *ethos* público ou de espírito republicano e comprometido com os valores democráticos do nosso tempo. Supõem, portanto, uma organização menos autoritária que a burocracia weberiana, e radicalmente diferente da burocracia voltada exclusivamente para seus próprios interesses, dos teóricos neoliberais, da escolha racional e da escolha pública. Marianne soube compreender esses fatos, fez uma excelente pesquisa e escreveu um livro há muito necessário para que possamos compreender melhor a democracia participativa e o papel nela exercido por uma administração pública gerencial – voltadas ambas para a construção de um Estado social e republicano.

Luiz Carlos Bresser-Pereira
Abril de 2011

NOTA DA AUTORA

Este livro é uma versão revisada de tese de doutorado apresentada ao Departamento de Sociologia da Universidade de Brasília em agosto de 2006. Teve como ponto de partida, de um lado, uma leitura de Max Weber influenciada pela visão de que os burocratas constituem um grupo com aspirações de poder próprio derivado do domínio de conhecimento técnico. E, de outro lado, a reflexão sobre o tema da participação sob a perspectiva crítica de que a obra de Mancur Olson e o pressuposto de egoísmo racional dos indivíduos – que representam elementos limitantes às possibilidades de ocorrência de ações coletivas – não eram levados suficientemente em conta, gerando uma expectativa exagerada sobre a ocorrência da participação no Brasil, na época ainda muito marcada pelo processo recente de democratização. Ao não se considerar adequadamente a literatura que analisava as condições de existência da participação e os seus custos deixava-se de perceber a natureza restrita e não necessariamente espontânea desse fenômeno.

O acesso à obra de autores como Hannah Arendt e Juergen Habermas permitiu incorporar à reflexão anterior outra forma de racionalidade, baseada no discurso voltado para o entendimento mútuo, como elemento explicativo para a integração social que favorece a participação: trata-se do exercício da liberdade pública entre os homens convivendo em sociedade, uma concepção diversa do individualismo de que se reveste a defesa de interesses.

Um aspecto da preocupação inicial em relação à participação, no entanto, permaneceu presente: a convicção de que a participação representava uma situação que merecia cuidados especiais e precisava ser cultivada. Essa convicção foi reforçada à medida que avaliações sobre experiências de participação na formulação e implantação de políticas públicas mostravam que a população nem sempre tomava efetivamente parte do processo.

Tal fato indicava, de um lado, que a mera menção em lei da necessidade de ocorrência da participação em processos públicos não era condição suficiente para ela existir, lembrando a observação feita por Habermas de que ao colocar a esfera do sistema, representada pela Administração Pública, em contato com um elemento do mundo vivido, como a participação, fragilizava o próprio processo participativo[1].

---

[1] Este é, aliás, um dos aspectos da crítica de Cohen e Arato (1994) ao Estado de Bem-Estar. De acordo com os autores, o *Welfare State* representou uma tentativa de proteger o mundo vivido da economia

De outro lado, significava que os cuidados especiais para a ocorrência da participação tornavam necessários mecanismos específicos por parte do Estado. A contrapartida da participação ampliada da população no âmbito do aparelho do Estado não é a anarquia, a desorganização e o caos, mas requer *uma forma específica de organização e gestão* dos processos e fluxos de trabalho no setor público.

O projeto de pesquisa que deu origem a este livro começou a tomar corpo quando a partir de 1996, tive a oportunidade de integrar a equipe do Ministério da Administração Federal e Reforma do Estado, MARE, e sob a liderança do então ministro e professor Luiz Carlos Bresser-Pereira pude participar do processo de discussão e implantação da recém aprovada Reforma do Aparelho do Estado de 1995. Colocava-se em discussão o que para muitos era questão fechada: a visão tradicional que considerava o tipo ideal weberiano de burocracia como o padrão de organização para o Estado, sob o argumento de que a contribuição da burocracia para a garantia dos direitos sociais, relacionados com o Estado do Bem-Estar era menos clara, embora fosse inquestionável a sua importância para assegurar os direitos civis do Estado liberal.

Pude então vislumbrar que submetido a mecanismos de controle social e responsabilização, o conhecimento técnico e de procedimentos em uma organização não precisava significar necessariamente segredo nem poder; e que a busca pela reprodução dos próprios meios em uma instituição pública poderia converter-se em um esforço para o alcance de resultados em prol da população. A convicção sobre a necessidade de uma forma específica de organização dos processos e fluxos de trabalho no setor público para interagir com a população foi fortalecida, à medida que uma alternativa ao tipo ideal de burocracia para a estruturação do setor público era desenvolvida, sob a forma de conformações institucionais diferenciadas para cada tipo de função estatal.

Na reflexão que se originou com uma leitura sobre a teoria da burocracia de Weber e que incorporou a discussão sobre a teoria e a prática da participação e a experiência concreta no desenvolvimento de novos modelos de organização para o setor público, um tema sobressaiu: a questão de que os instrumentos tradicionais de atuação da Administração Pública parecem não oferecer as condições e os cuidados necessários para que a participação possa ocorrer e podem representar eles mesmos, riscos para a ocorrência da participação no setor público. Novos elementos ou alterações nos instrumentos existentes com os quais o

---

capitalista, mas acabou tendo como efeito não intencional a sua penetração pelo aparato administrativo, o que demonstra a fragilidade da participação frente à estrutura organizada da burocracia.

setor público desempenha suas funções devem ser pensados. Visando a contribuir para a discussão sobre os cuidados necessários para que a participação possa ser institucionalizada no âmbito do governo foi desenvolvida a pesquisa teórica e empírica apresentada neste livro.

Uma rica convivência profissional e acadêmica me ofereceu a oportunidade de trabalhar na prática e debater teoricamente sobre os temas cuja reflexão aqui aprofundo e consolido. Gostaria de agradecer a todos aqueles que, com atenção, inteligência, diálogos profundos e gentileza me acompanharam e motivaram a enfrentar o desafio de compreender as especificidades da gestão pública para a participação. Com admiração e amizade, agradeço ao professor Luiz Carlos Bresser-Pereira que acompanha desde o mestrado minha trajetória acadêmica e profissional de forma afetuosa, generosa e inspiradora. A elaboração do prefácio deste livro é outra demonstração de amizade e incentivo, pela qual, mais uma vez, lhe sou grata.

Agradeço a Luis Alberto Girardi e Lauro de Carvalho Machado, da Prefeitura de Porto Alegre, que desinteressados e dedicadamente me ajudaram a coletar os documentos, a distribuir os questionários, a agendar as entrevistas e com a participação em assembleias do OPPA. Sem o seu apoio, a coleta de dados para a realização do estudo de caso não teria sido possível. Em nome deles agradeço também a todos aqueles da Prefeitura Municipal de Porto Alegre que prestaram depoimentos e forneceram informações, mas que não podem ser nominalmente citados no trabalho.

Finalmente, agradeço aos amigos Elisabete Ferrarezi, Frederico Raphael Carelli Durão Brito e Roniere Ribeiro do Amaral pelo convívio fecundo que possibilitou a superação de diversos obstáculos conceituais e momentos de bloqueio intelectual.

INTRODUÇÃO

O tema da participação tem sido objeto de atenção no debate acadêmico, resultado da constatação de fragilidades no funcionamento da democracia representativa e do aumento da apatia política dos cidadãos. As críticas à democracia contemporânea apontam para a necessidade de seu aperfeiçoamento qualitativo com incentivo de uma maior participação dos cidadãos na política.

A discussão sobre o aumento da intensidade democrática por meio da promoção da participação tem sido acompanhada pela ampliação da investigação no campo da sociologia política sobre um tema correlato que até então estava segregado à administração pública: a organização do setor público necessária para atender às demandas geradas em processos decisórios em que a forma de exercício de poder é representada pela participação.

Recuperar a importância do envolvimento dos cidadãos nos negócios públicos significa também ter que pensar uma nova forma de estruturar o aparelho do Estado com o qual irão interagir. A participação ampliada da população no aparelho do Estado requer *uma forma específica de organização e gestão* dos processos e fluxos de trabalho no setor público; não convive com a desorganização e o caos. É desta forma que o redesenho do setor público se insere na discussão sobre a busca de um novo modelo de democracia.

> Mesmo que a escala e o âmbito do processo de tomada de decisão popular seja ampliado, é necessário alterar as maneiras pelas quais o cumprimento das regras é garantido e os serviços são prestados, porque elas também afetam a liberdade do cidadão. Não se pode alimentar o topo de estruturas autoritárias com decisões democráticas e esperar obter resultados democráticos[2]. (Hirst, 1996, p. 107)

Este trabalho tem como objetivo discutir como o setor público deve se organizar ao estabelecer uma relação de maior interação com a sociedade, considerando – à luz da relação entre burocracia e participação e das características do tipo ideal weberiano e da alternativa ao modelo burocrático oferecida pela Reforma do Aparelho do Estado de 1995, em sua releitura nas tendências de mudança do setor público de vários países sintetizadas na Nova Gestão Pública – como o governo municipal foi organizado para se adaptar às demandas de maior participação da

---
[2] Tradução livre.

sociedade na experiência do Orçamento Participativo de Porto Alegre (OPPA).

O tipo ideal weberiano de burocracia será utilizado como parâmetro de comparação para a identificação das características da gestão pública para a participação porque existe uma relação de longa data entre o conjunto de profissionais especializados que elabora o orçamento e esse tipo de arranjo institucional. A análise de Weber sobre a burocracia foi realizada a partir do caso concreto do estado prussiano[3], que também foi pioneiro em se tratando de orçamento: já no século XVII havia desenvolvido experiência de previsão de despesas (Webber e Wildavsky, 1986). O grupo de profissionais responsável pela elaboração do orçamento naquele contexto histórico constituiu referência fundante para identificação das características do que Weber veio a descrever como burocracia, quadro administrativo da dominação racional-legal.

O orçamento – apresentado sob a forma documento contendo a previsão global das despesas e a correspondente estimativa de receitas, apresentado num formato preestabelecido, elaborado por um órgão específico que conta com um quadro próprio de profissionais, e submetido anualmente pelo Executivo para aprovação do Legislativo – está, da mesma forma que a burocracia, associado à estruturação do Estado moderno e ao surgimento da democracia representativa, embora seus componentes tenham se verificado em diferentes momentos da história[4].

Dada a relação de longa data existente entre burocracia e o orçamento, a realização de um estudo de caso envolvendo a função orçamento para identificar possíveis mudanças na configuração do setor público que convive com a participação, assume especial relevância. Como a elaboração do orçamento está tradicionalmente associada a uma organização burocrática, se forem verificados indícios de um formato organizacional diverso da burocracia no processo orçamentário de Porto Alegre em decorrência da existência da participação, tal fato terá um peso muito maior na constatação de uma tensão entre a burocracia e a participação. Se fosse verificado que a institucionalização da participação apresenta características diversas da burocracia em outra função de governo, na qual a associação com a burocracia está historicamente menos consolidada, a relação entre a nova configuração do setor público e a participação seria menos clara, já que elementos não burocráticos poderiam estar presentes antes mesmo do início da experiência participativa.

---

[3] Weber (1993) faz diversas referências à burocracia do estado prussiano sob o governo de Bismarck.
[4] Webber e Wildavsky (1986) apresentam o desenvolvimento dos diversos elementos que integram a moderna noção de orçamento.

O interesse no estudo da relação entre burocracia e participação no caso brasileiro é também reforçado pelo fato de que se identifica um descompasso entre o Estado e a sociedade devido, sobretudo à "extenuação do Estado como fator de contenção de uma sociedade civil em processo de expansão e dotada de crescente densidade organizacional" (Diniz e Boschi citado por Diniz, 1997, p. 21). No Brasil, com maior ênfase cabe a reflexão se a burocracia do setor público, fortalecida e ampliada, continua sendo o modelo de governança adequado para atender as demandas de maior participação por parte da sociedade, ou se precisa ser modificada e como.

Modalidades de intervenção pública com o envolvimento de um quantitativo maior de atores podem trazer novos elementos para a definição de formas alternativas de gestão. A discussão sobre arranjos institucionais que viabilizem a convivência do aparelho de Estado com a participação da sociedade é aqui ainda mais merecedora de atenção[5]. A discussão teórica sobre a relação entre a burocracia e a participação associada à apresentação de como se configura o setor público em uma experiência concreta de participação como o OPPA, podem contribuir para o enriquecimento desse debate.

Um dos principais marcos do debate recente sobre formas alternativas de organização do Estado, a depender da função que está sendo exercida, que contestou a visão tradicional da predominância monolítica da burocracia e questionou a noção da impossibilidade de outras formas de controle efetivas além do hierárquico, é a Reforma do Aparelho do Estado iniciada em 1995, no primeiro mandato do governo Cardoso, inspirada no movimento internacional de mudança do setor público conhecido como Nova Gestão Pública e em experiências pregressas de reforma na administração pública brasileira. Na análise das diretrizes e modelos institucionais da Reforma do Aparelho do Estado de 1995, idealizada pelo então ministro da Administração Federal e Reforma do Estado, Luiz Carlos Bresser-Pereira, buscou-se obter indicações de quais aspectos poderiam compor uma organização estruturada segundo um modelo diverso do tipo ideal weberiano. Lembrando que o pressuposto de que a contrapartida no setor público à maior interação com a sociedade não é a desorganização nem o caos foi ponto de partida para o desenvolvimento da pesquisa, era preciso ter alguns padrões de referência para perceber quando elementos de um tipo de organização diversa da burocracia weberiana estariam sendo observados.

---

[5] Conforme será apresentado no Capítulo 1, o processo de Reforma do Aparelho do Estado iniciada no primeiro mandato do governo Cardoso, sob a responsabilidade do ministro Bresser-Pereira representa um dos principais marcos desse debate no Brasil.

O OPPA foi escolhido como estudo de caso para analisar a organização do setor público que viabiliza a participação pelo fato de que essa experiência pioneira de orçamento participativo tem sido apontada na literatura como um exemplo bem sucedido de intervenção direta dos agentes sociais em atividades públicas. E, além de representar uma ilustração da ideia de participação, tem apresentado resultados concretos em termos de melhoria da condição de vida da população. A adoção do OPPA como estudo de caso permite que a participação seja assumida como um dado na pesquisa e, desta forma, o esforço investigativo pode concentrar-se na análise da *gestão para participação*.

O período estudado situa-se entre 1989 e 2004, e corresponde a quatro gestões consecutivas na Prefeitura de Porto Alegre de uma coligação de partidos de esquerda liderada pelo Partido dos Trabalhadores. Esse foi o período do mandato dos prefeitos Olívio Dutra (1989-1992), Tarso Genro (1993-1996), Raul Pont (1997-2000) e Tarso Genro/João Verle (2001-2004).

O OPPA refere-se ao processo de participação que contribui para que as demandas populares sejam contempladas e levadas em conta no projeto de lei orçamentária enviado pelo Poder Executivo municipal à Câmara dos Vereadores e favorece o seu atendimento concreto durante a fase de execução do orçamento pela Prefeitura. No OPPA, a população toma parte no exercício de governo realizando levantamentos de obras e serviços necessários nas diversas regiões da cidade, fornecendo subsídios sob a forma de informações e justificativas para a realização das obras e implantação dos serviços, acompanhando e controlando a sua execução. A população participa do processo de políticas públicas, tanto nas fases iniciais de diagnóstico e levantamento de demandas, quanto na fase intermediária de acompanhamento da implantação e na fase final de controle e avaliação. Embora o processo orçamentário também envolva uma sequência de fases que se desenvolve na esfera legislativa, neste trabalho está sendo apenas considerada a institucionalização da participação nas etapas que ocorrem no âmbito do Poder Executivo Municipal.

A despeito do reconhecimento da importância da definição de formas alternativas de gestão para o setor público no Brasil, as análises existentes sobre o OPPA dão maior atenção à participação do que à organização do governo municipal que convive com a população[6], embo-

---

[6] Autores que estudaram o OPPA destacam: a importância da centralização de poder e vontade política para a condução do processo (Navarro, 1998; Vitale, 2004); o papel desempenhado pelos servidores que atuam no processo participativo (Navarro, 1998; Sousa Santos, 2002; Abers, 2000); a noção de participação de Tocqueville como ponto de partida para a investigação (Nylen, 2003); a importância do OPPA como mecanismo de controle social (Nylen, 2003; Avritzer, 2002b; Abers, 2000); a problematização da relação entre a burocracia e a participação (Fung e Wright, 2003; Abers, 2000; Sousa Santos, 2002; Avritzer, 2002a); a contribuição do OPPA para a performance governamental e alcance de resultados

ra Navarro (1998), Fedozzi (2000), Abers (2000) e Sousa Santos (2002) identifiquem o tema como carente de exame. Quando são apontadas contradições existentes na relação entre a burocracia e a participação, indica-se como alternativa a constituição de um espaço específico formado na intersecção entre o Estado e a sociedade e representado pelo próprio OPPA: um espaço no qual a população pode se manifestar (Avritzer, 2000; Baiocchi, 2003; Fung e Wright, 2003).

Tal linha de argumentação pode ser insuficiente. Deixa em aberto a identificação de quais são as características do aparelho do Estado que podem favorecer esse encontro com a sociedade. Os autores desconsideram de tal forma o tema "gestão para participação", que parece haver um pressuposto implícito em suas análises: o de que o Estado, independentemente de sua conformação, quaisquer que sejam as suas estruturas, processos, documentos e pessoal, naturalmente é capaz de interagir com a população, como uma instância unitária e neutra. Não há necessidade de proceder a qualquer alteração na sua organização para viabilizar a ocorrência da participação.

Entretanto, se for reconhecido que o Estado tem uma lógica de ação que lhe é própria[7], sua compatibilidade com a participação não é imediata nem natural e deve haver um processo de reconversão na sua atuação para que possa se relacionar com a sociedade. A intervenção do Estado que ocorre no OPPA não é em uma modalidade trivial: é uma intervenção que tem uma forma peculiar de institucionalização e na qual o trabalho daqueles que viabilizam o processo participativo assume características específicas.

É verdade que não se pode explicar o OPPA sem considerar a interação com a sociedade. No entanto, o Estado não deixa de ser Estado, sobretudo no caso de uma função típica como a elaboração do orçamento, apenas porque se tornou mais permeável à influência da população. Não é porque uma atividade de governo não se esgota no Estado e não é porque tem de interagir com a sociedade que o Estado perde as características que o identificam como uma esfera específica de ação humana. Seus instrumentos de ação permanecem sendo aqueles da administração pública que tem por base o regramento do direito admi-

---

(Santos, 2003; Utzig, s/d); a importância de elementos normativo-legais para a institucionalização da experiência (Vitale, 2004); a conflituosa relação com o Poder Legislativo (Ribeiro Dias, 2002; Sousa Santos, 2002); o papel decisivo exercido pelos representantes do governo no processo (Sousa Santos 2002); o caráter redistributivo do processo (Sousa Santos, 2002; Abers, 2000; Utzig, s/d; Vitale, 2004); o OPPA como um processo de cogestão de recursos públicos entre Prefeitura e sociedade (Vitale, 2004; Fedozzi, 2000).

[7] De acordo com Habermas (2003) o Estado está situado no âmbito do sistema, a integração é proporcionada pelo meio de controle poder e as ações são orientadas pela racionalidade estratégica.

nistrativo. A questão é saber como tais instrumentos são convertidos e/ou que alternativas são criadas para acomodar a participação ampliada da população no setor público. É preciso entender os instrumentos específicos pelos quais a participação é institucionalizada no processo orçamentário e qual parte da organização do governo foi readaptada para que a participação fosse incorporada. Esse é o objeto deste livro.

CONCEITOS

A investigação sobre a "gestão para participação" e análise da organização do governo municipal para maior interação com os cidadãos no OPPA requereu um trabalho de desenvolvimento conceitual prévio para: (a) relacionar a burocracia com a participação, pois os conceitos pertencem a universos teóricos distintos; (b) encontrar uma definição de participação que dialogue com o conceito de burocracia de Weber; e (c) estabelecer um ferramental para análise da organização do governo municipal voltada para a participação do OPPA que possa ser comparado com as características formais do tipo ideal da burocracia weberiana.

Em relação a (a). Burocracia está relacionada ao âmbito da organização e da administração; em contraposição, participação associa-se ao universo da política. Entretanto, pode-se dizer que a burocracia é um *instrumento de poder* e a participação é uma *forma de governo*[8], citando a tipologia recuperada por Bobbio (1994). O elemento comum que permite estabelecer uma relação entre burocracia e participação é o conceito de poder, conforme a relação enunciada por Weber (1999b, p. 193) de que "dominação é administração". Ou seja, a forma como a administração é organizada reflete a forma de poder na qual ela está fundamentada.

Para que o grupo dominante tenha sucesso na ação de impor sua vontade sobre os demais, deve ter à sua disposição meios que induzam o comportamento desejado. Por essa razão, Weber considera que toda dominação requer um *quadro administrativo*, um grupo de pessoas identificáveis com cuja obediência se pode contar para a execução de disposições gerais e ordens concretas (Weber, 1999a, p. 139).

De acordo com Weber, a burocracia, como quadro administrativo da dominação racional-legal, está associada a uma concepção de poder definido como a capacidade de uma pessoa ou grupo impor sua própria vontade a outros, neutralizando a expressão da vontade de seu oponen-

---

[8] Bobbio (1994) faz a diferenciação entre formas de governo segundo as categorias: poder de um só (monarquia ou tirania), poder de poucos (aristocracia ou plutocracia) e poder de muitos (democracia ou anarquia). Diferencia os autores segundo a denominação que dá a cada categoria e pelo grau de estabilidade (mais ou menos estável) que confere a cada tipo de governo. A participação, como um governo de muitos, poderia ser considerada como a situação de exercício máximo do poder de muitos, uma forma limite de democracia.

te (Weber, 1999a)[9]. A burocracia é um tipo de quadro administrativo que tem como base uma noção de instrumental de poder e pressupõe a existência de uma desigualdade entre os indivíduos: há os que mandam e os que obedecem.

Em relação a (b). A participação, referida ao âmbito político, expressa – em suas múltiplas dimensões – a intervenção direta dos agentes sociais em atividades públicas, sem incluir a participação mediada por partidos políticos e tampouco a que o cidadão exerce, quando elege as autoridades (Cunill Grau, 1998, p. 67). Tal noção está associada ao pensamento de Tocqueville (2001), que entendia a participação como uma forma de capacitar o cidadão comum para conviver ou mesmo se contrapor ao poder constituído representado pelo poder das maiorias e pelo governo centralizado na democracia norte-americana no período pós-revolucionário.

A participação entendida como a intervenção direta dos agentes sociais em atividades públicas corresponde à situação em que o indivíduo goza de maior liberdade e igualdade, superando nesses requisitos a forma de convivência que ocorre na democracia do sufrágio universal, que é definida por Bobbio (1996), segundo seus princípios inspiradores da seguinte forma:

> [A] democracia é (...) uma sociedade regulada de tal modo que os indivíduos que a compõem *são mais livres e iguais do que em qualquer outra forma de convivência*. (...) Característica da forma democrática de governo é o sufrágio universal, ou seja, a extensão a todos os cidadãos, ou, pelo menos, à esmagadora maioria (...), do direito de voto. (...) [É] também uma aplicação do princípio de liberdade, entendida a liberdade, em sentido forte, como direito de participar no poder político, ou seja, como autonomia (Bobbio, 1996, p. 8, 9; grifos meus).

A democracia do sufrágio universal não pode ser considerada a situação em que se é mais livre e mais igual em comparação com a participação, porque: em primeiro lugar, o sufrágio universal não é a situação em que se é mais igual do que em qualquer outra, uma vez que o sufrágio universal cria uma nova desigualdade, a dos que votam em relação aos que são votados (e a dos que podem intervir nos negócios públicos em relação aos que não podem fazê-lo).

---

[9] A dominação depende também da vontade de obedecer dos dominados. Assim toda dominação procura despertar e cultivar a crença em sua legitimidade. O tipo de dominação varia dependendo da crença que dá base à legitimação. "A dominação racional é baseada na crença na legitimidade das ordens estatuídas e do direito de mando daqueles que em virtude dessas ordens estão nomeados para exercer a dominação (dominação legal)" (Weber, 1999a, p. 141).

Em segundo lugar, o exercício do direito de voto, embora importante, não é a única nem a mais avançada possibilidade de o indivíduo participar do poder político. Em terceiro lugar, o sufrágio universal representa uma situação de mais liberdade e igualdade em relação a uma situação em que o direito de votar é restrito, mas não é a situação de maior liberdade e igualdade possível no âmbito político. A intervenção direta dos agentes sociais em atividades públicas, ou seja, a participação representa tanto a possibilidade mais avançada de o indivíduo participar do poder político, quanto a situação de maior liberdade e igualdade possível. Por essa razão, tal noção de participação será entendida neste trabalho como a situação de máxima democracia[10].

A participação pode ser compreendida como máxima democracia na medida em que representa o 'governo de muitos' no seu limite. Participação constitui efetivamente 'o governo de todos'.

A máxima democracia representada pela participação, da forma aqui concebida, se restringe ao campo da política. A intervenção direta dos agentes sociais em atividades públicas constitui uma forma de aprofundar, nas suas múltiplas dimensões, as possibilidades de atuação política daqueles que votam e com isso capacitar o cidadão comum para conviver ou mesmo se contrapor ao poder constituído na democracia representativa[11].

A participação – entendida como máxima democracia, "situação em que os indivíduos são mais livres e iguais do que em qualquer outra forma de convivência" – refere-se a uma noção de poder que corresponde a uma relação simétrica e, de certa forma, recria a condição de soberania individual existente no início da vida em sociedade. Nessa concepção de poder, aprofundada no pensamento de Hannah Arendt e Juergen Habermas, o fenômeno fundamental não consiste na instrumentalização da vontade alheia para os fins (próprios ou exclusivos de um grupo), mas na formação de uma vontade comum numa comunicação orientada para o entendimento.

---

[10] O que neste trabalho se entende como máxima democracia é assim diferente da concepção de Bobbio, que considera a situação de máxima democracia a democracia social. Como o autor entende o sufrágio universal como o instrumento que proporciona a máxima liberdade e igualdade, a extensão do processo de democratização passaria do aumento do contingente de "quem vota" para a ampliação das esferas "onde se vota" (Bobbio, 2000, p. 40). A democracia não se restringiria apenas ao campo político, mas passaria a abranger o campo social, envolvendo os múltiplos papéis desempenhados pelo indivíduo nas suas relações sociais: filho, pai, cônjuge, estudante, empresário, trabalhador etc. (Bobbio, 2000, p. 54).

[11] A denominação da participação como situação de democracia máxima não significa que esta corresponda a uma etapa posterior de desenvolvimento e alternativa à democracia representativa. Conforme será evidenciado no estudo de caso, existem questões de controle que a participação não dá conta de equacionar, necessitando ser complementada por mecanismos tradicionais de atuação da democracia representativa.

Retomando a relação apontada por Weber (1999b) de que a forma como a administração é organizada reflete o tipo de poder no qual ela está fundamentada, pode ser identificado um primeiro elemento da tensão entre burocracia e participação: burocracia e participação estão baseadas em concepções diferentes de poder. A burocracia está associada a uma concepção de poder definido como a capacidade de uma pessoa ou grupo impor sua própria vontade a outros e que pressupõe a existência de uma desigualdade entre alguns indivíduos que mandam e outros que obedecem. Já na participação, a concepção de poder envolve o diálogo voltado para o entendimento entre indivíduos iguais e livres.

Em relação a (c). Uma vez verificado que a participação está baseada num conceito de poder diverso daquele que fundamenta a ação da burocracia, para analisar a organização do aparelho do Estado voltado para atendê-la torna-se necessário definir um conceito de quadro administrativo que esteja dissociado do poder instrumental no qual se fundamenta a definição de Weber e que possa conviver com a noção de poder associado à convivência entre livres e iguais, implícita no conceito de participação.

Neste trabalho, considera-se que o quadro administrativo é composto pelo corpo de funcionários de uma instituição, uma pluralidade de agentes, eleitos ou selecionados cujas ações são orientadas por uma direção comum. Entende-se aqui que o quadro administrativo contém e representa um tipo de *relação social*, definida como um "comportamento reciprocamente referido quanto ao seu conteúdo de sentido por uma pluralidade de agentes e que se orienta por essa referência" (Weber, 1999a, p. 16).

A partir dessa noção de relação social, pode-se dizer: (i) que a pluralidade de agentes que compõem o quadro administrativo atua de forma coordenada, organizada e sequenciada para que seu "comportamento possa ser reciprocamente referido quanto ao seu conteúdo de sentido" e não de maneira aleatória e independente; e (ii) que a coordenação, organização e o sequenciamento da ação dessa pluralidade de agentes não acontecem por acaso, mas são orientados por determinada estrutura, conjunto de processos, documentos e são realizados por profissionais com determinadas características. Assim, quadro administrativo refere-se a um conjunto de *estrutura, processos, documentos e pessoas* que possibilita a ação coordenada e organizada de um grupo orientado por uma referência de sentido.

Considera-se que o emprego desse conceito de quadro administrativo é mais adequado à análise da "gestão para participação" no OPPA pelo caráter abrangente da definição, uma vez que o termo burocracia se encontra fortemente impregnado pelas características que o associam ao tipo ideal weberiano. A utilização do termo burocracia implicaria assumir que a organização do governo municipal voltada para a participação no OPPA, nos seus aspectos formais, se identifica com o fenômeno descrito por Weber, quando na verdade este é o objeto da investigação.

O que se pretende verificar na pesquisa é justamente em que medida as características formais do tipo ideal da burocracia de Weber estão presentes na organização do setor público que viabiliza o OPPA. Caso o arranjo institucional que criou condições para que a participação no OPPA se materializasse anualmente apresente especificidades em relação ao tipo ideal de burocracia, será considerado como um *quadro administrativo participativo*, diverso de um quadro administrativo burocrático. A situação organizacional em que se verifica a ocorrência de um quadro administrativo participativo será denominada *gestão para participação*.

Para que as especificidades em relação às características do tipo ideal de burocracia identificadas no estudo de caso possam ser consideradas indicações de uma forma alternativa de organização e não correspondam simplesmente à desorganização e ao caos, é necessário ter parâmetros que permitam identificá-la. Constituíram referência as diretrizes que orientaram a concepção de modelos institucionais alternativos e diversificados para as diversas funções do Estado na Reforma do Aparelho do Estado de 1995, aprofundadas na obra de seu idealizador, Bresser-Pereira, contrapondo ao padrão monolítico para a organização do setor público então predominante.

Metodologia

A reflexão sobre o tema gestão para participação foi desenvolvida sob inspiração de elementos da sociologia da burocracia de Weber, além dos já mencionados conceitos de quadro administrativo, relação social e da relação entre dominação e administração.

Em primeiro lugar, o tipo ideal da burocracia weberiano constitui a principal referência para a realização do estudo de caso. As características de um arranjo burocrático típico nos seus aspectos formais constituem o parâmetro de comparação para análise da organização para participação no OPPA. Da mesma forma que para Weber, a procura por semelhanças é o meio aqui utilizado para captar aquilo que é especificamente diferente, qual seja, as características de um quadro administrativo participativo.

Em segundo lugar, as características da burocracia apontadas pelo autor serão exploradas ao exagero para identificar como se configuraria tal instituição no seu estado máximo; para, em seguida, ser discutida a possibilidade de sua convivência com um regime democrático. A estratégia weberiana de explorar um fenômeno às suas últimas consequências foi adotada para identificar um paradoxo teórico que pudesse ser utilizado como ponto de partida para a investigação deste livro: existe correspondência entre a máxima democracia e a máxima burocracia? Ou seja, a máxima democracia representada pela participação está associada a uma organização que alcançou o nível máximo de burocratização, no que se refere ao predomínio total das regras, hierarquia e impessoalidade?

Em terceiro lugar, procura-se a compreensão de fenômenos sociais sob uma multiplicidade de aspectos utilizando conceitos construídos mediante a acentuação unilateral de um ou de vários pontos de vista e com o encadeamento de grande quantidade de fenômenos isoladamente dados, difusos e discretos, ordenados segundo pontos de vista unilateralmente acentuados para formar um quadro homogêneo de pensamento (Weber, 1992). Essa estratégia de investigação foi especialmente adotada na análise do conceito de participação, por meio de uma exploração sistemática dos diversos significados que lhe foram atribuídos por diferentes autores e levando em consideração os parâmetros igualdade e liberdade.

Em quarto lugar, busca-se apreender o sentido da ação social no comportamento do pessoal do OPPA, por meio da investigação da orientação de valor que preside a sua atuação. O que se pretende interpretar são os motivos da conduta dos indivíduos em termos de suas intenções professadas.

Desenvolvimento do tema

A pesquisa foi orientada por duas questões. A primeira trabalha teoricamente a relação entre a burocracia e a participação: a partir das características do tipo ideal de burocracia e considerando a relação contraditória entre burocracia e democracia, busca discutir a possibilidade de convivência da máxima burocracia com a máxima democracia (participação). Em seguida, considera os significados atribuídos ao conceito de participação por diversos autores e na sua relação com os temas igualdade e liberdade. Se a participação é entendida como a situação de máxima igualdade e liberdade, e, se o ambiente de controle de conduta e hierarquia da burocracia pode ser interpretado como sendo a situação em que liberdade e igualdade são relativamente inexistentes é necessário especificar o que cada um desses conceitos significa. É importante oferecer indicações sobre como liberdade e igualdade num e noutro caso se caracterizam. Embora este trabalho não tenha a intenção de fazer um exame aprofundado, considera-se que a exploração das diferentes formas de como a participação – segundo o pensamento de vários autores – se relaciona com o conceito de burocracia, contribui para a compreensão do fenômeno burocrático e permite conhecer outros aspectos nos quais se expressa a tensão entre a burocracia e a participação para além das diferentes noções de poder que as fundamenta. O objetivo é mostrar que burocracia e participação encontram-se sob tensão.

A segunda questão trata dos instrumentos específicos utilizados em uma situação concreta de participação, o OPPA, para equacionar a tensão identificada entre burocracia e participação. No estudo de caso procura-se caracterizar a gestão para participação e analisar em que medida esta se identifica com uma burocracia tipo ideal em seus aspectos formais. A análise da experiência do OPPA aqui realizada visa a identificar como o setor público pode se organizar para desenvolver uma relação de maior proximidade com a sociedade.

Um desafio importante para a realização do estudo de caso foi tratar a relação entre burocracia e participação sem estabelecer entre os dois conceitos um vínculo de causalidade, o que envolveria um controle de variáveis que transcende o escopo do realizado neste trabalho. A organização do setor público para a participação não é considerada pressuposto nem condição necessária ou suficiente para a interação com a população acontecer. A pergunta que se procura responder é: tendo havido uma mudança na organização para acomodar a participação no OPPA, de que forma ela ocorreu?

A descrição da organização criada para viabilizar o OPPA e a sua comparação com as características formais do tipo ideal da burocracia oferece subsídios para entender de que maneira a tensão identificada entre a burocracia e a participação foi resolvida numa experiência concreta de participação. Para a descrição e análise da gestão da participação no OPPA, foram analisados documentos oficiais que contêm a estrutura e o regimento interno das unidades responsáveis pela condução do OPPA, coletados dados quantitativos e realizada entrevista com membros da unidade que foi criada para estabelecer relação com a população. Os documentos oficiais forneceram um primeiro esboço sobre a forma como a unidade, o processo de trabalho e a hierarquia de responsabilidades estão estruturados. Os dados quantitativos foram selecionados entre as diversas medidas operacionais mencionadas por Blau (1966) para caracterizar as organizações de acordo com o seu grau de burocratização. Dentre essas medidas podem ser destacadas: o tamanho da unidade, em termos do número de funcionários; o grau de especialização organizacional, medido pela distribuição dos membros da unidade entre as diferentes funções desempenhadas e pela quantidade de instrução necessária ao seu desempenho; a hierarquia, em termos do número de níveis hierárquicos, do alcance médio do controle e a proporção de pessoal em cargos de direção; o grau de estabilidade na carreira, que pode ser verificado no *turnover* dos membros da unidade e na média de permanência no emprego.

O retrato da organização do governo municipal voltada para a participação obtida a partir desses documentos e dados serviu de base para a elaboração de um instrumento de pesquisa quantitativa adaptado de Aberbach e outros (1981), que procura identificar o perfil e elementos tanto técnicos quanto políticos do trabalho desenvolvido pelo pessoal do OPPA[12]. Além disso, foram realizadas entrevistas semiestruturadas a respeito de temas relacionados com o processo participativo para compreender os motivos da conduta dos funcionários responsáveis pela realização do OPPA, que oferecem às suas ações uma noção de sentido. Por meio da realização de entrevista com esses funcionários obtiveram-se também informações que permitem aprofundar a descrição da estrutura e do processo de trabalho do governo municipal relacionado com o OPPA.

O livro está dividido em quatro capítulos. O primeiro capítulo elabora as bases da pesquisa, problematizando a organização do governo municipal da participação a partir de uma reflexão sobre a contribuição da burocracia para o fortalecimento da democracia. São apresentadas as características do tipo ideal de burocracia de Weber para: (a) classificá-las segundo as categorias estrutura, processo, documentos e pessoas e (b) analisar se a burocracia na condição de máximo aperfeiçoamento é uma organização que convive com a participação entendida como circunstância em que vigora a máxima democracia. Depois, é feito um comentário sobre a crítica à burocracia elaborada pelo movimento internacional teórico e prático de reforma da administração pública conhecida como Nova Gestão Pública, com destaque para a apresentação da Reforma do Aparelho do Estado de 1995, que reinterpretou as tendências internacionais à luz da experiência brasileira.

O segundo capítulo enfoca a tensão entre burocracia e participação explorando o conceito de participação e não de burocracia. Esse conceito é discutido segundo seus diversos significados no pensamento de alguns autores e com referência a uma análise dos conceitos de igualdade e liberdade visando a contribuir para a compreensão da relação entre burocracia e participação do ponto de vista teórico.

---

[12] Mais detalhes sobre o estudo de Aberbach e outros (1981) são apresentados no Capítulo 4.

O terceiro capítulo contém o histórico e resultados do OPPA no período entre 1989 a 2004 e traz algumas análises e informações sobre o desenvolvimento do processo, que autorizam o pressuposto de qualificá-lo como uma experiência participativa e permitem que a pesquisa se concentre nos aspectos relacionados ao quadro administrativo. O quarto capítulo faz uma descrição das estruturas, processos, documentos e pessoal pelos quais a participação no OPPA é institucionalizada, que são, ao final, comparados com as características do tipo ideal da burocracia categorizado no Capítulo 1. Nas considerações finais são retomados os principais argumentos da tese.

CAPÍTULO 1

BUROCRACIA E PARTICIPAÇÃO

A burocracia apresenta elementos que contribuem tanto positivamente, para fortalecer a democracia, quanto negativamente, para limitá-la. É geralmente associada à democracia porque se desenvolveu ao longo do processo de formação do Estado moderno e surgimento dos mecanismos de controle de poder, tendo em suas regras mecanismos que circunscrevem o uso da autoridade e garantem o acesso universal aos seus cargos. Mas o caráter impessoal da burocracia e a possibilidade de realização de ações em larga escala, por ela oferecida, foram de utilidade também para governos totalitários no século XX na implantação de estratégicas de repressão em massa. Sua relação com a democracia não é unívoca.

Do lado positivo pode-se destacar o predomínio da objetividade racional formal da administração assegurando a igualdade jurídica no tratamento dos dominados; o uso do poder pelos superiores restrito por regras; a obediência à ordem provinda de uma direção única do superior ao subordinado, conferindo confiabilidade ao funcionamento da democracia representativa: o funcionário com atribuições limitadas é apenas um intermediário na realização da vontade dos representantes eleitos do povo, que são a ele considerados superiores. Essas são características da burocracia que favorecem a democracia.

É no contexto da situação de poder limitado por regras representado pelo Estado de direito liberal clássico, quando o quadro administrativo desempenha funções do Estado mínimo que Weber identifica as principais características do tipo ideal da burocracia (Bresser-Pereira, 2006). Já no Estado democrático, a burocracia passa a atuar na implantação das funções do Estado social, pois paralelamente ao aumento do controle do poder por um número maior de indivíduos ocorre uma ampliação dos direitos a que esses indivíduos têm acesso, requerendo um crescimento do aparato burocrático para a produção de bens e serviços[13].

Nessas circunstâncias, a contribuição das características da burocracia para o fortalecimento da democracia não é tão inequívoca. O au-

---

[13] Para melhor compreensão dessa questão é necessário distinguir duas dimensões do Estado: poder e função. Não necessariamente as duas dimensões precisam ser limitadas. No Estado liberal, tanto o poder quanto as funções são limitados por isso ele é classificado como Estado mínimo e de direito. Na democracia, o poder é limitado, mas uma vez que o voto possibilitou a conquista de direitos sociais, as funções que o Estado desempenha são amplas (Bobbio, 1997).

mento da prestação de serviços pela burocracia implica impessoalidade na forma de tratamento dos casos individuais, que passa a ser objeto de críticas pela população (Weber, 1999a, p. 217). Como resultado da burocratização de todas as esferas da atividade humana ocorre a desumanização e despolitização das massas[14] (Habermas, 2003b). À medida que a sobrevivência material do indivíduo se liga ao funcionamento da organização burocrática, ele se afasta do convívio dos homens e fica excluído do âmbito da política[15] (Arendt, 2001). A expansão da burocracia passa a ser crescentemente considerada um fator que mina o desenvolvimento da democracia e aliena os cidadãos da política.

Embora o conjunto de bens e serviços sociais que passa a ser prestado pelas organizações burocráticas represente uma conquista pelo direito de voto, dos não proprietários; com a expansão do processo de democratização, o aumento da burocracia necessário para a prestação desses serviços e bens representa um empecilho para a democracia real alcançar seus ideais. Pois a burocracia é um aparato de poder ordenado hierarquicamente de cima para baixo, em direção completamente oposta ao sistema de poder democrático (Bobbio, 2000).

Se a importância da burocracia para a democracia é contraditória, retomando a noção de participação como democracia máxima, cabe analisar se a mesma contradição pode ser identificada, ou se apenas os aspectos positivos prevalecem na relação da burocracia com a participação. Caso apenas os aspectos positivos prevaleçam, à democracia máxima deve corresponder uma organização equivalente à burocracia máxima. Caso contrário, a burocracia e a participação estarão em tensão.

Uma vez que há argumentos que mostram, tanto que a burocracia favorece a democracia, quanto que a limita, neste capítulo será exami-

---

[14] Habermas (2003b) refere-se a uma separação do interior do mundo da vida de âmbitos de ação formalmente organizados que ocorre com a intermediação dos meios de controle. "As organizações se autonomizam por meio de uma separação neutralizadora frente às estruturas simbólicas do mundo da vida e com isso se tornam indiferentes à cultura, à sociedade e à personalidade" (Habermas, 2003b, p. 436). E, no capitalismo tardio, Habermas (1975) identifica, além da desumanização, outro desdobramento da burocratização de todas as esferas de atuação humana e correspondente domínio da ciência e da técnica: a despolitização das massas. A lógica do progresso técnico-científico aparece como determinando o desenvolvimento do sistema social, conferindo à ciência e à técnica o caráter de ideologia. A tecnologia que, de um lado, sujeita os indivíduos a uma repressão no que se refere à submissão cada vez mais intensa ao aparato de produção e distribuição e transmite a aparência de que existe uma impossibilidade técnica do indivíduo ser autônomo e de determinar a própria vida; de outro lado, proporciona a crescente produtividade e o sustento dos indivíduos dando-lhes uma vida cada vez mais confortável.

[15] A ligação entre a sobrevivência material do indivíduo e o funcionamento da organização revela que a atividade burocrática tem características de labor: é uma "atividade que corresponde ao processo biológico do corpo humano, cujo crescimento espontâneo, metabolismo e eventual declínio têm a ver com as necessidades vitais" (Arendt, 2001, p. 15). A concentração na vida corporal expele o indivíduo radicalmente para fora do mundo, sua vida passa a se desenvolver fora do convívio dos homens e fora do âmbito da política.

nada qual a relação entre a máxima democracia e a máxima burocracia, se unívoca ou não. Ou seja, será discutido se a máxima democracia representada pela participação está associada a uma organização que alcançou o nível máximo de burocratização, no que se refere ao predomínio total das regras, hierarquia e impessoalidade. Para tanto, em primeiro lugar, será apresentado o tipo ideal da burocracia weberiano como um quadro administrativo, pois assim estruturado constitui a principal referência para a realização do estudo de caso.

O objetivo é o estabelecimento de um parâmetro de comparação para a forma como o governo municipal se organizou para se adequar à participação do OPPA. Trata-se, portanto, de caracterizar a burocracia nos seus aspectos formais, pois permanecem sendo a referência mais importante para a organização do setor público. Ademais, com base em Weber, para quem a burocracia atinge o seu máximo de perfeição quanto mais se desumaniza, tais aspectos serão explorados para projetar a configuração da burocracia no seu estado máximo; visando a refletir sobre a possibilidade de ocorrência de tal forma de organização num regime democrático, com contribuição do pensamento de Arendt.

Para finalizar o Capítulo, será apresentada uma breve revisão da crítica à burocracia elaborada pela Nova Gestão Pública e a alternativa organizacional proposta pela Reforma do Aparelho do Estado no Brasil para a institucionalização da participação. As análises atuais sobre a burocracia e modelos alternativos de gestão merecem ser recuperadas porque a administração burocrática tem sido crescentemente considerada como uma forma de gestão inadequada, em especial, para dar resposta ao aumento da participação social, que requer um aumento da discricionariedade e flexibilidade da administração pública[16].

1.1. O TIPO IDEAL WEBERIANO DE BUROCRACIA

A administração burocrática é uma administração realizada segundo regras e baseada em documentos. As regras registradas em documentos (regimentos) são o meio pelo qual se procura isolar o ambiente organizacional de elementos pessoais. As regras definem a divisão do trabalho segundo aspectos puramente objetivos, especificando como as diversas atividades serão repartidas entre indivíduos que detêm conhecimentos especializados para o desempenho da função e que se aprimo-

---

[16] Um projeto de pesquisa que mereceria investigação seria a análise da compatibilidade da Nova Gestão Pública com a participação, em que pese o fato de a Nova Gestão Pública não ser composta por um conjunto tão coerente de elementos como o tipo ideal da burocracia de Weber, conforme será apresentado na seção 1.2.

ram mediante a prática contínua. As regras disponibilizam os poderes de mando necessários para o cumprimento dos deveres do cargo e limitam os meios coativos que podem ser empregados. Também especificam as relações de subordinação hierárquica criando um ambiente de disciplina e controle do serviço. A atitude de mando do superior está baseada numa ordem impessoal que orienta suas disposições e a obediência do subordinado só é devida a essas ordens impessoais que integram a competência objetiva racionalmente limitada do cargo. O típico burocrata é nomeado por uma instância superior em função de aspectos técnicos. Para garantir o rigoroso cumprimento da subordinação hierárquica, o alcance da posição deve ser decorrente apenas de uma influência de cima para baixo[17].

As regras que orientam a realização contínua e regular das atividades têm caráter geral e são definidas para garantir um comportamento padronizado e impessoal[18]. Seu conteúdo abstrato impede a regulamentação caso a caso e levando em consideração elementos pessoais, simpatias ou preferências. Em prol da impessoalidade também é necessário que as decisões sobre situações para as quais não existem regras, sejam tomadas por um nível protegido contra as pressões pessoais daqueles que serão atingidos pelas suas consequências. Isso implica que o poder de tomar decisões deve se afastar do nível hierárquico responsável pela aplicação das regras e que detém informações sobre as suas implicações práticas. A tendência à centralização será tanto maior quanto maior a pressão pela impessoalidade (Crozier, 1981, p. 276)[19].

Existem instrumentos específicos para recrutamento dos burocratas que garantem que os indivíduos selecionados detêm o conhecimento técnico especializado necessário para a execução do trabalho. O domínio do conhecimento pelo funcionário é o elemento que dá à administração burocrática o seu caráter fundamental especificamente racional[20].

---

[17] Conforme será analisado no estudo de caso do OPPA, o fato da nomeação do subordinado não depender apenas do superior, pode conferir-lhe autonomia de ação.

[18] Segundo Merton, no entanto, o apego a essas regras pode gerar um comportamento ritualista dos funcionários e rigidez na realização do trabalho. Ocorre um deslocamento das finalidades que leva a dificuldades de adaptação e conflitos com o público que, por sua vez, tornam necessária a criação de novas regras e maior controle (Crozier, 1981, p. 263).

[19] Para Crozier, sistema burocrático de organização é qualquer sistema de organização no qual o circuito erros-informações-correções não funciona perfeitamente (ibid., p. 272). Embora essa ideia contrarie a noção weberiana da superioridade técnica da burocracia, o autor tem como referência o tipo ideal de Weber no que se refere aos aspectos formais da burocracia. Quer compreender o sistema de relações de poder informal que se sobrepõe ao arranjo formal. Seus comentários sobre a burocracia enriquecem a compreensão do fenômeno e serão apresentados ao longo do texto.

[20] No entanto, para aumentar a neutralidade do especialista, a organização burocrática especializada promove a fragmentação de papéis, de acordo com Selznick. Por esse meio, a tendência é que um espírito de casta seja criado entre eles e que ao seu redor sejam formadas alianças de interesse. Tais problemas serão combatidos por meio de maior especialização que acabará por agravá-los (ibid., p. 264).

O funcionário possui ainda o conhecimento dos fatos adquirido na execução das tarefas ou obtido via documentação, o que possibilita a realização de suas tarefas fora da visão do público. Como forma de controlar o poder decorrente do conhecimento especializado que os funcionários detêm e impor limites à sua liberdade de ação, a estratégia das relações superior-subordinado, ou seja, a utilização do poder hierárquico funcional está disseminada no conjunto da estrutura de toda organização (Crozier, 1981, p. 241).

Todos os processos administrativos são objeto de documentação escrita. Isso inclui as regras que devem ser registradas sob a forma de regimentos; as reuniões e outras ocorrências, que devem ser registradas em atas; e as comunicações necessárias ao andamento do trabalho que devem ser registradas em memorandos. A documentação é uma forma de se garantir o controle. Os documentos são utilizados, na ocorrência de problemas, para a imputação de responsabilidades e consequente aplicação de punições.

Os meios de administração representados pelo escritório, recursos monetários e documentos não são propriedade do funcionário, que igualmente não tem direito ao cargo. A vitaliciedade, quando ocorre, é em função dos deveres específicos do cargo visando a oferecer uma garantia ao seu cumprimento rigorosamente objetivo, sem levar em conta fatores pessoais[21]. Os burocratas exercem seu cargo como sua profissão principal e não como uma atividade acessória, o que requer o emprego da plena força de trabalho por um período de tempo prolongado. Recebem uma remuneração em forma de salário fixo e assistência para a aposentadoria em retribuição ao exercício das funções do cargo. Geralmente, percorrem uma carreira predefinida passando por cargos de níveis mais baixos e ascendendo a cargos de níveis mais elevados. Tal trajetória depende da sua capacidade para o trabalho decorrente do conhecimento e não do acaso e da arbitrariedade. A existência de uma carreira a ser oferecida ao funcionário vincula-se à ideia da continuidade no tempo da organização na qual ele atua. Assim o vínculo empregatício pode abranger toda a vida profissional do indivíduo. A burocratização pressupõe um relativo nivelamento social, a existência de classes não proprietárias, que possibilita o recrutamento universal de pessoas livres para os cargos.

---

[21] Cabe ressaltar que o direito ao cargo é uma aspiração da burocracia no sentido da constituição de uma casta privilegiada que, mediante a criação de um procedimento disciplinar ordenado, procura eliminar o poder do superior sobre o funcionário e assegurar sua posição e ascensão regular. No entanto, o direito ao cargo dificulta o preenchimento dos postos levando em conta apenas a eficiência já que restringe a possibilidade de ascensão dos mais capazes.

A honra do burocrata está na obediência, na execução de uma ordem sem ressentimentos e preconceitos, mesmo que a considere errada. (Weber, 1993a). Assim, permanece impessoal e neutro, fora da disputa política.

> Um funcionário que receba uma ordem que considere errada pode, e deve, expor seu ponto de vista. Se a instância superior insistir na ordem, é não somente sua obrigação, mas até ponto de honra executá-la como se ela correspondesse à sua própria convicção e, assim, mostrar que o seu senso de obrigação está acima de suas convicções pessoais. (...) Essa é a tradição da função. (...) O funcionário deve permanecer acima dos partidos, na verdade, porém, isso quer dizer fora da luta por poder próprio. (Weber, 1993, p. 56)

As características do tipo ideal de burocracia descritas anteriormente e organizadas sob o referencial conceitual de um quadro administrativo, serão adotadas como parâmetro para a análise da organização do governo municipal para a participação no OPPA que será apresentada no Capítulo 4. Como o grupo de pessoas que compõem o quadro administrativo da burocracia atua de forma coordenada, organizada e sequenciada, orientado por uma referência de sentido segundo uma determinada estrutura, um conjunto de processos, utilizando certos documentos e detendo certas características profissionais, os elementos do tipo ideal da burocracia de Weber podem ser classificados como mostra o Quadro 1 a seguir.

Quadro 1. Categorização dos aspectos formais da burocracia segundo estrutura, processos, documentos e pessoas

Categoria	Burocracia
Estrutura	Hierarquia Regras delimitam os poderes de mando e definem o âmbito em que a obediência é devida Tendência à centralização quanto maior o requisito de impessoalidade

Categoria	Burocracia
Processos	Distribuição de atividades entre funcionários especializados definida por regras Regras de caráter geral orientam a realização contínua e regular das atividades Impessoalidade no tratamento da população
Documentos	Registram regras (regimentos) Registram ocorrências (atas) Registram comunicações (memorandos)
Pessoas	Especialista Ação orientada segundo a racionalidade com respeito a fins Comportamento de obediência frente à ordem superior Não tem responsabilidade pelas próprias ações Carreira percorre níveis mais baixos aos mais altos da organização

A burocracia nos seus aspectos formais se caracteriza por uma estrutura hierárquica que garante que a ordem tenha o sentido de cima para baixo. A obediência é reforçada quando o superior hierárquico é responsável pela nomeação do subordinado. No entanto, o poder do superior sobre o subordinado, bem como os meios coercitivos que pode utilizar para garantir o cumprimento das ordens e a disciplina estão limitados por regras que da mesma forma definem o âmbito no qual a obediência do subordinado é devida.

Quanto maior o requisito de impessoalidade maior a tendência de que as situações que não podem ser regulamentadas por regras sejam decididas pelo nível hierárquico mais distante do local onde as consequências das decisões serão sentidas, ou seja, maior a tendência à centralização.

No que se refere a processos, existe uma distribuição de atividades entre os funcionários de acordo com o conhecimento técnico especializado. Espera-se que as atividades sejam realizadas de forma contínua e regular. Para tanto, é necessário que regras definam as tarefas que cada indivíduo deve realizar de forma que cada um saiba o que fazer independentemente do contato com os outros e independentemente das características daquele para quem a ação da burocracia se dirige. Isso significa que o relacionamento da burocracia com a população é marcado pela impessoalidade, pelo tratamento igual de todos perante a lei.

Os processos da administração devem ser objeto de documentação. Todas as comunicações, ocorrências e regras da organização são registradas em documentos escritos sob a forma de memorandos, atas e regimentos, respectivamente[22].

Em relação aos burocratas, trata-se de indivíduos que detêm conhecimento especializado e são motivados para a ação com base na racionalidade orientada com respeito a fins. Não têm aspiração própria de poder nem tomam parte da luta política e o seu comportamento deve ser de obediência frente à ordem superior, mesmo que não concordem com ela. Dessa maneira, estão livres de assumir qualquer responsabilidade pelas próprias ações, não precisam ter compromisso com o que fazem. Geralmente, seguem uma carreira percorrendo cargos de nível baixo até os de nível mais alto na mesma organização.

* * *

Weber denomina a organização burocrática de "máquina viva" e considera que a burocratização materializada na expropriação dos meios de administração complementa o processo de expropriação dos meios de produção.

> Uma máquina sem vida é espírito materializado. Somente esse fato dá à máquina o poder de forçar as pessoas a ficarem a seu serviço e de dominar de forma tão decisiva o seu cotidiano de trabalho (...). O espírito materializado também é aquela máquina viva, representada pela organização burocrática com a especialização de seu trabalho técnico escolado, a limitação das competências, suas regras e sua estrutura hierárquica. (Weber, 1993, p. 53)

A máxima burocratização significa o máximo de desumanização: o ritmo e a sequência do trabalho independem da iniciativa individual

---

[22] No caso do Poder Executivo no Brasil, instituições e cargos devem ser criados por lei, uma vez que impliquem aumento de despesa orçamentária. No primeiro caso, a lei de criação deve conter as competências, a estrutura e a respectiva distribuição de atividades das unidades componentes, os cargos de direção e suas atribuições, a natureza jurídica da instituição, localização na estrutura do governo, entre outros. No caso da criação de cargos, a lei deve definir as atribuições, o local de lotação e exercício, a remuneração, a estrutura da carreira, as regras de progressão e promoção. Documentos de natureza "infralegal" como decretos podem ser utilizados se o objetivo for apenas a especificação ou detalhamento de atribuições de cargos já existentes ou o estabelecimento das regras de funcionamento de instituições já criadas. Leis de criação de instituições e cargos são de iniciativa do Executivo, devendo ser submetidas à aprovação do Legislativo e posterior sanção do Executivo. Documentos de natureza "infralegal" como decretos são da competência do Executivo.

e ocorrem de forma automática. O controle da organização sobre a conduta individual é total e a amplitude de ação autônoma por parte do funcionário é nula. O tipo de organização em que vigora a máxima burocratização se assemelha ao "governo de ninguém", verificado por Arendt em governos totalitários.

Em uma análise dos aspectos negativos da burocracia e do seu papel em regimes totalitários, como o nazismo e stalinismo, Arendt a vê como a última forma do domínio do homem sobre o homem, e talvez a mais terrível. Considera a burocracia como a situação máxima de desumanização, o "governo de ninguém" no qual os indivíduos atuam segundo inúmeras e variadas regras que lhes são impostas, visando normalizar o comportamento e abolir qualquer ação espontânea ou inusitada Arendt (2001, 1999b).

> Numa burocracia completamente desenvolvida, não há ninguém com que se possa argumentar, para quem se possa apresentar queixas, ou sobre quem possa ser exercida as pressões do poder. Burocracia é a forma de governo na qual todo mundo é destituído de liberdade política, do poder de agir; pois o domínio de Ninguém não é o não domínio; e onde todos são igualmente impotentes tem-se uma tirania sem tirano. (Arendt, 1999b, p. 151)

A máxima burocratização pode levar o homem à sensação de não pertencimento e de estranhamento da vida. Uma declaração de Eichman, oficial nazista, na prisão durante o período de seu julgamento em Jerusalém ilustra essa situação. Com a confirmação da derrota da Alemanha em 8 de maio de 1945, Eichman se deu conta de que

> a partir de então teria de viver sem ser membro de uma coisa ou outra. Senti que teria de viver uma vida individual difícil e sem liderança, não receberia diretivas de ninguém, nenhuma ordem, nem comando me seriam mais dados, não haveria mais nenhum regulamento pertinente para consultar – em resumo, havia diante de mim uma vida desconhecida. (Arendt, 1999, p. 44)

Assim, por absurdo, pode-se descartar a hipótese de que a forma de organização que prevalece na situação de máxima democracia representada pela participação é a máxima burocracia representada pela plena desumanização, porque a existência concreta de tal organização não é viável num regime democrático.

Cabe destacar que a própria burocracia tipo ideal weberiano foi submetida a diversos questionamentos: seja porque apresenta disfunções

(Merton, 1965), seja porque se supõe que os burocratas agem na defesa do próprio interesse (Downs, 1994; Niskanen, 1971), seja porque detém conhecimento técnico especializado que lhes confere autonomia[23] (Wood e Waterman, 1994; Bendix, 1965; Yates, 1982; Marx, 1967). Também existe o reconhecimento das dificuldades inerentes ao próprio processo de conversão de decisões políticas em ações, objeto de atuação da burocracia na implementação de políticas públicas (Wanderley Reis, 1990; Yates, 1982). Tais avaliações problematizam a noção de que a burocracia do setor público constitui um mecanismo de governo neutro, direto e inequívoco e colocam em xeque a visão que considera que o seu desempenho na prática resulta necessariamente um ótimo de eficiência.

Adicionalmente, não há registro nos domínios da sociologia e da política de que historicamente um quadro administrativo burocrático tenha convivido com uma instância participativa, como resultado da ampliação da democracia.

O relato da Comuna de Paris por Marx é uma ilustração da incompatibilidade entre burocracia e participação, com a menção das diversas iniciativas de expulsão dos antigos funcionários de seus postos com a tomada de poder pelos operários. Quando os operários alcançaram o poder, encontraram resistência na burocracia para obter obediência no cumprimento de suas ordens, contrariando a noção de Weber (1999b, p. 223) de que o aparato da burocracia "está facilmente disposto a trabalhar para qualquer um que tenha sabido apoderar-se do domínio sobre ele". A relação da burocracia e com a Comuna de Paris é descrita por Marx no trecho a seguir:

> [a] Comuna era composta de conselheiros municipais eleitos por sufrágio universal nos diversos distritos da cidade. Eram responsáveis e substituíveis a qualquer momento. A Comuna devia ser, não um órgão parlamentar, mas uma corporação de trabalho executiva e legislativa ao mesmo tempo. Em vez de continuar sendo um instrumento do governo central, a polícia foi imediatamente despojada de suas atribuições políticas e convertida num instrumento da Comuna, responsável perante ela e demissível a qualquer momento. O mesmo foi feito em relação aos funcionários dos demais ramos da administração. A partir dos membros da Comuna, todos que desempenhavam cargos públicos deviam receber salários de operários. Os interesses criados e as despesas de representação dos altos dignitários do Estado desapareceram com os próprios altos dignitários. Os cargos públicos deixaram de ser propriedade privada dos testas-de-ferro do governo central. Nas mãos

---

[23] Nem todo autor considera tal situação negativa.

da Comuna concentrou-se não só a administração municipal, mas toda iniciativa exercida até então pelo Estado. (Marx, 1994, p. 80-1)

O funcionamento do governo das comunas norte-americanas conforme descrito por Tocqueville (2001a) representa o que Weber (1999b) denomina administração democrática[24] e não burocrática. É, por definição, a participação no seu estado puro: a intervenção direta dos agentes sociais em atividades públicas. Os próprios cidadãos tomam parte do governo comunal exercendo diversas funções.

> Os *select-men* são eleitos todos os anos no mês de abril ou de maio. A assembleia comunal escolhe ao mesmo tempo uma série de outros magistrados municipais, encarregados de certos detalhes administrativos importantes. Uns, com o nome de assessores, devem estabelecer o imposto; outros, com o de coletores, devem arrecadá-lo. Um funcionário, chamado *constable*, é encarregado da função de polícia, de zelar pelos lugares públicos e dar mão forte à execução material das leis. Outro, nomeado escrivão da comuna, registra todas as deliberações; ele escritura os atestados do registro civil. Um caixa guarda os fundos comunais. Acrescentem a esses funcionários um zelador dos pobres, cujo dever, dificílimo de cumprir, é executar a legislação relativa aos indigentes, os comissários das escolas, que dirigem a instrução pública, os supervisores das vias públicas, que se encarregam de todos os detalhes viários, e terão a lista dos principais agentes da administração comunal. Mas a divisão das funções não para aí: encontramos ainda, entre os funcionários municipais, comissários de paróquia, que devem cuidar das despesas do culto e supervisores de vários gêneros, encarregados uns de dirigir os esforços dos cidadãos em caso de incêndio, outros de cuidar das colheitas; estes de suspender provisoriamente as dificuldades que podem surgir em relação às cercas das terras, aqueles, de vigiar a medição da lenha ou fiscalizar os pesos e medidas. (Tocqueville, 2001a, p. 74)

---

[24] Numa administração diretamente democrática, todos são considerados igualmente qualificados para assumir a direção dos assuntos comuns detendo para tanto poderes de mando que são restritos. As funções administrativas são assumidas num sistema de turno, ou conferidas mediante sorteio ou eleição direta, para curtos períodos de tempo. Os membros da associação tomam todas as decisões materiais e os funcionários se encarregam de sua execução e da administração dos assuntos correntes, conforme o que for disposto pela assembleia de membros. Algumas condições especiais são necessárias para a ocorrência da administração democrática e explicam por que este tipo de administração não tende a se desenvolver numa sociedade de massas: abrangência territorial da associação é limitada, existe pouca diferenciação social entre os membros, as tarefas a serem realizadas são simples e estáveis (Weber, 1999b, p. 193).

Nunes (1997, p. 53), por sua vez, apresenta outro exemplo que mostra a convivência entre burocracia e um regime autoritário. No Brasil, a implantação da burocracia no setor público foi iniciada sob a ditadura de Getúlio Vargas, com a criação do Departamento de Administração do Serviço Público (DASP), em 1938, cujos principais objetivos eram a centralização, a padronização e a coordenação[25]. De acordo com o autor, o DASP constitui o mais importante exemplo de insulamento burocrático[26] do período, processo que teve um crescimento sem precedentes no regime militar por causa da reforma administrativa e ausência de controle público sobre o governo (Nunes, 1997, p. 127)[27].

Ainda, muitos autores entendem a convivência entre a burocracia e a participação como problemática. A administração burocrática é crescentemente considerada como uma forma de gestão inadequada num contexto onde aumenta a imprevisibilidade do ambiente em que o Estado atua e onde crescem o volume e a diversidade das demandas que lhe são apresentadas, com a diversificação dos canais de comunicação com a sociedade e surgimento de novos atores sociais. É destacada, com especial relevância, a inadequação da forma burocrática de gestão para dar resposta ao aumento da participação social resultado do processo de democratização.

> Existe uma contradição importante entre este (e o modelo burocrático que lhe é funcional) e as demandas de discricionariedade – e de flexibilidade, de um modo geral – requeridas pelos novos desenvolvimentos da administração na direção de maior eficácia e eficiência. O problema, sem dúvida, aumenta frente às demandas de participação social. Torna-se claro que a intervenção cidadã se torna uma falácia frente a processos extremamente regrados e/ou dominados por hierarquias rígidas[28]. (Cunill Grau, 1995, p. 19)

O reconhecimento de que os fins, interesses e objetivos de atividades públicas não podem ser fixados por lei de forma precisa, dependendo cada vez mais da relação entre os poderes públicos e da colaboração dos cidadãos, tem como resultado uma exigência de maior discriciona-

---

[25] Iniciada com a criação da Comissão Central de Compras em 1931 e constituição do Conselho Federal do Serviço Público e das Comissões de Eficiência em 1936 (Nunes, 1997, p. 53).
[26] De acordo com Nunes (ibid., p. 34) o insulamento burocrático é um processo de proteção do Estado nos seus aspectos técnicos contra interferências políticas. Traduz-se na redução do espaço em que interesses e demandas da sociedade podem exercer influência sobre a ação do governo.
[27] A burocracia era vista como uma forma de quadro administrativo de governos não democráticos quando o presidente Wilson fez a proposta de reforma do serviço público nos EUA. Para justificar a sua opção de inserir um modelo de organização de governos autoritários na democracia norte-americana utilizou o argumento da separação entre política e administração que marcou desde então a compreensão sobre a burocracia como um instrumento "neutro" de implementação de políticas.
[28] Tradução livre.

riedade por parte dos servidores públicos. Para viabilizá-la, tornam-se necessárias uma diversificação organizativa e do regime jurídico das administrações públicas, bem como a revalorização da autonomia e da responsabilidade dos gerentes e dos servidores em geral. O direito administrativo, a partir do qual são definidos os instrumentos da gestão pública burocrática, é fator que restringe os processos de racionalização gerencial. Está associado a um projeto antidiscricionário que resolveu os problemas de legitimidade do Estado liberal de direito, mas tem sido indiferente ao desenvolvimento do Estado social e democrático, pois associa a discricionariedade à arbitrariedade e não a entende como forma de se prestar serviço responsável aos interesses gerais (Prats i Catalá, 1996).

Também existem indicações concretas de que iniciativas do setor público que contam com a participação da população exigem do setor público uma reorientação de suas estruturas e sistemas, bem como uma postura diferenciada de seus servidores. Essa reorientação diz respeito à criação da capacidade de resolver problemas específicos em organizações até então orientadas por processos e sua preservação (Alfonso, 1981). Montgomery (1988), que descreve experiências de reforma agrária em diversos países, afirma que nos casos bem sucedidos, o "controle" não predomina nas relações da burocracia com a comunidade local. Ao contrário, verifica-se a ocorrência de uma postura "receptiva", pela qual os administradores públicos são capazes de criar respostas institucionais apropriadas às demandas. Steelman e Ascher (1997, p. 73), analisam casos em que o resultado da experiência participativa não foi considerado satisfatório pelos que dela tomaram parte e mencionam diversos aspectos para explicar as dificuldades de convivência da burocracia com a participação. A estrutura de incentivos para a ação dos burocratas é incompatível com programas que incluem o envolvimento da população e não premiam iniciativas nas quais os cidadãos têm poder de decisão. As normas burocráticas que pregam a eficiência na tomada de decisão se colocam em conflito com normas participativas. Ademais, os cidadãos e burocratas têm noções diferentes sobre o que a participação deve representar, o que frequentemente leva a buscar objetivos diversos no processo.

Mais recentemente, um movimento de reestruturação ocorrido no setor público de diversos países, conhecido como Nova Gestão Pública NGP, reforçou e generalizou as críticas ao modelo weberiano de burocracia. Com a discussão da Nova Gestão Pública foi iniciado o debate em torno de arranjos institucionais alternativos à burocracia para a organização do aparelho do Estado. Marco inicial da Nova Gestão Pública no Brasil foi a proposta de Reforma do Aparelho do Estado formulada pelo ministro Bresser-Pereira na primeira gestão do governo Cardoso (1995-1998).

1.2. A Nova Gestão Pública e a crítica à burocracia

A Nova Gestão Pública é um fenômeno organizacional abrangente cujo início pode ser associado com o processo de reestruturação de diversas instituições do setor público que ocorreu na Inglaterra durante a década de 1980. Promoveu a revisão dos tradicionais paradigmas organizacionais do setor público em termos de: (a) privatização em larga escala na esfera da atividade econômica; (b) adoção de princípios de administração do setor privado no desempenho de funções sociais pelo setor público, com tentativas crescentes de criação de concorrência entre fornecedores do setor público; (c) ênfase na eficiência e no desempenho; (d) valorização do papel dos gerentes como protagonistas do processo de mudança (Ferlie e outros, 1999).

A Nova Gestão Pública não é, entretanto, um movimento britânico isolado. Uma série de medidas foi adotada em diversos países visando ao desenvolvimento de um novo modelo de administração pública, mas este não é completamente coerente, e nem todos os países estão seguindo a mesma estratégia. Ademais, o novo modelo tem incorporado diversas críticas à sua prática e modificado os seus componentes, mostrando grande poder de transformação (Abrúcio, 1998).

Algumas experiências nacionais enfatizam certos aspectos da Nova Gestão Pública que diferem dos destacados em outras iniciativas de reformas. Assim, a Nova Gestão Pública representa mais um conjunto de sistemas alternativos de ideias – e não um movimento homogêneo e internamente coerente[29] – mas que tem em comum o distanciamento progressivo em relação à administração pública burocrática (Bresser-Pereira, 1998).

De acordo com Cunill Grau (1998, p. 218), embora a alternativa ao modelo burocrático oferecida pela Nova Gestão Pública possa envolver um enfoque de mercado – que tende a aprofundar as distorções existentes na administração pública – também pode estar contribuindo para a construção de um enfoque efetivamente público que parece representar uma estratégia mais integral.

---

[29] Abrúcio (1998) identifica na Nova Gestão Pública três vertentes diferentes: gerencialismo puro, *consumerism* e *public service orientation*; Ferlie e outros (1999) percebem quatro modelos em sua tentativa de identificar tipos ideais na Gestão Pública: o impulso para a eficiência, *downsizing* e descentralização, em busca da excelência e orientação para o serviço público.

As novas propostas para a organização da administração pública estão situadas num contexto maior de reformas, destinadas a dar resposta à crise do Estado redefinindo suas funções. Estão associadas a tentativas de restringir o crescimento do governo, em vigor desde a década de 1970 e representam uma reação ao desencantamento da população com o papel do governo e com os altos níveis de impostos.

A crise do Estado afetou diretamente a organização das burocracias públicas. A escassez de recursos públicos pressionou pela redução dos gastos com pessoal e pela necessidade de aumentar a eficiência governamental. O enfraquecimento do poder estatal tornou necessária maior agilidade e flexibilidade do aparato governamental, tanto em sua dinâmica interna como em sua capacidade de adaptação às mudanças externas. Esses fatores somados a uma crítica ao antigo modelo de organização do setor público[30], a um sentimento antiburocrático generalizado e ao avanço de uma ideologia privatizante conduziram o modelo burocrático a uma profunda crise.

O modelo burocrático foi criticado por ser excessivamente formalista, autocentrado e ineficiente. Em especial, a tradicional hierarquia burocrática, com seus procedimentos baseados em regras e a correspondente rigidez, passou a ser considerada superada. O mau funcionamento da burocracia estatal, sua inflexibilidade, a superposição de programas e organizações que atuavam sem coordenação e a operação autocentrada de organismos públicos passaram a ser crescentemente questionados pela população (Kettl, 1998).

Verifica-se a substituição dos paradigmas tradicionais de gestão de organizações públicas por novas concepções, baseadas em ideias como flexibilidade, qualidade, competência, inovação e mudança. O novo modelo para a administração pública procura se diferenciar do burocrático

---

[30] A Nova Gestão Pública trouxe para a discussão sobre administração pública uma visão crítica à burocracia do setor público influenciada, em princípio, por teorias sobre o setor público (escolha pública e teoria do agente) baseadas na abordagem da escolha racional, que assumem que os indivíduos atuam para maximizar o próprio bem-estar. No caso dos burocratas públicos isso significa maximizar os seus interesses individuais por meio do aumento do orçamento que controlam e do seu poder discricionário, não atuando assim em função do interesse público (Myers e Lacey, 1996). A teoria da escolha pública tem como pressuposto que os administradores públicos maximizam uma função utilidade privada que depende do tamanho de suas organizações, bem como do poder e prestígio que assumem com o desempenho de suas funções públicas. A teoria do agente utiliza um modelo conceitual geralmente identificado com o contexto de uma empresa – a relação entre proprietários acionistas e administradores profissionais – para descrever a relação entre políticos e burocratas. Considera que num sistema democrático, a prestação de serviços públicos é delegada pelos políticos eleitos aos burocratas, criando um problema de principal-agente, uma vez que as políticas implementadas pelos burocratas podem não ser aquelas definidas pelos políticos. Os burocratas detêm razoável grau de discricionariedade no desempenho de suas funções – pois é impossível regulamentar sua ação em todas as contingências – e podem ter objetivos próprios, diferentes dos interesses dos cidadãos e dos políticos que os representam (Przeworski, 1996).

por meio da clara definição de objetivos; do aumento da autonomia dos administradores para atingir os objetivos contratados; da implantação da competição administrada; da descentralização e redução dos níveis hierárquicos; da adoção de formas flexíveis de gestão; da orientação da ação pública para resultados e pela maior influência da sociedade sobre a organização por meio da participação.

Um elemento central na mudança dos padrões de gestão das organizações públicas é a busca pela flexibilidade. É quase consensual a noção de que os administradores públicos precisam de maior flexibilidade para trabalhar e têm sido impedidos pelos padrões existentes de hierarquia e controle[31].

Assim, um modelo no qual se promove maior delegação de autoridade foi proposto em resposta à estrutura extremamente hierárquica característica do modelo burocrático. Com isso, pretende-se que os gerentes desenvolvam habilidade e criatividade para encontrar novas soluções e para aumentar a eficiência governamental. Por meio da delegação de autoridade esperava-se que uma alteração institucional promovesse uma mudança cultural (Abrúcio, 1998).

A ideia-chave é "deixar o administrador administrar", baseada no pressuposto de que os administradores públicos sabem o que fazer, mas as regras, procedimentos e estruturas existentes os impedem. Para que o administrador público possa se concentrar nos problemas a serem resolvidos é necessário que tenha maior liberdade e amplitude de ação[32]. Maior discricionariedade por parte dos servidores públicos é exigida pelo fato de que os fins, interesses e objetivos de atividades públicas dependem cada vez mais da colaboração dos cidadãos e não podem ser fixados por lei de forma precisa. De acordo com Bresser-Pereira, o contexto de mudança em que o Estado atua coloca a administração burocrática numa situação paradoxal, pois, de um lado, precisa ser racional, em termos da adequação de meios e fins, e, de outro lado, precisa ser

---

[31] Lipsky (1980) e Aberbach e outros (1981) já haviam investigado as atribuições amplas e o papel exercido pela formulação de políticas nas atividades desempenhadas pelos burocratas de nível da rua, no primeiro caso, e dos estratos superiores, no segundo caso. Ora, se os burocratas exercem atividades diversas das descritas no tipo ideal da burocracia, parece razoável supor que os mecanismos burocráticos de supervisão e controle não são mais adequados para garantir que atuem com responsabilidade pública.

[32] Na estratégia de tornar a gestão do setor público semelhante à do setor privado, a diretriz deixar o administrador administrar foi complementada pela diretriz obrigar o administrador a administrar com a alteração dos incentivos dados aos administradores e sua exposição às forças do mercado. O reconhecimento da necessidade de maior flexibilidade para os administradores públicos trabalharem de forma a que possam aplicar o seu conhecimento no desenvolvimento de novas soluções gerou uma tensão entre os objetivos de aumento da autoridade e discricionariedade dos servidores públicos, de um lado, e as demandas por maior responsabilidade política e maior alinhamento com a direção política, de outro. Novos mecanismos de *accountability* – os contratos de desempenho – que influenciam a avaliação e a remuneração dos dirigentes, foram desenvolvidos, substituindo a relação de subordinação hierárquica tradicional.

legal, no sentido de que devem existir normas que definam os padrões de comportamento a serem adotados. "Ora, em um mundo em plena transformação tecnológica e social, é impossível para o administrador ser racional sem poder adotar decisões, sem usar de seu julgamento discricionário, seguindo cegamente os procedimentos previstos em lei" (1997, p. 41). Torna-se necessário que a administração pública possa ter diferentes modelos organizacionais para escolher dependendo da situação a ser desempenhada e que os gerentes e servidores sejam mais autônomos e responsáveis.

O relativo aumento da autonomia do servidor público e a crescente demanda por *accountability* e responsabilidade por parte dos burocratas públicos[33] – que é a contrapartida desse processo – tem colocado em questão a postura com que esses profissionais devem desempenhar seu papel. Bresser-Pereira salienta a necessidade de responsabilização dos altos burocratas públicos em decorrência de sua maior autonomia.

> À medida que a sociedade e os mercados se tornam mais complexos, o caráter estratégico das decisões políticas aumenta e com isso a necessidade de autonomia dos dirigentes governamentais. No entanto, esse aumento da autonomia dos políticos e dirigentes públicos deve ser acompanhado por maior responsabilização pública[34]. (2001, p. 20)

O autor afirma que o servidor público senior continuará sendo um burocrata ou um técnico no sentido de que ele permanece sendo um profissional que possui conhecimento especializado, seja técnico ou organizacional e continua agindo racionalmente para adequar meios e fins. Entretanto, a postura neutra, de mera execução de leis ou implementação de políticas definidas pelos políticos, movida pelo sentido da obediência, não é suficiente para que o servidor público senior desempenhe seu papel no novo Estado. Esse tipo de comportamento pode servir apenas àqueles que queiram fugir à responsabilidade política de seu cargo (Bresser Pereira, 2001).

Para Moore (1995, p. 29), os gerentes públicos devem ser movidos pelo objetivo de criar valor público em suas ações. Isso porque os recursos utilizados pelo Estado são retirados da sociedade que poderia utilizá-los para o consumo privado, geralmente mais valorizado que o alcance de bens coletivos. Já os funcionários precisam dispor de capacidade e meios para utilizar métodos e uma gama de instrumentos mais

---

[33] As possibilidades de participação e avaliação dos serviços públicos foram ampliadas englobando cidadãos, clientes, fornecedores e outros. Os profissionais do setor público estão mais visíveis e aumentou o seu papel no que se refere a ter de responder politicamente pelas ações.
[34] Tradução livre.

adaptados às circunstâncias. São requeridos funcionários que saibam julgar, analisar as situações e avaliar os riscos implícitos em cada uma delas. Estes funcionários devem nortear sua atuação pela preservação do interesse público e buscar negociar compromissos complexos com interesses diferentes. Um verdadeiro espírito de equipe e de solidariedade pode ajudá-los a enfrentar os dilemas éticos da nova função em substituição às regras escritas e exaustivas (Moore, 1995).

A abordagem "deixar o administrador administrar" está centrada no interesse do usuário[35]: as organizações governamentais devem focar sua atividade no atendimento das necessidades dos cidadãos, o que não ocorre no padrão vigente que impede que os bons funcionários cumpram suas funções do modo que gostariam e poderiam fazer[36]. "O interesse pelo usuário dos serviços leva os administradores a se preocuparem em oferecer serviços, e não em gerir programas, em atender aos cidadãos e não às necessidades da burocracia" (Kettl, 1998, p. 81). Isso é especialmente importante nos setores em que o Estado continue a atuar e nos que constituem monopólios. Não havendo a concorrência de mercado, a melhoria de desempenho pode ser promovida se os provedores dos serviços passarem a dar maior peso às necessidades de cidadãos-usuários.

Com a abordagem do "deixar o administrador administrar", o controle é substituído por uma orientação de melhoria contínua, pois a busca pela qualidade está diretamente relacionada com o direcionamento da prestação de serviços para o atendimento das necessidades dos usuários. Assim, a introdução da perspectiva da qualidade surgiu quase no mesmo momento em que a administração pública voltava suas atenções para os cidadãos-usuários.

Barzelay (1992, p. 8-9) aponta, entre outras, as seguintes diferenças entre a administração burocrática e a voltada para o usuário:

> a organização burocrática se fixa na rotina, a organização orientada para o usuário muda suas operações em resposta à alteração na demanda por seus serviços. A organização burocrática permanece seguindo procedimentos padronizados. A organização voltada para o usuário oferece opções na sua maneira de operar quando isso se torna

---

[35] A terminologia da Nova Gestão Pública aqui utilizada é distinta da adotada por Habermas (2003b) para a descrição dos papéis sociais. Para a Nova Gestão Pública, usuário é o destinatário dos serviços públicos, que é denominado por Habermas como cliente. Cliente para a Nova Gestão Pública é o destinatário de bens e serviços fornecidos por empresas no mercado, o que corresponde para Habermas ao papel de consumidor.

[36] Para Schedler a noção de cidadão-usuário transcende a noção clássica de cidadania na qual o papel do cidadão está limitado ao direito de decidir as atividades que o Estado deve exercer e as políticas que deve implementar, sua amplitude e suas consequências. O cidadão-usuário pode ir mais além, influenciando diretamente os resultados e produtos concretos dessas atividades (Bresser-Pereira, 1998, p. 118).

necessário. Uma organização burocrática anuncia políticas e planos. A organização voltada para o usuário interage numa relação de comunicação de mão dupla com os seus usuários de forma a avaliar e revisar sua estratégia de operação[37].

O movimento do cidadão-usuário propõe um tipo de relação de baixo para cima que parte dos cidadãos, passa pelos funcionários que atendem no balcão e alcança os formuladores de políticas. A relação tradicional de poder entre os que formulam políticas e os que as executam é invertida, uma das razões pelas quais a orientação para o usuário tem sido criticada[38]. Nos programas centrados no cidadão-usuário, os cidadãos estabelecem um vínculo direto com a burocracia, que passa a ser motivada a atuar de modo a servir melhor os interesses dos cidadãos. Os burocratas têm que considerar as necessidades dos cidadãos na preparação de suas decisões fundamentais ao invés de aguardar o comando dos níveis hierárquicos superiores para orientar a sua ação. A abordagem do foco no cidadão-usuário foi complementada por uma estratégia de delegação de autoridade, partindo do princípio de que quanto mais próximo o serviço público estiver do usuário, maior a chance de ser fiscalizado pela população.

Os usuários das organizações públicos passam a ser identificados não somente como os destinatários dos serviços, mas também como uma parte importante dos processos de produção. As estruturas centralizadas são revistas e as organizações são colocadas em contato mais próximo com os cidadãos. Essa abertura às preocupações da comunidade coloca as instituições num novo ambiente de mudança: obriga as organizações a manterem uma capacidade contínua de ajuste, adaptação, inovação e renovação acompanhando as reivindicações locais (Moore, 1995). Assim, a principal justificativa na defesa da estratégia de descentralização da prestação de serviços ao usuário não é a de que o governo local representa a melhor instância para prover os serviços públicos necessários, mas sim a de que ele possibilita e capacita os cidadãos a participarem das decisões que afetam suas vidas e as de suas comunidades.

---

[37] Tradução livre.
[38] Os críticos questionam a abordagem cidadão-usuário porque os administradores profissionais ficam descomprometidos de qualquer responsabilidade em relação aos princípios políticos dos encarregados de propor políticas públicas, já que passam a poder levar em consideração o desejo do cliente (Kettl, 1998). Cunill Grau (1998, p. 226) acrescenta que se a participação dos cidadãos exercida como controle dos burocratas pelos usuários for entendida como um princípio de liberdade pessoal, colocará em risco o pluralismo político, uma vez que pode enfraquecer a linha de autoridade que existe entre os políticos eleitos e os burocratas e reduzirá a importância do voto como manifestação política, primeiro elemento na direção de uma participação democrática. Na realidade, acabará por reforçar a despolitização dos cidadãos e aprofundar a assimetria de poder em favor das burocracias.

As reformas do Estado dos anos 1990 também avançaram na estratégia de descentralização da prestação de serviços em outro sentido: no de que atividades sociais de natureza não monopolista fossem realizadas de forma competitiva pelo setor público não estatal e por ele controladas, embora o apoio financeiro permanecesse estatal, de forma a garantir a ampliação dos direitos sociais. Segundo Pierre (1998, p. 138), essas novas formas de participação do cidadão fortalecem sua posição frente ao setor público e são perfeitamente consistentes com as novas formas de prestação de serviços públicos que visam a ampliar a escolha do consumidor. Podem ser entendidas como tentativas de desenvolver novas formas de envolvimento dos cidadãos na política e na formulação de políticas. O cidadão é considerado em seu papel de contribuinte e cliente dos serviços públicos que ocorre paralelamente à maior adaptação dos serviços públicos às necessidades do consumidor.

1.3. Reforma do Aparelho do Estado no Brasil e o cidadão-usuário

De acordo com o Plano Diretor da Reforma do Estado (Brasil, 1995) que introduz a Nova Gestão Pública no setor público brasileiro, a administração pública gerencial está focada em: (1) definição precisa dos objetivos que devem ser alcançados pelas unidades, (2) garantia de autonomia de gestão de recursos humanos, financeiros e materiais ao administrador da unidade de forma que possa realizar os objetivos definidos, (3) controle de resultados *a posteriori* e prestação de contas. Paralelamente, incentiva-se a competição administrada entre as unidades internas ao Estado. Descentralização e redução dos níveis hierárquicos da estrutura organizacional tornam-se essenciais e a administração pública torna-se mais aberta à participação de agentes privados e de organizações da sociedade civil[39].

---

[39] Seguindo as diretrizes do Plano Diretor, no Ministério da Administração Federal e Reforma do Estado entre 1995 e 1998 estavam listados os seguintes planos prioritários: reforma da Constituição no capítulo da administração pública, elaboração de projetos de leis complementares à reforma constitucional, programa de reestruturação e qualidade nos ministérios, programa de organizações sociais, programa de agências executivas, sistema de contabilidade gerencial, sistema de informações gerenciais da administração pública, fortalecimento do núcleo estratégico por meio da política de carreiras, reformulação do sistema de remuneração dos cargos em comissão do Governo Federal, plano nacional de capacitação, programa de redução dos custos de pessoal e eliminação de privilégios, principalmente os contidos na lei do Regime Jurídico Único, revisão e desburocratização da lei de licitações, aperfeiçoamento do sistema de serviços gerais do Governo Federal, estabelecimento da rede do governo (intranet do Governo Federal), integração dos sistemas administrativos informatizados do Governo Federal, projeto de lei sobre processo administrativo, fortalecimento da internet como canal de comunicação do governo com os cidadãos, reestruturação e qualidade interna do MARE (Bresser-Pereira, 1998, p. 205-6).

O paradigma gerencial tem como princípios a confiança e a descentralização dos processos de tomada de decisão. Requer formas flexíveis de gestão, estruturas mais horizontais, descentralização das funções e incentivo à criatividade[40]. Novos princípios de orientação para o cidadão-usuário, controle de resultados e competição administrada passam a conviver com características da boa administração burocrática[41].

De acordo com Bresser-Pereira (1998), uma concepção do Estado e de seu papel é a base para a reforma gerencial da administração pública, que procura revisar as atividades que o Estado deve realizar diretamente, as que deve financiar ou promover e as que não são de sua competência. Sendo assim, no Plano Diretor é feita a distinção de quatro setores distintos no aparelho do Estado para os quais são propostas formas de gestão específicas:

- o núcleo estratégico no qual são formuladas as políticas e as leis e exige a garantia de seu cumprimento. É o setor no qual decisões estratégicas são tomadas;
- setor de atividades exclusivas de Estado engloba serviços que apenas o Estado pode prestar, para cuja execução se pressupõe o poder de Estado – de regular, fiscalizar e promover;
- setor de serviços não exclusivos de Estado corresponde ao setor no qual o Estado atua em conjunto com outros fornecedores públicos não estatais e privados. Para a prestação desses serviços não é requerido o poder de Estado. A presença do Estado desses setores se justifica pelo fato de que envolvem direitos humanos fundamentais como educação e saúde e porque representam economias externas relevantes[42];
- setor de bens e serviços destinados ao mercado corresponde à área de atividade específica do setor privado. São geridos pelo Estado porque o setor privado não detém capital para realizar investimentos ou porque são atividades monopolistas. São atividades que, se privatizadas, requerem regulação rigorosa.

---

[40] Bresser-Pereira (1998, p. 159) faz a ressalva de que a autonomia obtida pela delegação de autoridade e pela flexibilização em relação a procedimentos legais e regulamentos extremamente rígidos pressupõe a autonomia frente a pressões clientelistas.

[41] De acordo com o Plano Diretor da Reforma do Aparelho do Estado, embora a administração pública gerencial avance e, em alguns casos, rompa com a administração pública burocrática, isso não significa a rejeição de todos os seus princípios. Pelo contrário, a administração gerencial está baseada no sistema burocrático anterior e manteve diversos de seus princípios fundamentais, embora com um maior grau de flexibilidade, em especial os referentes à contratação de pessoal de acordo com o mérito, a existência de um sistema de carreiras, salários e permanente avaliação de desempenho e treinamento constante. A diferença fundamental diz respeito à forma de controle, não mais baseado em processos, e sim em resultados.

[42] As economias geradas são imediatamente disseminadas para o resto da sociedade e não podem ser apropriadas privadamente sob a forma de lucros.

No núcleo estratégico a qualidade da decisão é mais importante do que a eficiência com que ela é tomada. Sendo assim, propõe-se como forma de gestão mais adequada para este setor a combinação entre administração pública burocrática e a gerencial. Para os demais setores em que o mais importante é atender as demandas dos cidadãos com qualidade a um custo baixo, propõe-se a adoção da administração pública gerencial.

A Reforma do Aparelho do Estado tem como objetivo ampliar a governança, ou seja, aumentar a capacidade de governar e melhorar as condições para a implementação de leis e políticas públicas. Para tanto, propõe ampliar a eficiência do setor de atividades exclusivas de Estado por meio da sua transformação em entidades semiautônomas denominadas Agências Executivas e tornar os serviços sociais competitivos mais eficientes transformando-os em organizações públicas não estatais denominadas Organizações Sociais.

O projeto das Organizações Sociais engloba a dimensão do cidadão-usuário no que se refere tanto ao desenvolvimento de formas novas de envolvimento dos cidadãos com a administração pública, quanto à adequação dos serviços públicos às necessidades dos usuários[43]. As Organizações Sociais constituem uma forma institucional pensada para o setor de serviços[44], tais como as áreas de ensino, pesquisa científica e tecnológica, preservação do meio ambiente, cultura e saúde. A prestação dos serviços é descentralizada[45] para entidades de propriedade pública não estatal que foram concebidas para ter flexibilidade de gestão que permite adequar seus produtos às necessidades dos seus usuários e são geridas por um Conselho de Administração no qual entidades representativas da sociedade civil têm assento[46] (Brasil, 1995).

Além disso, no Plano Diretor, o controle social[47] é somado ao controle de resultados e à competição administrada para a melhoria da administração pública. Aponta para uma progressiva participação da

---

[43] Sobre as realizações da abordagem com foco no cidadão-usuário implantadas no governo federal, ver Nassuno (2000).

[44] Serviços que não pressupõem o poder do Estado, mas no qual a presença do Estado se justifica porque dizem respeito a direitos humanos fundamentais ou geram economias externas (Brasil, 1995).

[45] Por meio de um processo denominado publicização.

[46] Membros das entidades representativas da sociedade civil como membros natos podem compor de 20% a 30% do Conselho de Administração das Organizações Sociais (Lei n. 9.637, de 15 de maio de 1998). Para uma discussão sobre os avanços e desafios do projeto das Organizações Sociais, ver Ferrarezi e Nassuno (1996).

[47] Segundo Bresser-Pereira, o controle social é uma das três formas de coordenação da sociedade segundo um critério funcional. As demais são o controle hierárquico ou administrativo e o controle econômico. O controle social ou político-democrático pode realizar-se por meio dos mecanismos da democracia representativa, da democracia direta, da transparência de informação e do controle por parte das mídias e da oposição (1998, p. 140). Um significado da participação como controle social será apresentado no Capítulo 2.

cidadania na definição dos critérios e parâmetros a serem utilizados na avaliação e controle dos serviços públicos. Entende que a incorporação do cidadão como um cliente e como um parceiro propicia uma renovação ética dos servidores públicos e que o setor público tem uma especificidade irredutível pelo fato de buscar o interesse de todos.

> Nesse quadro, a valorização da participação dos cidadãos na gestão da coisa pública assume alta relevância. O cidadão-cliente é um cidadão-cidadão, um cidadão pleno, que é o objeto dos serviços públicos e também o seu sujeito, na medida em que se torna partícipe na formação das políticas públicas e na avaliação dos resultados. (Bresser-Pereira, 1998, p. 118)

Um programa de medicina preventiva implementado no Ceará na década de 1990 descrito por Tendler (1998) pode ser considerado como um exemplo de ação pública orientada para o cidadão bem-sucedida[48]. A autora credita grande parte de seu sucesso a características específicas da gestão de pessoal (agentes de saúde) que apresenta aspectos em comum com a proposta da Nova Gestão Pública.

O pessoal foi recrutado entre não qualificados ou subqualificados que foram submetidos a um processo de treinamento inicial de três meses em período integral e capacitações posteriores[49]. Foram remunerados a um salário mínimo, com contrato temporário, sem estabilidade no emprego ou benefícios salariais ou trabalhistas. Deveriam residir na comunidade com a qual iriam trabalhar.

Seu desempenho no trabalho foi fortemente influenciado pelo prestígio conferido pelo processo de seleção necessário para prestar o serviço[50]. Além disso, os indivíduos foram imbuídos de uma espécie de senso de missão, o compromisso de levar a comunidade para o século XX, reduzindo a mortalidade infantil e a incidência de doenças.

Os candidatos não selecionados foram instados a acompanhar o trabalho dos selecionados e fazer denúncias, pois, se alguém fosse demiti-

---

[48] Essa experiência não fez parte da Reforma do Aparelho do Estado apresentada anteriormente que se concentrou no nível federal, embora muitos de seus princípios e projetos pudessem ter aplicação em outros níveis de governo. Está sendo incluída aqui para exemplificar num caso prático como a estratégia do usuário-cidadão pode funcionar.

[49] Tendler (1998) denomina tal processo de recrutamento por mérito, que seria uma característica tipicamente burocrática. No entanto, informações sobre o processo de recrutamento indicam que os indivíduos foram selecionados não em função dos conhecimentos técnicos especializados que detinham e mais em função de características pessoais de sociabilidade e responsabilidade.

[50] O processo seletivo foi concorrido, representou um evento na vida das pessoas. Em muitas cidades foi o maior processo de contratação em bloco ocorrido na história e a renda era desejável para os padrões locais. O trabalho era integral (ocorreria o ano inteiro) sendo que o emprego característico na região era sazonal (na seca não se trabalha na agricultura).

do, poderiam ser chamados a ocupar a vaga. Os não selecionados foram envolvidos pelo programa e também informavam quando estavam satisfeitos. A supervisão não era exercida por via hierárquica: os agentes de saúde (estaduais) trabalhavam sob supervisão de enfermeiras contratadas e pagas pelo município.

Muitos dos trabalhadores dos municípios onde o programa de saúde teve melhores resultados realizaram voluntariamente tarefas que não se encaixavam rigorosamente dentro da definição de seu trabalho: (1) a execução de algumas práticas curativas, em vez de apenas preventivas; (2) lançamento de campanhas em toda a comunidade para reduzir os riscos da saúde pública; e (3) a ajuda às mães com tarefas comuns não diretamente ligadas à saúde.

A maior ambiguidade desses limites de trabalho poderia tornar aparentemente mais difícil a supervisão dos trabalhadores podendo levá-los a atuar em proveito próprio. Isso não aconteceu porque (a) a comunidade exerceu controle fazendo pressão para garantir um bom desempenho e (b) a ampliação dos limites das definições de trabalho pelos melhores trabalhadores visava ao alcance de maior satisfação no trabalho com o melhor atendimento do público. Ademais, o fato de os agentes de saúde serem contratados pelo governo estadual os fazia sentirem-se apoiados por esse nível de governo em relação aos políticos locais e outras personalidades que estavam habituadas a desviar os programas para seus próprios objetivos.

Além de o recrutamento não ter ocorrido com base no conhecimento técnico dos candidatos, mas pelas características individuais de sociabilidade e responsabilidade, a autora aponta as seguintes diferenças entre o processo de gestão de pessoal do programa e a meritocracia: o prestígio conferido pelo processo de contratação estava relacionado à seleção rigorosa e nobre missão do programa e não se baseava no órgão específico que fazia a contratação; a execução do processo de contratação representou um acontecimento público nas próprias áreas onde os candidatos iriam trabalhar; o status profissional não decorria do fato de os agentes de saúde comporem uma elite educada, a educação foi algo que o trabalho lhes proporcionou; a recompensa por ter sido aprovado no concurso não foi a estabilidade no emprego (Tendler, 1998, p. 53 a 56).

O que a experiência dos agentes de saúde do Ceará ressalta além das diferenças com o sistema burocrático é a existência de um mecanismo de controle exercido pela comunidade e pelos candidatos não selecionados para garantir a qualidade do desempenho. Esse é o tipo de medida que a Nova Gestão Pública procura introduzir de forma sistemática na administração pública. No entanto, se a inovação dos agentes de saúde fosse restrita ao controle social, embora relevante, estaria confirmada a visão tradicional de que o funcionário público age prioritariamente em interesse próprio e que, portanto, precisa de pressão externa para realizar o seu trabalho adequadamente (Tendler, 1998).

O que Tendler verifica é que os indivíduos desenvolveram trabalho com independência no sentido de atender melhor a população, incorporaram outras funções no seu dia a dia por iniciativa própria e não por estrita obediência à subordinação hierárquica, mas para conseguir estabelecer relações mais próximas com a comunidade e tornar o trabalho mais interessante. O fato de os agentes de saúde estarem motivados pela missão de trazer saúde à comunidade teve um papel relevante. Isso demonstra a importância da existência de um valor para a orientação da ação e do aumento da flexibilidade e autonomia pelos indivíduos na realização de suas atividades.

As principais características da Nova Gestão Pública com ênfase na orientação para o cidadão-usuário, aqui esboçadas, foram apresentadas com o intuito de mostrar uma forma alternativa ao modelo ideal típico da burocracia para a organização dos serviços públicos com regras menos rígidas, maior amplitude de ação para os administradores, complementada por mecanismos de responsabilização, a realização do trabalho orientada por valores, novas formas de controle com a participação da população e que não envolvem apenas a supervisão hierárquica. São consideradas pelos seus idealizadores e praticantes como uma opção alternativa à burocracia para uma organização que atenda os requisitos de uma relação mais próxima com o cidadão. Seus elementos, embora não estejam categorizados sistematicamente na referência conceitual de um quadro administrativo como as características do tipo ideal da burocracia weberiana, oferecem um parâmetro adicional para a análise dos instrumentos pelos quais o setor público foi organizado para a participação na experiência do OPPA.

CAPÍTULO 2

PARTICIPAÇÃO E BUROCRACIA

Este capítulo discute a tensão entre burocracia e participação partindo do conceito de participação. Embora o estudo de caso esteja baseado no pressuposto de que o OPPA representa uma experiência participativa relativamente bem-sucedida – prescindindo, portanto, de uma discussão mais aprofundada do tema da participação para realizar a análise de seu quadro administrativo – entende-se que a exploração das diferentes formas como o conceito de participação se relaciona com a burocracia, contribui para a compreensão do fenômeno burocrático e de seu papel para o desenvolvimento de relações mais estreitas entre o Estado e a sociedade, além de ser necessária para destacar a singularidade do caso de Porto Alegre.

Na Introdução foi identificada uma tensão entre burocracia e participação a partir das diferentes noções de poder nas quais os dois conceitos estão baseados. No Capítulo 1 argumentou-se que o desenvolvimento máximo da burocracia em termos do domínio de regras que retirem do seu funcionamento qualquer influência humana pode ser incompatível com a democracia. A burocracia máxima denominada "governo de ninguém" é considerada por Arendt a pior das tiranias.

Este capítulo tem como objetivo apresentar as múltiplas dimensões de intervenção direta dos cidadãos em atividades públicas a que a participação se refere segundo o pensamento de autores selecionados. Em seguida, será discutida a tensão entre esta noção de participação e a burocracia tendo como parâmetro os conceitos de igualdade e liberdade. Os conceitos de igualdade e liberdade foram selecionados para a discussão da relação entre burocracia e participação por dois motivos. Em primeiro lugar, porque, se a participação é considerada como a situação de máxima igualdade e liberdade, é necessário especificar o que tais conceitos significam. Em segundo lugar, porque o universo de controle de conduta e hierarquia da burocracia pode ser entendido como sendo a situação a eles oposta.

Nessa discussão serão utilizadas e questionadas, em primeiro lugar, as noções de igualdade de direito e de oportunidade, e de liberdade negativa e positiva. Em segundo lugar, será adotado o conceito de liberdade de Arendt, uma vez que este permite a convivência da máxima igualdade com a máxima liberdade.

Previamente, no entanto, será apresentado um breve comentário sobre o debate contemporâneo da democracia, no qual o tema da participação tem adquirido crescente importância. Isso significa explicitar a situação alternativa a que se faz referência, quando se trata da participação na política. Desta forma, a participação deixa de ser apenas um conceito isolado para se inserir no contexto de um diálogo maior.

2.1. Debate sobre a democracia contemporânea

A breve referência à crítica da democracia contemporânea terá como ponto de partida outra definição de democracia de Bobbio (2000, p. 30), o conceito mínimo de democracia, que é, de acordo com o autor, "o único modo de chegar a um acordo quando se fala de democracia, entendida como contraposta a todas as formas de governo autocrático". Paradoxalmente, enquanto a definição de democracia de Bobbio a partir de seus princípios inspiradores foi base para a construção da aqui tratada concepção de participação, a outra definição de Bobbio sobre democracia – a procedimental – representa a situação que se contrapõe a essa noção de participação[51].

De acordo com a definição com base em procedimentos, a democracia se caracteriza por três regras básicas que estabelecem: (1) quem está autorizado a tomar as decisões coletivas; (2) quais os procedimentos a serem utilizados no processo decisório; e (3) que garantias devem ser asseguradas àqueles que são chamados a decidir. Bobbio considera que as regras (1) e (2) correspondem às regras do jogo, enquanto a regra (3) é uma regra preliminar que permite o desenrolar do jogo (2000, p. 32) e ressalta a sua importância ao afirmar que elas "introduziram pela primeira vez na história as técnicas de convivência, destinadas a resolver os conflitos sociais sem o recurso à violência" (Bobbio, 2000, p. 51).

Em relação a quem está autorizado a tomar as decisões coletivas, numa democracia esse poder é conferido a um número muito elevado de membros do grupo. Bobbio reconhece que esta é uma formulação vaga, mas afirma que a definição do número dos que têm direito a voto não pode ser feita com base em princípios e, de qualquer forma, identifica historicamente um aumento progressivo do contingente dos que podem votar (2000, p. 31).

A regra fundamental da democracia é a regra da maioria no que diz respeito aos procedimentos a serem utilizados no processo decisório.

---

[51] Tal fato indica que o conceito de democracia segundo seus princípios inspiradores só equivale ao conceito procedimental de democracia se for adotado o pressuposto de que o voto universal corresponde à situação de máxima igualdade e liberdade no âmbito da política.

Decisões tomadas pela maioria podem ser consideradas como decisões coletivas e têm, portanto, caráter vinculante para todo o grupo (Bobbio, 2000, p. 31).

Finalmente, para que a democracia possa existir, é necessário que aqueles que tomam decisões gozem dos chamados direitos civis – liberdade de opinião, de expressão das próprias opiniões, de reunião e de associação – que estão na base do Estado liberal de direito. É necessário o reconhecimento de que existem direitos invioláveis do indivíduo que interpõem limites à ação do Estado (Bobbio, 2000, p. 32).

Numa avaliação da situação atual da democracia, no entanto, Bobbio (2000, p. 34-45) identifica um "contraste entre os ideais democráticos e a democracia real" e elenca um conjunto de situações que pode ser utilizado para descrever a chamada crise da democracia contemporânea.

Em primeiro lugar, a democracia real é pluralista: são os grupos e não os indivíduos os sujeitos políticos mais relevantes. Deixa de prevalecer a hipótese da democracia ideal na qual o indivíduo é soberano e este, entrando em acordo com outros indivíduos igualmente soberanos, cria uma sociedade política sem intermediários.

Em segundo lugar, como o povo não é constituído pela soma dos indivíduos, mas está na realidade dividido em grupos contrapostos e concorrentes, a representação passou a significar a defesa de interesses particulares de grupos e não dos interesses da nação. Nessas condições, o governo que deveria idealmente representar os interesses nacionais, passa unicamente a mediar os interesses das partes.

Em terceiro lugar, a democracia representativa, que é a única forma de democracia existente, fere o princípio que garante a soberania individual pelo qual os que elaboram as leis são também aqueles que a elas se submetem e segundo o qual inexiste a distinção entre governantes e governados. Tal situação é agravada pelo fato de que a principal característica da democracia real refere-se à competição entre elites pela conquista do voto do indivíduo.

Em quarto lugar, a democracia tem como ideal conferir vida a um governo cujas ações sejam desenvolvidas publicamente, com transparência de poder, o que representa uma forma de controle. No entanto, o que se verifica com o avanço tecnológico é justamente o contrário: aumentam os meios pelos quais os detentores de poder podem controlar a população. Não há mais controle do poder por parte dos cidadãos.

Em quinto lugar, havia uma crença de que com o exercício da prática democrática, os cidadãos seriam educados para a democracia. Na realidade, nas democracias mais consolidadas constata-se o fenômeno da apatia política e, entre os que não renunciam ao próprio direito de votar, verifica-se um aumento do comportamento de apoio político em troca de favores pessoais.

Em sexto lugar, o que Bobbio aponta mais como inconsequência do que como irrealização da democracia, existe o fato de ela ter sido "menos capaz de ocupar todos os espaços nos quais se exerce um poder que toma decisões vinculatórias para um inteiro grupo social" (2000, p. 40). A democracia se restringiu ao campo da política entendido como governo e ao indivíduo como cidadão, desconsiderando a multiplicidade de papéis que o sujeito pode assumir nas suas relações sociais.

Bobbio (2000, p. 46-9) considera que o projeto democrático não se concretizou como idealizado porque foi concebido para uma sociedade menos complexa que a atual e indica três obstáculos decorrentes da transformação da sociedade civil para explicar por que a democracia real não corresponde à ideal.

O primeiro obstáculo diz respeito ao aumento da necessidade de competências técnicas que exigem especialistas para a solução de problemas políticos, com o desenvolvimento de uma economia regulada e planificada. A necessidade do especialista impossibilita que a solução possa vir a ser encontrada pelo cidadão comum. Não se aplica mais a hipótese democrática de que todos podem decidir a respeito de tudo.

O segundo obstáculo refere-se ao crescimento da burocracia, um aparato de poder ordenado hierarquicamente de cima para baixo, em direção, portanto, completamente oposta ao sistema de poder democrático. Apesar de terem características contraditórias, o desenvolvimento da burocracia é, em parte, decorrente do desenvolvimento da democracia. A partir do momento em que os não proprietários, os que tinham como propriedade apenas a força de trabalho adquiriram o direito de voto, passaram a demandar do Estado um conjunto de bens e serviços sociais que vieram a ser prestados por organizações burocráticas.

O terceiro obstáculo traduz uma tensão intrínseca à própria democracia. À medida que o processo de democratização evoluiu promovendo a emancipação da sociedade civil, aumentou a quantidade e a qualidade de demandas dirigidas ao Estado gerando a necessidade de fazer opções que resultam em descontentamento pelo não atendimento ou pelo atendimento não satisfatório. Existe, como agravante, o fato de que os procedimentos de resposta do sistema político democrático são lentos relativamente à rapidez com que as novas demandas são dirigidas ao governo.

Sousa Santos e Avritzer associam a crise contemporânea da democracia a debilidades da teoria hegemônica da democracia, denominação que utilizam para designar um modelo de democracia fundado na solução elitista proposta por Schumpeter em resposta aos problemas enfrentados na Europa no período entre guerras. Os principais elementos dessa concepção são

> a contradição entre mobilização e institucionalização (...); a valorização positiva da apatia política (...); a concentração do debate democrático na questão dos desenhos eleitorais das democracias (...); o tratamento do pluralismo como forma de incorporação partidária e disputa entre as elites (...) e a solução minimalista para o problema da participação pela via da discussão das escalas e da complexidade (...). (Sousa Santos e Avritzer, 2002, p. 42)

Souza Santos e Avritzer (2002) apresentam as seguintes críticas ao funcionamento da democracia contemporânea. Em primeiro lugar, o processo de eleição de elites não oferece uma solução convincente ao problema do esgotamento dos procedimentos de autorização por parte dos cidadãos e à dificuldade de intermediação na representação das diferenças. Em segundo lugar, a substituição dos meios de exercício da soberania por parte dos cidadãos pelo aumento do controle da burocracia sobre a política não responde ao crescente ceticismo quanto à capacidade da burocracia de atuar criativamente e dar conta do conjunto das informações envolvidas na gestão pública. Em terceiro lugar, a consideração do tema da representação apenas sob o ponto de vista das escalas e, portanto, como autorização, ignora duas outras funções que devem ser cumpridas pela representação – a identidade e a prestação de contas – mas que, no entanto, ela é incapaz de realizar. Como resultado, tem-se a situação de que

> [n]os países centrais verifica-se a ocorrência de uma crise da democracia liberal decorrente de uma dupla patologia: a patologia da participação, sobretudo em vista do aumento dramático do abstencionismo; e a patologia da representação, o fato de os cidadãos se considerarem cada vez menos representados por aqueles que elegeram. (Sousa Santos e Avritzer, 2002, p. 42)

A crise da democracia contemporânea envolve assim fenômenos como a apatia cívica e política. Na esfera da representação, caem os níveis de participação nas eleições, aumenta o número de votos nulos e brancos. A inércia política do indivíduo é valorizada e os líderes que tomam as decisões perdem paulatinamente sua condição de representantes, de legítimos detentores de um poder que lhes foi outorgado.

A política crescentemente refere-se a um jogo de pressões que poderia muito bem ocorrer, e de fato frequentemente se dá sem nenhuma interferência dos cidadãos. O fato de minorias poderem ser prejudicadas é subestimado: supõe-se que a oferta alternada e diversificada de programas de governo pode proporcionar o paulatino atendimento das necessidades de todos os grupos da população. Por sua vez, as instâncias de representação se mostram cada vez mais fracas diante dos órgãos administrativos e da comunidade dos negócios e as campanhas eleitorais são direcionadas por princípios de *marketing* e pelas contribuições de campanha.

Sousa Santos e Avritzer (2002, p. 54) destacam que a crise da democracia contemporânea aumentou a importância da participação. O debate pelo significado da democracia foi reavivado com a inserção de novos atores na cena política em virtude dos processos de redemocratização na América Latina e constituição de uma nova gramática social. Com a grande participação dos movimentos sociais nos processos de redemocratização foi identificada a necessidade de mudança nas relações de gênero, de raça, de etnia e na apropriação privada dos recursos públicos, colocando em questão a gramática social e a relação entre Estado e sociedade então existentes.

Soma-se a isso o fato de que o sucesso da maior parte das experiências participativas nos países recém-democratizados está relacionado com a capacidade dos atores sociais transferirem práticas e informações do nível social para o nível administrativo. Percebeu-se também que a defesa de interesses e identidades marginalizadas poderia ser realizada de forma mais efetiva por arranjos que articulassem democracia representativa e democracia participativa. Em vista disso, concluem os autores, "[p]or essas razões, a democracia participativa é considerada neste projeto de pesquisa um dos grandes cinco campos sociais e políticos nos quais, no início do novo século, está sendo reinventada a emancipação social" (Sousa Santos e Avritzer, 2002, p. 55).

A crise contemporânea da democracia aqui brevemente esboçada traz elementos para a reflexão sobre burocracia e participação. Em primeiro lugar, a burocracia está direta ou indiretamente associada a duas das razões por que a democracia real não alcançou seus ideais: a necessidade crescente de especialistas para a resolução de problemas políticos reduziu o espaço do cidadão comum no processo de tomada de decisões e o desenvolvimento de organizações em que o poder é exercido de forma hierárquica ocorreu em resposta à expansão da democracia (Bobbio, 2000). Além disso, o aumento do controle da burocracia sobre a política está sendo acompanhado por um crescente ceticismo por parte da população quanto à sua capacidade de solução de problemas (Sousa Santos e Avritzer, 2002). Em segundo lugar, a participação desempenha papel importante no desenho de alternativas à crise da democracia como uma forma de dar expressão à pluralidade humana (Sousa Santos e Avritzer, 2002).

2.2. Participação

Após definir participação como a intervenção direta dos agentes sociais em atividades públicas – sem incluir a participação, tendo em vista a representação política, mediada por partidos políticos e tampouco a que o cidadão exerce, quando elege as autoridades políticas – a análise sobre participação necessita investigar quais são as múltiplas dimensões que tal conceito pode assumir, segundo o pensamento de diversos autores. O critério de seleção de autores utilizado para a elaboração desta seção foi obter o aporte de diferentes perspectivas que pudessem conversar entre si para a compreensão da participação. Não houve intenção de acompanhar o desenvolvimento histórico da ideia de participação nem de se fazer um levantamento exaustivo.

Para Rousseau, a participação – entendida como a associação de cada um e todos os seus direitos com toda a comunidade – é o verdadeiro fundamento da sociedade. Tal ato produz um corpo moral e coletivo e determina a passagem do estado natural para o estado civil. Com o estado civil, o homem adquire uma liberdade que é definida como a obediência a regras que são definidas por si mesmo e fica livre da servidão decorrente da submissão única e exclusiva a apetites decorrentes de sua condição biológica de animal (Rousseau, 2003, p. 26). Além da liberdade, com a associação de todos com todos demais, os indivíduos passam por convenção a ter direito à igualdade moral e legítima que substitui a desigualdade física na qual eles se encontram no estado de natureza (Rousseau, 2003, p. 30).

A participação de todos, necessária para a constituição do corpo coletivo e a definição das leis que expressam a vontade geral, é contrária à ideia de representação. Uma vez que as leis representam as condições da associação civil, apenas os seus membros devem ser responsáveis pela sua definição. "[A] soberania, sendo apenas o exercício da vontade geral, nunca pode alienar-se, e que o soberano, não passando de um ser coletivo, só pode ser representado por si mesmo (...)" (Rousseau, 2003, p. 33).

A participação de todos garante a qualidade da legislação. Assegura que os interesses gerais predominem sobre os particulares e, desta forma, que a lei seja mais racional.

> Os particulares vêem o bem que rejeitam, o público quer o bem que não vê. (...) É preciso obrigar uns a conformar suas vontades à razão e ensinar o outro a conhecer o que deseja. Então das luzes públicas resulta a união do entendimento e da vontade no corpo social, daí o exato concurso das partes e, enfim, a maior força do todo. (Rousseau, 2003, p. 49)

Embora Rousseau considere que a participação também possa ser benéfica para o governo e não se restrinja ao processo legislativo, julga que a participação de todos no governo é impossível, pois requer muitas condições difíceis de serem reunidas. Por essa razão, considera que nunca existiu uma verdadeira democracia (Rousseau, 2003, p. 84).

Rousseau entende que não é suficiente que o povo se reúna uma vez para sancionar um corpo de leis e para proceder à eleição do governo. Além de assembleias extraordinárias que tratem de casos imprevistos, deve haver previsão de reuniões fixas e periódicas nas quais a participação possa ser permanentemente exercitada (Rousseau, 2003, p. 109).

A noção de controle de poder não é importante para Rousseau no que se refere ao poder legislativo, já que este deve ser exercido pelo povo, que não pode fazer mal a si mesmo. No caso do poder executivo, como este é exercido em comissão, pode ser limitado, modificado e reassumido quando o povo assim o quiser. Entretanto, reconhece que no exercício da função de governo pode constituir-se um poder autônomo, o qual deve ser controlado para "que ele, numa palavra, esteja pronto sempre a sacrificar o governo ao povo, e não o povo ao governo" (Rousseau, 2003, p. 77). Em contrapartida, o soberano deve dispor de formas de controle sobre o indivíduo, uma vez que este pode ter uma vontade particular, diversa da vontade geral que tem como cidadão.

A participação no ato que funda a sociedade e na elaboração das leis que definem a vontade geral produz uma mudança no comportamento do indivíduo promovendo o seu desenvolvimento moral, subjugando a vontade individual e conferindo-lhe maior racionalidade no sentido de adaptação à vontade geral. Segundo Arendt (1988, p. 62), Rousseau desejava encontrar um princípio unificador dentro da própria nação, uma vontade geral que inspirasse e dirigisse a nação como se ela fosse uma só pessoa, como um substituto teórico da vontade soberana do monarca absoluto.

> Só então, assumindo a voz do dever o lugar do impulso físico, e o direito o do apetite, o homem, que até então não levara em conta senão a si mesmo, se viu obrigado a agir com base em outros princípios e a

> consultar sua razão antes de ouvir seus pendores. Conquanto nesse estado se prive de muitas vantagens concedidas pela natureza, ganha outras de igual importância: suas faculdades se exercem e desenvolvem, suas ideias se alargam, seus sentimentos se enobrecem, toda a sua alma se eleva (...)[52]. (Rousseau, 2003, p. 26)

Na obra de Rousseau são explicitados os principais temas com os quais a ideia de participação é associada. A participação de todos deve ser garantida, em princípio, no processo de elaboração de leis de forma que todos sejam forçados a obedecer a elas. Desta forma, as leis correspondem à vontade geral e adquirem um caráter mais racional. O autor entende a participação dos cidadãos como um processo permanente de discussão e que contribui para a formação de cidadãos.

Embora com menos relevância, Rousseau menciona o papel da participação como forma de controle de poder e o papel da participação no governo. No primeiro caso, dá maior ênfase ao controle do indivíduo pelo soberano, de forma a garantir a orientação de seu comportamento de acordo com a vontade de todos. O controle do governo pelo cidadão é necessário porque aqueles que o exercem em comissão podem atuar em seu próprio bem em detrimento do interesse do povo. Como considera a participação de todos no governo (democracia) impossível, acredita que o governo tende a ser sempre exercido em comissão.

A importância da participação, no pensamento de J. S. Mill, está relacionada ao fato de que propicia a expressão de uma diversidade de opiniões que só pode ocorrer em condições de liberdade. Sua principal preocupação é com a ocorrência da tirania da maioria numa democracia.

Embora reconheça que na democracia o povo seja soberano e este, em princípio, "não precise ser protegido contra sua própria vontade", com a aplicação da regra da maioria para a tomada de decisões pode ocorrer que a vontade da parte mais ativa do povo ou daqueles que conseguem ser aceitos como maioria prevaleça, oprimindo a outra parte "e são necessárias tantas precauções contra isto como contra qualquer outro abuso do poder" (Mill, 1991, p. 213).

A liberdade é necessária porque possibilita a diversidade de opiniões, a qual não deve ser suprimida pela autoridade, sob pena de induzir

---

[52] Pateman considera que o efeito da participação como forma de propiciar o desenvolvimento moral dos indivíduos é o elemento mais importante da obra de Rousseau. "O efeito psicológico das instituições sociais e políticas é a principal preocupação de Rousseau. A principal função da participação na teoria de Rousseau é educativa: desenvolver a ação política responsável do ponto de vista do indivíduo e da sociedade. (...) Ele descobre que deve levar em conta questões mais amplas do que os seus interesses próprios imediatos se quiser obter a cooperação dos outros e aprende que os interesses públicos e privados estão interligados" (tradução livre) (Pateman, 1999, p. 25).

ao erro e de prejudicar o alcance da verdade. "Se a opinião é correta, eles são privados da oportunidade de trocar o erro pela verdade; se é errônea, eles perdem - o que é quase um tão grande benefício - a percepção mais clara e a impressão mais vívida da verdade, produzidas por sua colisão com o erro" (Mill, 1991, p. 213).

Mill faz a defesa da participação ao contradizer a opinião de que "se um bom déspota pudesse ser encontrado, a monarquia seria a melhor forma de governo". Supondo que fosse possível para o déspota além de ser bom, ser onisciente, haveria uma segunda dificuldade decorrente da limitação das faculdades morais e da inteligência do povo que estaria sujeito a tal déspota: "não teriam voz sobre o seu destino, não exercitariam nenhuma vontade em relação aos seus interesses coletivos e tudo seria decidido para eles por uma vontade que não é a deles" (Mill, 1991, p. 217). Ou seja, Mill entende a participação como um elemento que propicia o desenvolvimento de qualidades de cidadania[53].

Para Mill, o principal elemento de um bom governo é o desenvolvimento do próprio povo. Um bom governo é aquele que promove a boa administração dos negócios da sociedade utilizando as faculdades morais, intelectuais e ativas existentes nos seus membros e fomenta a melhoria dessas faculdades. Assim, a forma ideal de governo é aquela na qual os cidadãos podem participar (Mill, 1991, p. 220). Para o autor, a participação não se restringe à elaboração das leis. Tomar parte ativa do governo ou realizar pessoalmente alguma função pública é importante para o aperfeiçoamento do povo.

O exercício pelos cidadãos de alguma função de governo gera os mesmos benefícios da liberdade que são decorrentes do intercâmbio de diversas opiniões e podem conduzir à verdade. Além disso, é importante para a instrução moral do cidadão porque permite ao indivíduo ter contato com interesses diferentes dos seus e guiar seu comportamento por princípios e máximas que tem como fim o bem comum. O indivíduo passa a ser uma parte do público e adquire um dever com a sociedade que transcende a mera obediência às leis.

> Ainda mais salutar é o lado moral da instrução propiciada pela participação do cidadão individual em funções públicas, por mais rara que esta seja. Quando assim engajado, ele é chamado a pesar interesses que não são seus; a guiar-se, no caso de pleitos conflitantes, por outra regra que não as suas parcialidades pessoais; a aplicar, em todos os casos, princípios e máximas que têm como razão de ser o bem comum;

---

[53] Pateman (1999) destaca este aspecto da obra de Mill para elaborar sua teoria da democracia participativa.

e ele geralmente terá a seu lado pessoas mais familiarizadas com essas ideias e operações, cujo convívio lhe proporcionará razões para seu entendimento e estímulo para o seu senso do bem público. Ele aprende a se sentir como parte do público e a fazer do interesse público o seu interesse. Onde não existir essa escola de espírito público, dificilmente se instalará qualquer senso de que os indivíduos que não ocupam nenhuma posição social eminente tenham quaisquer deveres para com a sociedade, exceto o de obedecerem às leis e submeterem-se ao governo. (Mill, 1991, p. 223)

O pensamento de Mill é geralmente identificado com a defesa da liberdade e do governo representativo[54]. No entanto, nos trechos de sua obra aqui analisados encontramos referências valorizando a participação dos cidadãos no governo, além dos já conhecidos argumentos em favor da participação como exercício da liberdade de expressar opiniões.

Isso indica que para Mill o tema mais importante é o combate à tirania da maioria e o autor entende que as precauções contra esse abuso de poder podem ser diversas. A participação como liberdade de expressão garante que a opinião de todos e não apenas da maioria seja ouvida, sendo que essa diversidade de opiniões evita o erro e possibilita a aproximação com a verdade. A participação política promove o desenvolvimento das faculdades morais e da inteligência do povo contribuindo para reduzir a possibilidade de que existam grupos submetidos à opressão pela maioria. A participação do indivíduo no governo, além de gerar benefícios semelhantes ao exercício da liberdade de expressão, permite que o indivíduo passe a ser parte do público, desenvolvendo qualidades morais.

Tocqueville (2001) analisa o papel da participação na democracia norte-americana sob duas perspectivas: a primeira, a mais conhecida de todas, trata da vitalidade da sociedade norte-americana para formar associações civis e com isso evitar a ocorrência da tirania da maioria[55]. A segunda refere-se ao exercício pelos cidadãos de funções no governo das comunas[56] constituindo um poder que pode se contrapor ao poder centralizado.

Essas modalidades de participação em conjunto com a "situação particular e acidental em que a Providência colocou os americanos" – situ-

---

[54] Esta é a visão de Balbachevsky (1991), por exemplo.
[55] Este aspecto da concepção de participação de Tocqueville é destacado, por exemplo, por Arendt (1999a), Putnam (1991) e Nylen (2003).
[56] Nesse sentido, Tocqueville (2001) aprofunda e exemplifica o argumento apenas indicado por Rousseau e Mill.

ação geográfica, características dos homens que a povoaram, condição de país recém-criado – e outros hábitos e costumes são meios que contrabalançam os riscos da democracia (Tocqueville, 2001a).

Tocqueville está interessado na análise do poder, do ponto de vista do indivíduo, para compreender os fatores que evitam os aspectos negativos da democracia. Quer combater a acomodação e apatia do indivíduo preservando-lhe o exercício do poder. Por essa razão, dá importância aos elementos – entre eles a participação – existentes na sociedade norte-americana que propiciam a sua transformação em cidadãos.

Tocqueville (2001b) entende que a capacidade de formar associações é elemento indispensável para a defesa da liberdade num governo democrático já que nele cada cidadão tornou-se individualmente mais fraco. Além disso, as associações promovem a renovação dos sentimentos e das ideias e o desenvolvimento do espírito humano, papel que não pode ser assumido pelo governo. O receio é de que, se os cidadãos descuidarem das atividades políticas, o Estado aos poucos tomará conta de todas as atividades, decidindo sobre todos os assuntos públicos e restringirá a liberdade individual[57].

De acordo com Tocqueville (2001a, p. 93), o que move os norte-americanos a participarem do governo das comunas é o mesmo espírito que os leva a se associar: a crença de que cada indivíduo "é o melhor juiz do que concerne apenas a si mesmo e é quem está em melhores condições de prover as suas necessidades particulares"[58]. E por esse meio assumem a sua condição de soberanos na condução dos negócios da pátria e podem se contrapor ao poder centralizado.

Para Tocqueville, a cidadania não se esgota no mero exercício do ato de votar. Ao contrário, a cidadania pressupõe um exercício cívico constante, que se expressa, entre outros, na responsabilidade assumida pelos cidadãos na gestão dos negócios da comuna.

> Nessa esfera restrita que está ao seu alcance, ele tenta governar a sociedade, habitua-se às formas sem as quais a liberdade só procede por meio de revoluções, imbui-se do espírito delas, toma gosto pela ordem, compreende a harmonia dos poderes e reúne enfim ideias claras

---

[57] No entanto, Tocqueville reconhece que há riscos na liberdade ilimitada de formar associações: ela pode redundar em anarquia. "Não podemos dissimular que a liberdade ilimitada de associação, em matéria política, é, de todas as liberdades, a última que um povo pode suportar. Se ela não o faz cair na anarquia, o faz tocá-la por assim dizer a cada instante" (Tocqueville, 2001a, p. 224).

[58] Exemplificando com o caso da formação de uma associação peculiar de cem mil homens que se abstiveram de consumir bebidas fortes, faz uma comparação desse espírito com o reinante na França da época. "Acabei compreendendo que esses cem mil americanos, assustados com o aumento da embriaguez à sua volta, tinham desejado patrocinar a sobriedade. (...) É de crer que, tivessem esses cem mil homens vivido na França, cada um deles teria se dirigido individualmente ao governo para pedir que este fiscalizasse os cabarés em toda a superfície do reino" (Tocqueville, 2001b, p. 135).

e práticas sobre a natureza de seus deveres, bem como sobre a extensão de seus direitos. (Tocqueville, 2001a, p. 80)

A participação na democracia norte-americana segundo Tocqueville tem como ponto de partida a ideia de Rousseau (2003) de que a soberania não se aliena nem se representa.

> Na comuna, onde a ação legislativa e governamental é mais próxima dos governados, a lei da representação não é admitida. Não há conselho municipal; o corpo dos eleitores, depois de nomear seus magistrados, dirige-os ele mesmo em tudo o que não é a execução pura e simples das leis do Estado". (Tocqueville, 2001a, p. 73)

É como se por meio do trabalho na administração das comunas os cidadãos retomassem a soberania original de que abriram mão ao escolher seus representantes para a institucionalização do poder centralizado. Assim entendido, o trabalho nas comunas dá aos indivíduos a consciência de sua condição de sujeito do poder: permite reviver permanentemente o ato inicial constitutivo do viver em conjunto e que deu origem à situação de poder. Tal condição é constantemente colocada em xeque com o funcionamento da democracia representativa e domínio do governo centralizado.

Para o autor, a descentralização administrativa tem efeitos políticos. Os particulares não julgam que os seus deveres cessaram porque o representante administrador pôs-se em ação.

> Nos Estados Unidos, a pátria se faz sentir em toda a parte. É um objeto de solicitude desde a cidadezinha até a união inteira. O habitante se apega a cada um dos interesses de seu país como se fossem os seus. Ele se glorifica com a glória da nação; nos sucessos que ela obtém, crê reconhecer sua própria obra e eleva-se com isso; ele se rejubila com a prosperidade geral de que aproveita. (Tocqueville, 2001a, p. 107)

A noção de participação em Tocqueville está associada ao processo de capacitar o cidadão comum para conviver ou mesmo se contrapor ao poder constituído que é representado pelo governo centralizado na democracia norte-americana. Trata-se de um tipo de poder que é exercido por meio da sua participação na administração da comuna ou na formação de associações civis e traduz a soberania do indivíduo, sua capacidade de contar consigo mesmo para "enfrentar os males e embaraços da vida". Nesse particular, seu pensamento contrasta com a noção de Rousseau de que a soberania é exercida apenas na elaboração de leis e com a presença de todos.

Tocqueville, tendo como referência o governo de uma comuna da Nova Inglaterra, oferece uma descrição detalhada da organização do trabalho que possibilita a participação do cidadão: os cargos responsáveis pelas diversas funções do governo são preenchidos mediante eleição anual; os eleitos desempenham as atividades comprometendo a sua responsabilidade pessoal, sendo sujeitos pessoalmente a penalidades caso não as cumpram; a cada um deles é atribuído todo o poder de que necessita para fazer o que é destinado a executar e contam com um gradiente de ação: são fixados princípios para orientar sua ação, cada um seleciona os meios para melhor executá-la.

Não existe supervisão hierárquica, são funcionários independentes e o único mecanismo de controle sobre a qualidade do trabalho é a possibilidade de não ser reeleito; o não cumprimento dos deveres do cargo ou a realização de atos ilícitos está sujeita a multas mediante controle judicial; os que desempenham funções do governo das comunas não recebem um vencimento fixo, sendo remunerados proporcionalmente ao seu trabalho.

Tocqueville também apresenta em detalhes os tipos de atividades com as quais os cidadãos se ocupam quando participam do governo das comunas. Trata-se de atividades administrativas rotineiras realizadas pelos cidadãos que contribuem para que se constitua o poder descentralizado.

Por meio da descrição do trabalho desenvolvido pelos cidadãos no governo das comunas, Tocqueville oferece uma nova perspectiva para entender a criação de poder, contribuindo para desmistificá-la. Refere-se a indivíduos imbuídos do espírito de que os negócios da pátria também são seus, exercendo atividades rotineiras de governo: a coleta de impostos, a polícia, a escrituração etc. Não é por meio de "feitos heróicos" mas de "hábitos tranquilos" que o poder é criado. A participação no governo das comunas norte-americanas tem como pressuposto que cada indivíduo é tão esclarecido, virtuoso e forte quanto qualquer outro de seus semelhantes (Tocqueville, 2001a, p. 75). Para Tocqueville, se não houvesse essa esfera restrita na qual o indivíduo pudesse contribuir para o governo da sociedade, a liberdade só poderia ser por ele exercida por meio de revoluções.

Hannah Arendt, por meio dos conceitos de ação e discurso que toma como referência da experiência da pólis grega, oferece uma contribuição importante para a identificação dos aspectos específicos que constituem o fenômeno da participação. Procura recuperar o valor da atividade política naquilo que depende apenas da presença constante dos indivíduos sem a mediação das coisas, ou seja, das atividades do labor e do trabalho. Considera que a participação nos negócios públicos significa mais do que a formação de cidadãos e a criação de condições para a obediência às leis que possibilitam a vida em comunidade.

Seu pensamento tem como ponto de partida a diferenciação que os gregos faziam entre as coisas da natureza que são orientadas pelo ciclo biológico que se repete circularmente e que, portanto, está destinado à permanência e à imortalidade e, as coisas humanas, que são a palavra falada e todas as ações e feitos destinadas ao esquecimento, à mortalidade, à futilidade que seguem um caminho retilíneo e precisam ser recordadas para permanecerem no mundo (Arendt, 1972).

Segundo a autora, o paradoxo grego residia no fato de que a grandeza era compreendida em termos de permanência no tempo, mas a grandeza humana era vista nas atividades mais fúteis e menos duradouras dos homens (Arendt, 1972, p. 75). Supunham que a grandeza de uma pessoa está na sua identidade revelada pela ação e pelo discurso, que transcende em importância tudo o que ela possa fazer ou produzir. Este era considerado o elemento indispensável da dignidade humana (Arendt, 2001, p. 223).

A ação decorre do fato de que os homens são capazes de dar início a um novo começo por serem eles próprios novos começos. São inovadores pelo fato de terem nascido (Arendt, 1988, p. 169). A ação está intimamente relacionada com a condição humana da natalidade. Inerente a cada nascimento existe embrionariamente um novo começo para realizar-se no mundo, porque o recém-chegado detém a capacidade de iniciar algo novo (Arendt, 2001, p. 17).

Os negócios humanos seguiriam a lei da mortalidade e cumpririam o percurso de uma vida limitada entre o nascimento e a morte se os homens não detivessem a capacidade de agir. A faculdade de agir interrompe o curso inexorável e cíclico da vida biológica. "Os homens embora devam morrer, não nascem para morrer, mas para começar" (Arendt, 2001, p. 258).

A ação ocorre sobre uma teia de relações humanas que faz com que seus resultados sejam imprevisíveis. O máximo em termos de consequencias que alcança é deixar atrás de si "uma nova e interminável cadeia de acontecimentos" que é impossível de ser controlada ou conhecida de antemão por aquele que age[59] (Arendt, 1972, p. 91). A categoria de meios e fins não tem qualquer relação com a ação porque ela é realizada por

---

[59] Nesse sentido a noção arendtiana de ação se aproxima do conceito de democracia de Souza Santos e Avritzer para quem a gramática democrática produz uma indeterminação que não se restringe ao desconhecimento de quem será o novo ocupante de uma posição de poder (Sousa Santos e Avritzer, 2002, p. 52).

meio da virtude, uma qualidade que é por si mesma uma realidade⁶⁰ (Arendt, 2001, p. 219). A medida de perfeição da ação é encontrada no seu próprio desempenho e sua qualidade é a virtuosidade, a excelência que é atribuída às artes de realização (Arendt, 1972b, p. 199).

Por essa razão, o único critério de julgamento que pode ser utilizado para avaliar a ação é o de grandeza porque ela por sua própria natureza tende a transcender os padrões consagrados e as verdades da vida cotidiana, alcançando o plano do extraordinário (Arendt, 2001, p. 217). "O fato de que o homem é capaz de agir significa que se pode esperar dele o inesperado, que ele é capaz de realizar o infinitamente improvável" (Arendt, 2001, p. 191).

Arendt (1988, p. 95) exemplifica a grandeza associada à ação no comportamento público dos norte-americanos por ocasião de sua revolução de independência.

> A questão é que os americanos sabiam que a liberdade pública consistia em haver participação na gestão pública, e que as atividades ligadas a essa gestão não consistiam um ônus, mas *davam àqueles que as exerciam em público um sentimento de felicidade que não usufruiriam em nenhum outro lugar*. O povo comparecia às assembleias municipais, (...) não exclusivamente por se tratar de uma obrigação, e muito menos para servir aos próprios interesses, mas, acima de tudo, porque apreciavam as discussões, as deliberações e a tomada de decisão. O que os unia era o mundo e o interesse público pela liberdade (Harrington), e *o que os impulsionava era a paixão pela distinção* (grifos meus).

Existe uma relação estreita entre a ação e o discurso. Tanto os atos quanto as palavras são reveladores da identidade de quem alguém é, não apenas como um objeto físico que é diferente. A ação, por representar o início, é correspondente ao fato do nascimento e promove a efetivação da condição humana da natalidade. Já o discurso tem a capacidade de revelar a distinção individual no contexto do convívio entre iguais e realiza a condição humana da pluralidade⁶¹ (Arendt, 2001, p. 191).

A ação é a única atividade que requer a companhia e se exerce direta e exclusivamente entre os homens na sua pluralidade, que é a condição

---

⁶⁰ Arendt recusa a motivação – gerada na esfera da necessidade – meramente interessada e egoísta da ação do indivíduo do liberalismo, e situa a virtude da ação num plano cosmopolita e não no plano da comunidade moral específica da qual a pessoa é membro. Sua concepção de virtude pública deriva da honra, da glória, do amor à igualdade, e até mesmo do ódio, do medo ou da desconfiança. A principal característica desses princípios inspiradores é a sua universalidade que faz com que as motivações da ação possam ser compreendidas por qualquer um (Eisenberg, 2003, p. 167-68).

⁶¹ Cabe ressaltar que Arendt associa a pluralidade também à ação. Um indivíduo, entendido como um novo começo, não é "exatamente igual a qualquer pessoa que tenha existido, exista ou venha a existir" (Arendt, 2001, p. 16)

de toda vida política (Arendt, 2001, p. 15). A pluralidade é uma condição essencialmente política porque possibilita que as coisas sejam vistas na variada perspectiva de muitas pessoas, nas suas diversas facetas. Permite que todos, embora saibam que veem o mesmo, o percebam na sua mais completa diversidade. Ver e ser visto e ouvido por outros é importante pelo fato de que todos veem e ouvem de ângulos diferentes. É este o significado da vida pública. É somente desta maneira que a realidade do mundo pode manifestar-se de maneira real e fidedigna[62] (Arendt, 2001, p. 67).

Os homens que agem necessitam de um espaço organizado formado pela presença de outros ante os quais possam aparecer (Arendt, 1972b, p. 201); depende da existência de uma esfera pública[63] (Arendt, 2001, p. 61). Esse é o espaço da aparência criado pela ação e o discurso entre as partes, no qual cada um aparece para os demais, ao invés de se contentar em existir meramente como coisa viva ou inanimada (Arendt, 2001: 211).

Arendt (1988, p. 202) enfatiza, ainda, o papel do espaço público para o exercício do controle, como forma de prevenir a apropriação privada do poder público.

> Os únicos recursos contra o mau uso do poder público pelos indivíduos se encontram no próprio domínio público, na luz que exige cada ato efetuado dentro de suas fronteiras, na própria visibilidade à qual ficam expostos todos os que lá penetram.

O fato de que os homens agem e falam diretamente uns com os outros dá origem a uma mediação subjetiva constituída de atos e palavras e constitui uma teia de relações humanas, de qualidade intangível (Arendt, 2001, p. 195). Essa teia de relações em que fins numerosos e antagônicos de diversos agentes são perseguidos geralmente impede que a ação alcance sua intenção original e que, uma vez iniciada, a ação não possa ser mais interrompida. Quem inicia um ato apenas começou algo cujo fim não pode predizer, embora o seu próprio feito tenha já alterado todas as coisas e tornado tudo ainda mais imprevisível (Arendt, 1972, p. 120).

Como resposta a esse caráter duplamente inevitável – irreversível e imprevisível – da ação, Arendt contrapõe respectivamente as faculda-

---

[62] Nesse sentido, a abordagem de Arendt concorda com a noção de Mill (1991) sobre a importância da liberdade de opinião para que se possa ter a maior diversidade de perspectivas possível e assim aproximar-se da verdade.

[63] De acordo com Seyla Benhabib, na obra de Hannah Arendt existem dois modelos distintos de espaço público: um que se afasta e outro que se aproxima da teoria liberal. No primeiro, a existência do espaço público depende de uma unidade moral entre os membros e tem como referência a busca por excelência e o reconhecimento inter pares da pólis grega. O segundo está associado a uma noção de ação em conjunto de cidadãos livres que se associam (Eisenberg, 2003, p. 169).

des humanas de perdoar e de fazer e cumprir promessas. Sem o perdão, nossa capacidade de agir ficaria limitada a um único ato de cujas consequências seríamos eternamente vítimas. A capacidade de perdoar nos liberta. Se não cumpríssemos nossas promessas não nos seria confiado o poder tão grande de começar algo novo (Arendt, 2001, p. 249-52).

Arendt (2001, 1999b) entende que a participação cria poder referido à capacidade humana não apenas de agir, mas de agir de comum acordo. O fenômeno fundamental do poder consiste na formação de uma vontade comum numa comunicação orientada para o entendimento recíproco e não para o alcance de determinados fins. O poder nunca é propriedade de um indivíduo, mas pertence a um grupo e existe somente enquanto o grupo se conserva unido pela força da promessa ou contrato mútuo. O único fator material indispensável para a ocorrência do poder é a convivência entre homens livres e iguais no espaço público.

Assim definido, o poder é um fim em si mesmo, serve para preservar a *práxis* da qual se originou. A legitimidade do poder deriva do início da ação conjunta, da sua fundação. A ação política subsequente acrescenta, através de fatos e acontecimentos, importância à fundação da comunidade política e dá vida às suas instituições.

> É o apoio do povo que empresta poder às instituições de um país, e este apoio não é mais que a continuação do consentimento que, de início, deu origem às leis. (...) Todas as instituições políticas são manifestações e materializações de poder; petrificam e decaem quando o poder vivo do povo cessa de lhes sustentar. (Arendt, 1999b, p. 120)

Embora as pessoas ajam de comum acordo para alcançar determinados objetivos que traduzem a vontade comum, a estrutura de poder em si precede e pode durar mais que qualquer meta. O poder não pode ser armazenado e o seu potencial somente existe na medida em que se realiza.

Ao tentar recuperar o brilho da atividade política na sociedade contemporânea e situá-la numa esfera separada daquela em que a sobrevivência é garantida, Arendt acaba por não intencionalmente afastar a possibilidade de ação nas atividades rotineiras realizadas pelos homens. Eisenberg (2003, p. 174) afirma que a invocação realizada por Arendt por grandes homens e grandes feitos representa um horizonte normativo fecundo para os dilemas da apatia política contemporânea, dilemas esses que a noção de liberal de direitos e a visão republicana de deveres não permitem equacionar. Por meio da admiração pelo herói[64], Arendt

---

[64] Cabe também ressaltar que a própria Arendt relativiza essa noção na medida em que considera que o indivíduo que age não precisa ter qualidades heroicas. A coragem já está presente "na mera disposição de agir e falar, de inserir-se no mundo e começar uma história própria. (...) O próprio ato do homem que abandona seu esconderijo para mostrar quem é, para revelar e exibir sua individualidade, já denota coragem e até mesmo ousadia" (Arendt, 2001, p. 199).

problematiza a natureza sem sentido e cotidiana da vida da massa, na qual não há espaço para realizações reveladoras da vontade criativa (O'Sullivan, 1982, p. 227).

Pode-se entender o brilho que Arendt confere à atividade política e o destaque que dá à capacidade humana de iniciar algo novo pelo seu diagnóstico da sociedade moderna, na qual identifica o domínio de temas relacionados à sobrevivência que impelem o homem a se isolar do convívio com outros homens no espaço público e a se adequar a tendências niveladoras que restringem "a ação espontânea ou a reação inusitada" no campo político (Arendt, 2001, p. 50).

Embora a ação e o discurso na esfera da liberdade representada pela pólis sejam os elementos que singularizam o conceito de participação de Arendt, podemos perceber nos trechos selecionados de sua obra a retomada de temas que são caros a outros autores, tais como a importância da expressão de opiniões diversas para a percepção da realidade em várias perspectivas e para a aproximação da verdade e o papel desempenhado pelo espaço público no controle do uso do poder público.

Por outro lado, ao entender a ação como um fim em si mesmo, também acaba por desconsiderar outros aspectos com os quais a participação está associada no pensamento de outros autores. Ao contrário de Rousseau, a elaboração de leis para Arendt é um ato pré-político: tem importância menor[65] e é comparada à construção dos muros ao redor da cidade que garantem a existência de um lugar definido para que o encontro entre os homens aconteça.

> Antes que os homens começassem a agir, era necessário assegurar um lugar definido e nele erguer uma estrutura dentro da qual se pudessem exercer todas as ações subsequentes; o espaço era a esfera pública da pólis e a estrutura era a sua lei; legislador e arquiteto pertenciam à mesma categoria (Arendt, 2001, p. 207).

Para Arendt, a questão da educação ou é um fenômeno pré-político, no sentido de que representa um pré-requisito para o ingresso dos indivíduos no espaço público, ou representa um risco de dominação. Tendo como referência a experiência da antiguidade romana na qual os antepassados representavam o exemplo de grandeza para as gerações subsequentes, afirma que "[s]empre que o modelo de educação através da autoridade, sem essa convicção fundamental, foi sobreposto ao reino da política (...), serviu basicamente para obscurecer pretensões reais ou

---

[65] As leis têm menor importância para Arendt porque, embora garantam as condições materiais para que a ação ocorra, ao contrário da ação estão relacionadas à manutenção. A mudança em si é sempre resultado de uma ação extralegal (Arendt, 1999b, p. 73).

ambicionadas ao poder, e fingiu querer educar quando na realidade tinha em mente dominar" (Arendt, 1972a, p. 161).

Finalmente, Arendt problematiza a noção da participação como exercício de funções de governo. Afirma que a administração das coisas de interesse público é de natureza diferente da participação política nos negócios públicos.

> A razão disso é que as qualidades do estadista ou do político e as do empresário e administrador são não apenas diferentes, como ainda muito difíceis de serem encontradas numa mesma pessoa; um deve saber lidar com indivíduos no terreno das relações humanas, cujo princípio é a liberdade, e o outro deve ser capaz de administrar coisas e pessoas numa esfera de vida cujo princípio é a necessidade. (Arendt, 1988, p. 219)

Para fins de compreensão da participação, Habermas dá continuidade à reflexão de Arendt. Leva em consideração a existência de indivíduos capazes de agir e falar para especificar as condições nas quais a participação corresponde à racionalidade que lhe é específica, diferente da que ocorre nas interações no governo ou no mercado.

Trata-se da racionalidade comunicativa, orientada para o entendimento, diversa da racionalidade estratégica, voltada para o alcance de determinados fins. Habermas estabelece uma distinção entre as interações humanas que são realizadas com vistas ao alcance do interesse próprio e, portanto, motivadas pelo atendimento de determinadas necessidades, e aquelas voltadas para o entendimento, que são motivadas pelo alcance da verdade.

Para Habermas, na medida em que a sociedade se desenvolve ocorre um processo de racionalização e diferenciação interna. A unidade entre cultura, sociedade e personalidade passa a ser crescentemente problematizada e sujeita a uma justificativa racional. Para que a comunicação não seja sobrecarregada no seu papel de meio de coordenação, é preciso, de um lado, a constituição de uma base de conhecimento compartilhada por todos os membros da sociedade e que garante uma compreensão comum dos fatos. Essa é a esfera do mundo vivido.

De outro lado, certas áreas da ação humana são separadas e neutralizadas do ponto de vista de valores não necessitando atender a demandas por justificação. Os meios de coordenação dinheiro e poder assumem o papel dos argumentos e tornam-se institucionalizados, constituindo a esfera do sistema. Em especial, Habermas (2003b) afirma que a economia de mercado e o aparato político-administrativo podem ser compreendidos na perspectiva de sistema. Ao liberar a ação de orientações de valores na esfera do sistema, a ação orientada para o sucesso é separada da ação orientada para o entendimento.

A teoria de Habermas ressalta determinadas qualidades formais da linguagem e das relações que são estabelecidas quando é utilizada para exercer uma função de coordenação social. Este efeito é alcançado porque aspectos da utilização da linguagem fazem com que os atores racionalmente se comportem de determinada maneira. Para que o diálogo possa ser percebido como tendo sentido, as interlocuções devem atender a três critérios de validade: (1) a afirmação é verdadeira de acordo com o conjunto de conhecimento existente; (2) o conteúdo do que é dito é correto em relação ao contexto normativo corrente; e (3) quem fala está de fato expressando a sua intenção (Habermas, 2003a).

No entanto, de acordo com Habermas, discursos não governam. A formação de opinião por meio da comunicação é uma condição necessária para se poder decidir o que fazer; no entanto, a comunicação em si mesma não pode realizar objetivos ou resolver conflitos. Isso só pode ocorrer por meio de um processo político institucionalizado no qual, por meio da lei e do poder, as ações dos participantes são comprometidas. E para a implementação das decisões tomadas e concretizadas sob a forma de leis, existe a esfera do governo no âmbito do sistema onde se atua com base na racionalidade estratégica.

Habermas ressalta que a participação dos atores da sociedade civil – através de iniciativas de inclusão de novos grupos e temas como situações-problema na discussão no mundo vivido – contribui para ampliação e renovação da esfera pública[66] (Costa, 1999, p. 99). Os processos de entendimento mútuo podem ocorrer tanto informalmente na rede de comunicação representada pela opinião pública política, quanto de forma institucionalizada no Legislativo. Essas interlocuções constituem arenas nas quais pode ocorrer a formação mais ou menos racional da opinião e da vontade acerca de temas relevantes para o todo social e sobre matérias carentes de regulamentação (Habermas, 2002, p. 281).

"A influência pública é transformada em poder administrativo somente depois que ela passa pelos filtros dos procedimentos institucionalizados da formação democrática da opinião e da vontade política e

---

[66] O modelo de Habermas concilia as formas comunicativas pelas quais se constitui uma vontade comum, mediante um autoentendimento mútuo de caráter ético com as que buscam equilíbrio entre interesses divergentes e estabelecimento de acordos, por meio da escolha de instrumentos racional e voltada a um fim específico da concepção liberal. As deliberações podem permitir a convivência do aspecto comunicativo com o instrumental, em determinadas condições de comunicação e procedimento nas quais a formação institucionalizada da opinião e da vontade tem força legítima e o processo político é capaz de alcançar resultados racionais (Habermas, 2002: 277).

se transforma, por meio dos debates parlamentares, em uma forma legítima de legislação" (Habermas citado por Avritzer, 2000). Apenas por meio da mediação dos processos institucionais de formação de opinião e da vontade, o poder de influência da sociedade civil chega ao Estado, cujas competências funcionais e políticas são delimitadas pelo direito e pela lei (Costa, 1999, p. 99).

Para Habermas, a participação é entendida como o engajamento em atos de comunicação que envolve a troca de argumentos justificados e está voltada para o entendimento mútuo. Recupera a noção de discurso de Arendt no duplo sentido de revelação daquele que age e de descoberta da verdade. No primeiro caso, refere-se à ampliação e renovação da esfera pública propiciada pela inclusão de novos temas e problemas a partir da singularização de novas identidades.

No segundo caso, trata da discussão voltada para a formação de opinião sobre novos temas relevantes para o todo social e sobre matérias carentes de regulamentação. Nesse sentido, participação para Habermas também está relacionada com a elaboração de leis da mesma forma que para Rousseau. No entanto, a relação entre indivíduo e elaboração de lei em Habermas é menos direta. Pelo fato de os atos de comunicação terem uma racionalidade própria, a formação de opinião e vontade deve ser intermediada pela rede de comunicação representada pela opinião pública política e pela forma institucionalizada representada pelo Legislativo para que o poder de influência da sociedade civil chegue ao Estado, onde a integração é baseada no meio de controle poder e domina a racionalidade estratégica.

A intervenção dos agentes sociais em atividades públicas, aqui conceituada como participação, assume ainda dois outros significados com a discussão do público não estatal: como controle social e como produção de bens públicos a partir da sociedade. O público não estatal refere-se a organizações ou formas de controle voltadas ao interesse geral, mas que não fazem parte do aparato do Estado. Também pode ser entendido como terceiro setor na medida em que sugere uma terceira forma de propriedade entre a privada e a estatal no que tange à produção de bens públicos (Bresser-Pereira e Cunill Grau, 1999: 16 e 17).

A noção de público não estatal parte do reconhecimento de que o que é público, não se esgota no Estado, nem tampouco na sociedade civil[67] e de que o oposto do estatal não é necessariamente o privado. Isso implica dizer que na ampliação das possibilidades do público – que concerne a todos e a todos interessa – a democratização das instituições

---

[67] De acordo com Bresser-Pereira e Cunill Grau (1999), a sociedade civil é um conceito político. O grau de organização dos diferentes grupos e indivíduos varia de acordo com o respectivo poder relativo.

políticas e da sociedade são processos interdependentes (Bresser-Pereira e Cunill Grau, 1999, p. 20).

Bresser-Pereira (2004) enfatiza a importância da participação como instrumento de controle social e defesa da *res publica*. Considera a participação necessária para a proteção dos direitos republicanos que conceitua como direitos dos cidadãos de um dado Estado contra indivíduos ou grupos que querem capturar o patrimônio público[68].

Embora as sociedades modernas tenham sido relativamente bem sucedidas na proteção dos direitos civis, o problema da proteção da *res publica* permanece, não sendo adequadamente equacionado pelos sistemas judiciários. Estes geralmente não possuem critérios claros para julgar transferências econômicas realizadas pelo Estado ou processos contra o Estado[69] (Bresser-Pereira, 2004, p. 93).

O controle social é entendido como uma forma adicional ao controle representativo clássico, estabelecido pelo equilíbrio entre poderes, através do qual a sociedade pode controlar diretamente o Estado (Bresser-Pereira e Cunill Grau, 1999, p. 24). Em relação ao controle representativo clássico, Weber (1993) considerava o controle exercido pelas comissões no Parlamento como o único instrumento capaz de obrigar a burocracia estatal a prestar contas de suas ações. E, no governo das comunas norte-americano analisado por Tocqueville (2001a, p. 93), o controle judicial vinculado a um sistema de multas foi a forma encontrada para obrigar os administradores eleitos a cumprirem a lei.

A importância da participação para a proteção dos direitos republicanos na acepção de Bresser-Pereira pode ser reforçada se considerarmos a preocupação de Jefferson durante a revolução norte-americana de que com a expansão constante do domínio privado, seria mais provável que o risco de corrupção e perversão se originasse do setor privado (Arendt, 1988, p. 202).

Embora o voto secreto ainda não fosse uma prática, Jefferson se preocupava com o aumento da participação do povo no poder público sem

---
[68] O autor identifica diversas formas pelas quais o patrimônio público pode ser dilapidado: sob as formas clássicas de corrupção, nepotismo e evasão fiscal; ganhos decorrentes de processos injustificados (mas vitoriosos) contra o Estado; realização de transferências ou concessão de subsídios inadequados; prestação de serviços públicos ineficientes e descontrole na folha de pessoal (Bresser-Pereira, 2004, p. 92-3).
[69] Isso acontece segundo Bresser-Pereira porque em pleno século XX, o direito administrativo permanece vinculado às suas origens do século XIX, quando a maior preocupação consistia na defesa dos direitos civis contra o governo despótico. Com a emergência do Estado do Bem-Estar e incorporação dos novos direitos sociais na agenda pública, o direito administrativo passou a enfrentar um paradoxo. De um lado, afirma a supremacia do interesse público, mas, de outro lado, acaba por desconsiderar os novos direitos republicanos, a despeito do fato da alta carga de impostos ter tornado os direitos referentes à proteção do patrimônio público tão importantes. Ao invés disso, os juristas administrativos permanecem concentrados na defesa dos direitos civis e sociais contra o Estado (Bresser-Pereira, 2004, p. 94).

que lhe fossem oferecidas, em contrapartida, outras oportunidades de expressão política para além dos dias de eleição. No seu entender, representaria um perigo mortal para a república conferir todo o poder aos cidadãos sem lhes dar a possibilidade de serem republicanos e de agirem como cidadãos[70]. Para ele, a essência da moralidade pública e privada era "Ame o seu próximo como a si mesmo, e a seu país mais do que a si próprio" (Arendt, 1988, p. 202).

O fortalecimento do controle da sociedade é requerido também pela existência do risco de exposição do Estado não apenas a um processo de domínio e captura por interesses do setor privado como temia Jefferson, mas também pela própria burocracia pública. E mesmo nesse caso, o controle social tem um papel a desempenhar e pode contribuir para o aperfeiçoamento do controle do Legislativo sobre o Executivo, o que evidencia o caráter complementar entre esse tipo de participação e a representação.

> [O]s cidadãos, para os quais os serviços públicos são prestados, têm informações sobre o desempenho dos burocratas na implementação de políticas públicas (...). Com base nas informações dos usuários dos serviços públicos, os burocratas podem ser controlados pelos políticos. A participação dos cidadãos representa uma fonte de informação sobre o desempenho dos burocratas e sobre a qualidade dos serviços (Nassuno, 1999, p. 344).

Assim, a participação dos cidadãos sob a forma de controle social pode reforçar o controle representado pelo equilíbrio de poderes da democracia representativa e contribuir para a proteção do patrimônio público de forma que não seja apropriado nem por interesses privados nem por interesses da própria burocracia pública.

No quadro de referência do público não estatal, a participação entendida como prestação de serviços de interesse coletivo representa outra opção disponível além do Estado e do mercado. Podem existir associações de indivíduos que atuem em prol do interesse

---

[70] A preocupação de Jefferson com os termos da Constituição norte-americana pode ser explicada pelo fato de que não percebia instrumentos que permitissem aos cidadãos daquele país o exercício de uma das principais virtudes políticas para os gregos, o autocontrole. Platão afirmava que apenas aqueles que eram capazes de se governar tinham o direito de governar a outros e se livrarem da obrigação da obediência. Embora tenha perdido posteriormente importância, o autocontrole continuou sendo uma das virtudes especificamente políticas por representar um esforço de fazer praticamente coincidir o quero e o posso (Arendt, 1972b, p. 207). Bresser-Pereira (2004, p. 138) confirma a necessidade de cidadãos virtuosos para o funcionamento da democracia republicana: "quando afirmo que uma democracia republicana está surgindo, estou assumindo a existência de cidadãos dotados de virtudes republicanas" (tradução livre).

público sem haver um sentido de propriedade ou de lucro entre seus membros[71].

Sua configuração institucional peculiar as permite desenvolver papéis que nem o Estado nem o mercado podem desempenhar. De um lado, essas instituições dispõem de flexibilidade, experiência especializada e habilidade para chegar a clientes difíceis de alcançar, não encontrados no setor público; de outro lado, orientam sua ação por valores como confiança, dedicação e solidariedade, que não prevalecem no setor lucrativo. Tais características possibilitam a adaptação dos serviços que prestam às necessidades dos destinatários específicos, contribuindo para apoiar a diversidade democrática (Bresser-Pereira e Cunill Grau, 1999, p. 34).

As vantagens para a prestação de serviços do setor público não estatal verificam-se principalmente nas organizações de autoajuda – inclusive o voluntariado – que tem como objetivo a satisfação de necessidades públicas com base na solidariedade. São organizações de caráter horizontal e sua atuação é basicamente circunscrita a públicos limitados e a intervenções imediatas. Além disso, essas vantagens podem estender-se às organizações não governamentais que, além de prestarem um serviço, contribuam para a auto-organização social dos setores mais vulneráveis.

Como as atividades de prestação de serviços que são desenvolvidas no setor público não estatal estão geralmente vinculadas a direitos sociais que implicam valores humanos e externalidades positivas, justificam o financiamento público estatal[72] (Bresser-Pereira e Cunill Grau, 1999).

Uma parte das ações de prestação de serviços que é realizada no âmbito da sociedade tem por origem um projeto de limitar a influência tanto do Estado quanto do mercado sobre a vida social e não propriamente suprir suas deficiências e atuar em espaços por eles não cobertos. Nesse caso, a participação assume características do ativismo cívico referido por Tocqueville.

---

[71] Associações corporativas delas se distinguem pelo fato de perseguirem interesses de um grupo ou corporação específico.

[72] É na dependência do financiamento público estatal que Bresser-Pereira e Cunill Grau (1999, p. 39-40) percebem os maiores problemas de desnaturalização das finalidades do setor público não estatal. Esse risco é maior no caso das organizações não governamentais que enfrentam o desafio de preservar a função de promoção da auto-organização dos setores vulneráveis da população das influências dos financiadores públicos. Ao mesmo tempo, o Estado tem que zelar pelo uso responsável dos recursos públicos, sem afetar a contribuição que podem dar para a diversidade. No caso das associações voluntárias, quando são utilizadas na implantação de programas de governo existe o risco de que o seu papel como instância de solidariedade e cooperação seja prejudicado frente às necessidades da prestação de serviços (Cunill Grau, 1998).

Por outro lado, políticas governamentais e de agências multilaterais em resposta ao agravamento da crise fiscal do Estado também contribuíram para promover a transferência de atividades públicas para a sociedade. Trata-se de uma participação que envolve a população no exercício de funções de governo e que se identifica com o segundo tipo de participação analisado por Tocqueville[73].

Pode-se perceber mesmo com esse pequeno grupo de autores selecionados, que participação, ainda que limitada ao âmbito político – que se refere à intervenção de agentes sociais em atividades públicas – pode assumir diversos significados, sintetizados no Quadro 2, a seguir: tomar parte na elaboração de leis que sujeitem o indivíduo à liberdade (Rousseau), livre expressão de suas opiniões como forma de chegar à verdade (Mill), formação de associações para a realização de atividades coletivas e exercício de funções de governo (Tocqueville), expressão de sua singularidade como cidadão por meio da ação e do discurso (Arendt), comunicação voltada para o entendimento tendo em vista a formação da opinião e da vontade que possa influenciar os âmbitos institucionalizados de tomada de decisão (Habermas), meio para o exercício de controle que proteja o Estado dos riscos da exposição a interesses privados (Bresser-Pereira), prestação de serviços públicos que representam direitos sociais alternativamente ao mercado e ao Estado (Bresser-Pereira e Cunill Grau).

Existem alguns temas que estão presentes, com maior ou menor destaque, no pensamento de mais de um autor. Entre eles, a relação entre participação e elaboração de leis (Rousseau, Tocqueville e Habermas), o papel da participação no desenvolvimento de qualidades morais nos cidadãos (Rousseau, Mill, Tocqueville), a importância do conhecimento de diversas perspectivas sobre o mesmo assunto para se aproximar da verdade (Mill, Arendt e, de certa forma, Habermas), a participação como exercício de funções de governo (Rousseau, Mill, Tocqueville, Bresser-Pereira e Cunill Grau), participação como forma controle de poder (Rousseau, Mill, Tocqueville, Arendt, Bresser-Pereira).

Mas também se constata a ocorrência de divergências em relação a alguns temas. A elaboração de leis e a formação de cidadãos são consideradas por Arendt como fenômenos pré-políticos; e o exercício de funções de governo uma atividade diversa da política porque associada a questões de sobrevivência.

---

[73] A pertinência dos dois conceitos de participação de Tocqueville para a compreensão do público não estatal ilustra a atualidade de seu pensamento, identificada por Cohn (2000).

Quadro 2. Significados da participação como intervenção dos agentes sociais nas atividades públicas segundo diversos autores

	Rousseau	Mill	Tocqueville	Arendt	Habermas	Bresser	Bresser e Cunill
Elaboração de leis	X		X	- X*	X		
Livre expressão de opiniões		X		X	X		
Formação de associações civis			X				X
Exercício de funções de governo			X	- X			
Distinção como cidadão				X			
Entendimento mútuo		X		X	X		
Prestação de serviços públicos			X				X
Desenvolvimento cidadãos	X	X	X	- X			
Controle de poder	X	X	X	X		X	

* O sinal (-) indica que a autora considera esse significado um fenômeno pré-político ou não político

Na multiplicidade de aspectos em que a participação pode ser entendida como intervenção em atividades públicas são identificados elementos que contribuem para entender a tensão entre burocracia e participação. A participação na elaboração de leis e expressão livre de opiniões na busca da verdade fica prejudicada na medida em que crescentemente são necessários conhecimentos técnicos para resolver problemas políticos e aumenta a necessidade de especialistas. Coloca em questão uma ideia democrática (e participativa) básica de que todos podem decidir a respeito de tudo (Rousseau, Mill, Bobbio, Tocqueville).

A necessidade de controle social questiona o pressuposto de superioridade técnica da burocracia – que, como Weber menciona, é o principal elemento que conduz ao seu desenvolvimento em todas as áreas de atividade humana – e a postura de segredo assumida pelos burocratas. As regras definindo a distribuição de atividades entre indivíduos com conhecimento especializado e a realização regular das atividades, bem como, o controle hierárquico não são suficientes para que os burocratas públicos desempenhem suas funções em prol do interesse público. Torna-se necessário um contato próximo com a população que garanta a adequação de seu comportamento. O controle social também problematiza e indica a insuficiência dos meios de controle tradicional da democracia representativa. A população tem que contribuir para evitar a apropriação privada da *res publica*, uma vez que os controles, tanto o judiciário, quanto o legislativo são insuficientes para tanto (Bresser-Pereira).

O conceito de participação como exercício de funções de governo já de saída estabelece uma relação tensa com a burocracia porque coloca mais um grupo de atores no campo de atuação que até então era exclusivo da burocracia. Além disso, a formação de associações para realizar atividades coletivas permite o exercício de valores cívicos que confiram uma orientação para o bem comum à ação tanto da sociedade, quanto dos servidores públicos. Em conjunto com a prestação de serviços públicos pelo setor público não estatal, a formação de associações demonstra a possibilidade concreta de formas alternativas à burocrática na realização de atividades que dispõem de flexibilidade, experiência especializada e habilidade para chegar a clientes difíceis de alcançar e orientam sua ação por valores como confiança, dedicação e solidariedade (Tocqueville, Bresser-Pereira e Cunill Grau).

Com relação à capacidade de agir representada pela participação, de revelar-se como cidadão singular entre iguais no espaço da política, o universo burocrático de regras, hierarquia, impessoalidade e o comportamento de obediência que retira do burocrata qualquer responsabilidade pelos seus atos, fazem com que na burocracia prevaleça o oposto, uma relação de caráter anônimo entre os indivíduos, que são diferentes em suas especialidades e em suas posições de poder, conforme mencionado na Introdução. Além disso, à medida que a sobrevivência material do indivíduo se torna intimamente conectada ao funcionamento da organização, o trabalho na burocracia assume características do labor, equivalente ao processo biológico do corpo humano, excluindo o indivíduo da convivência livre (e política) com outros homens (Arendt). E finalmente, na interação despersonalizada entre indivíduos que ocorre na burocracia, as relações estão integradas pelos meios de controle e baseadas na racionalidade estratégica, na seleção de meios para o alcance de determinados fins e não pela solidariedade e pela comunicação voltada para o entendimento, o que leva a burocracia a um processo de desumanização[74] (Habermas).

Quadro 3. Tensão entre diferentes significados de participação com elementos da burocracia

Burocracia	Participação
Necessidade de conhecimentos técnicos Domínio dos especialistas	Elaboração de leis pelo cidadão comum Livre expressão de opiniões
Superioridade técnica da burocracia Postura de segredo da burocracia	Controle de poder
Funções de governo como monopólio da burocracia	Exercício de funções de governo pelos cidadãos
Organização burocrática como única forma institucional possível para a prestação de serviços	Formação de associações para realização de atividades coletivas Prestação de serviços pelo setor público não-estatal
Aperfeiçoamento da técnica e das habilidades para o trabalho	Desenvolvimento de cidadãos
Anonimidade do burocrata, isenção de responsabilidade pelo que faz	Distinção como cidadão no campo político
Exclusão do mundo político	Convivência livre entre iguais
Interação baseada no meio de controle poder	Interação baseada na solidariedade
Racionalidade estratégica	Racionalidade comunicativa

2.3. Igualdade e liberdade

Esta seção explora a tensão entre burocracia e participação, usando como referência as noções de igualdade e liberdade, uma vez que, conforme mencionado na Introdução, participação está sendo considerada

---

[74] Embora reconheça que o uso da racionalidade comunicativa numa organização burocrática é restrito, no modelo dual de sociedade de Habermas o importante é que em cada esfera seja respeitada a racionalidade que lhe é própria. Problemas surgem quando a racionalidade estratégica e os meios de coordenação dinheiro e poder passam a ser utilizados para a coordenação das ações do mundo da vida, o que o autor denomina a colonização do mundo da vida pelo sistema.

como a situação na qual igualdade e liberdade são as maiores possíveis. Já a estrutura hierárquica da burocracia que se traduz na interação entre superiores e subordinados e na existência de regras para orientar o comportamento dos burocratas, que impedem o comportamento autônomo do indivíduo, pode gerar uma percepção de que a burocracia representa a situação oposta. Essas razões indicam que a relação entre burocracia e participação sob a perspectiva da igualdade e da liberdade merece ser analisada.

A investigação ocorrerá em duas etapas. Na primeira, serão utilizados e questionados os conceitos de igualdade de direito e de oportunidades e de liberdade negativa e positiva para distinguir a burocracia da participação. Na segunda, será utilizado o conceito de liberdade de Arendt que permite a convivência da igualdade com a liberdade e é coerente com o conceito de participação entendido como máxima igualdade e liberdade.

De acordo com Bobbio (1996), igualdade indica uma relação. Para falar em igualdade é necessário especificar entre quem e em que a igualdade existe. A igualdade é geralmente considerada equivalente à justiça no sentido de uma virtude ou princípio que garante a harmonia ou o equilíbrio em um todo[75]. Sendo assim, para se fazer justiça, a primeira iniciativa consiste em "estabelecer como um determinado indivíduo deve ser tratado para ser tratado de modo justo" (Bobbio, 1996, p. 21).

A igualdade que afirma que todos os homens são iguais perante a lei, que rejeita qualquer tipo de discriminação não justificada, é um tipo de igualdade universalmente aceita. Já a igualdade nos direitos significa mais que igualdade perante a lei: significa que alguns direitos fundamentais garantidos na constituição estão assegurados a todos os cidadãos (Bobbio, 1996, p. 29). Esses são os chamados direitos civis – liberdade de opinião, de expressão das próprias opiniões, de reunião e de associação – que estão na base do Estado liberal de direito e que interpõem limites à ação do Estado (Bobbio, 2000, p. 32).

A expressão igualdade de direito é usada em contraposição à igualdade de fato, ou igualdade em relação aos bens materiais (ou igualdade material) (Bobbio, 1996, p. 29). As demandas por direitos sociais surgiram da crítica das doutrinas igualitárias contra a concepção e a prática do Estado liberal (Bobbio, 1996, p. 42). Em sua caracterização da burocracia, Weber (1999) já enfatizava o conflito criado pelas necessidades de justiça material com o formalismo e a objetividade das regras da administração burocrática, que expressam a igualdade de direito, gerando tensões entre a burocracia e as massas.

---

[75] A equivalência entre igualdade e justiça será substituída por equivalência entre igualdade e liberdade no pensamento de Arendt (1972b).

> Particularmente para as massas não possuidoras (...) o direito e a administração têm que estar a serviço do nivelamento das oportunidades de vida econômicas e sociais diante dos possuidores, e esta função, eles apenas podem exercer quando adotam, em grande parte, um caráter informal (...), devido ao seu conteúdo ético. Não apenas toda forma de justiça popular - que não costuma preocupar-se com razões e normas racionais - como também toda forma de influência intensa da administração pela chamada opinião pública (...) malogram o decurso racional da justiça e da administração. (Weber, 1999b, p. 217)

O princípio da igualdade das oportunidades tem como objetivo colocar em condições iguais de partida todos os membros de uma determinada sociedade que estejam participando da competição pela vida ou pela conquista do que é vitalmente mais significativo[76] (Bobbio, 1996, p. 31).

Objetivo da igualdade de oportunidades é igualar a posição de indivíduos em situação desigual por nascimento, raça, sexo, situação socioeconômica ou outro aspecto. Para criar a igualdade de oportunidades, pode ser necessário introduzir artificialmente, ou imperativamente discriminações que venham a favorecer uns em detrimento de outros[77]. Desse modo, a introdução de uma desigualdade torna-se um instrumento de igualdade porque permite corrigir uma desigualdade anterior: uma nova igualdade resulta porque uma desigualdade compensa a outra (Bobbio, 1996, p. 32).

O papel dado à participação na correção de desigualdades explica a preocupação de grande parte da literatura a respeito do domínio do espaço participativo por elites educadas ou com melhores condições econômicas. Caso o espaço participativo venha a ser dominado por tais elites, a participação deixaria de cumprir o seu papel na garantia de igualdade de oportunidades.

Para Bobbio, liberdade indica um estado ou um atributo que determinado indivíduo detém. A liberdade é negativa quando existe um âmbito para o indivíduo no qual ele pode atuar sem ser impedido ou onde pode não agir sem ser obrigado por outros sujeitos. Uma vez que em sociedade os limites às ações são definidos por normas, "a liberdade negativa consiste em fazer (ou não fazer) tudo o que as leis permitem (ou não proíbem)" (Bobbio, 1996, p. 49).

---

[76] A igualdade de oportunidade é um dos pilares da democracia social segundo Bobbio.
[77] Para a noção de igualdade de oportunidades, a criação do estado civil proporcionaria a igualdade dos homens apenas no que se refere às suas distinções naturais (força, altura etc.) mas não seria suficiente para corrigir distorções de natureza social.

A liberdade positiva também é denominada de autodeterminação ou autonomia. Nessa situação o indivíduo pode orientar a sua vontade no sentido de uma finalidade, de tomar decisões, sem ser determinado pelo querer de outros. A dificuldade da liberdade positiva reside em definir o momento no qual se pode dizer que uma vontade é determinada por si mesma. A noção de liberdade positiva está baseada no pensamento de Rousseau para quem a associação do homem a todos os homens que cria o estado civil possibilita uma liberdade que consiste em não obedecer a outros e sim a si mesmo por meio de leis que são elaboradas com a participação de todos (Bobbio, 1996, p. 51).

Segundo Bobbio (1996), a liberdade negativa representa a liberdade do cidadão face ao Estado burguês. Nessa circunstância, o indivíduo singular preserva sua esfera privada de aspirações e interesses da intervenção do Estado. Já a liberdade positiva representa a liberdade no Estado. A situação na qual o indivíduo como cidadão toma parte de uma totalidade e participa de deliberações que a organizam.

Bobbio avança ainda na discussão da liberdade entendendo-a como uma superação de obstáculos (potência) que se sucedem historicamente. Na sociedade moderna identifica como obstáculo à liberdade a ocorrência da tecnocracia: a necessidade crescente do conhecimento técnico para desenvolver todos os recursos da própria natureza e resolver os problemas políticos.

"A potência que caracteriza a sociedade tecnocrática é a potência do conhecimento que assegura o domínio mais irresistível sobre a natureza e sobre os outros homens" (Bobbio, 1996, p. 87). Habermas (1975) enfatiza a apatia política das massas, contrapartida do domínio do conhecimento técnico e papel de ideologia exercido pela técnica e a ciência.

De maneira bastante preliminar e esquemática, uma chave para a compreensão da tensão entre burocracia e participação, tendo como referência igualdade e liberdade, refere-se às diferentes acepções que igualdade e liberdade podem assumir. Igualdade pode ser de direito ou de oportunidades. Liberdade pode ser negativa ou positiva. A burocracia com as regras que definem o controle de poder, a hierarquia e as relações de impessoalidade tende a estar associada à liberdade negativa e à igualdade de direito. As regras da burocracia, que definem o comportamento do quadro administrativo da dominação racional-legal no sentido de obter obediência dos dominados definem uma esfera na qual o indivíduo (dominado) é livre para agir ou para não agir. Ou seja, a obediência do dominado (e também do subordinado) só é devida no âmbito restrito definido pelas regras. A igualdade de direito traduz-se pelo comportamento de impessoalidade da burocracia, do tratamento igual de todos sem consideração a características pessoais, diferenças de ordem socioeconômica, favor ou graça. Conforme assinala Bobbio (1996), esse representa um importante avanço em relação ao Estado estamental. No entanto, segundo Weber, a postura que garante a igualdade de direito assegurada pela burocracia leva a conflitos com a população na democracia de massas no que se refere à igualdade material, quando estão em foco questões relacionadas a uma pessoa concreta numa situação concreta. Nesse caso, a aspiração é de que haja um tratamento discricionário.

Já a participação refere-se à liberdade positiva, conceito que tem por base a ideia de Rousseau de que a verdadeira liberdade consiste em obedecer a leis prescritas por si mesmo, condição na qual não existem governantes nem governados. Participação se fundamenta no pressuposto de que indivíduo é capaz de tomar decisões sem ser determinado pelo querer dos outros, de que o indivíduo tem uma vontade que pode ser orientada na direção de um fim e que essa vontade é soberana.

A participação implica o reconhecimento de que nem todos se encontram em igual situação de partida na competição pela vida e de que na sociedade civil os grupos detêm capacidades de organização diferentes, dependendo dos recursos e poder que dispõem. Assim, uma forma de igualar a posição de indivíduos em situação desigual é favorecer a participação de determinados segmentos da população, como mostra a experiência do OPPA. Para o atendimento de grupos marginalizados da sociedade, a igualdade de direito pode não ser suficiente: é preciso haver justiça de oportunidades. Para que haja justiça sob a forma de redistribuição dos recursos públicos aos segmentos menos favorecidos é preciso tratar desiguais de forma desigual de modo que as desigualdades possam se compensar e gerar uma situação de igualdade.

Igualdade e liberdade sem qualificação não contribuem para explicar a tensão entre burocracia e participação. É necessário conferir o significado que está sendo atribuído a cada um desses conceitos para que a diferença possa ser delimitada. No entanto, pode haver problemas na convivência da máxima igualdade com a máxima liberdade, situação que aqui está sendo definida como sendo participação. Isso decorre do fato de a liberdade representar o atributo de um indivíduo e a igualdade constituir uma relação entre indivíduos no que se refere a alguma coisa. A máxima liberdade positiva, ou seja, o exercício máximo da vontade por um indivíduo, a concretização do querer máximo por um indivíduo pode ser incompatível com o querer (e poder) máximo dos demais indivíduos. Ou seja, a máxima liberdade positiva leva a uma situação de desigualdade que a igualdade de oportunidades não é suficiente para resolver.

Arendt (1972b, p. 210) critica a noção de liberdade como autodeterminação, como uma liberdade da vontade justamente porque acaba por redundar em soberania e domínio. Isso porque o "eu quero" equivale a "você não pode", porque senão "eu não posso". A realização da vontade de um implica a impossibilidade de concretização do poder realizar do outro. Isso significa que, embora os conceitos de igualdade e liberdade apresentados por Bobbio possam ajudar a distinguir a burocracia da participação, não são compatíveis com a definição de participação como máxima igualdade e liberdade.

Adicionalmente, as doutrinas igualitárias que defendem a igualdade entre o maior número de homens para o maior número de bens conferem maior ênfase ao homem como ser genérico, como membro de uma comunidade, sem destacar as características individuais pelas quais um homem se distingue do outro. Para o igualitário, a finalidade principal refere-se alcançar a harmonia da comunidade por meio da equalização das diferenças. Nas doutrinas que destacam a liberdade, por outro lado, a finalidade principal é a expansão da personalidade individual considerada em abstrato como um valor em si (Bobbio, 1996, p. 42).

Para avançar na discussão sobre a relação entre burocracia e participação a partir dos parâmetros igualdade e liberdade que pudessem conviver entre si no estado máximo recorreu-se ao pensamento de Hannah Arendt. O conceito de liberdade em Arendt está baseado na tradição política e pré-filosófica da antiguidade que entendia a liberdade vivenciada apenas no processo de ação (Arendt, 1972b, p. 213). Arendt considera que a liberdade só é possível na condição de igualdade, quando não há domínio nem se é dominado. Define a liberdade e a igualdade como uma relação entre homens que ocorre no espaço público. Por essa razão, o seu pensamento permite a ocorrência da máxima liberdade com a máxima igualdade (Quadro 4).

Quadro 4. Comparação entre conceitos de igualdade e liberdade apresentados por Bobbio e Arendt e sua relação com a participação

	Bobbio	Arendt
Igualdade	De oportunidades (relação entre pontos de partida)	Pertencer a um corpo de pares (relação isonômica entre indivíduos)
Liberdade	Liberdade individual: autodeterminação (livre-arbítrio)	Liberdade pública: ação e discurso no espaço público

| Convivência da máxima igualdade e liberdade (participação) | Impossível (máxima liberdade cria desigualdade) | Possível no espaço público |

A consciência da liberdade ocorre no relacionamento com os outros, e não no relacionamento solitário com nós mesmos. A liberdade pode ser entendida como o estado que capacita o homem a se mover, a se afastar de casa, a sair para o mundo e a se encontrar com outras pessoas em palavras e ações (Arendt, 1972b, p. 194).

Para os gregos, nem a igualdade nem a liberdade eram vistas como qualidades inerentes à natureza humana. Eram consideradas produtos do esforço humano e faziam parte do mundo feito pelos homens. Só existiam nesse campo especificamente político onde os homens conviviam uns com os outros como cidadãos, e não como pessoas privadas. Os homens eram investidos da igualdade que era atributo da pólis pela cidadania e não pelo nascimento (Arendt, 1988, p. 25).

Arendt considera que a liberdade, a experiência de ser livre é trazida à luz com a revolução (Arendt, 1988, p. 27). A liberdade relacionada com a política representa a capacidade de trazer à existência o que antes não existia: não é um fenômeno da vontade ou do intelecto. "Ser livre e agir são a mesma coisa"[78]. A liberdade existe quando a ação é capaz de transcender seus fatores determinantes: motivos e objetivos (Arendt, 1972b, p. 198-9).

Nas cidades-estado gregas, a liberdade era representada por uma forma de organização política em que não havia distinção entre governantes e governados. Prevalecia entre os cidadãos a situação de não mando[79]. Assim, na pólis a igualdade era idêntica à liberdade e não era relacionada com a justiça. Não era igualdade de condição, mas a igualdade de pertencer a um corpo de pares (Arendt, 1988, p. 24). A pólis era diferente da família, porque nela conviviam apenas iguais. O estado de liberdade significava, além de não estar sujeito às necessidades da vida, não estar sujeito ao comando de outro e também não comandar. "Não significava domínio nem submissão" (Arendt, 2001, p. 41).

---

[78] Ao igualar liberdade e ação e ao definir o espaço público como o resultado da realização efetiva da capacidade de agir, Arendt está implicitamente reconhecendo que é o conflito, e não o consenso, o principal resultado da ação política, e que, portanto, as interações livres entre os sujeitos humanos dependem de normas liberais que regulem os mecanismos de tolerância que permitem surgir um espaço público entre eles (Eisenberg, 2003, p. 170).

[79] Os gregos consideravam a pólis uma isonomia e não uma democracia. A palavra democracia era utilizada pelos críticos da isonomia que nela viam uma espécie de poder, o domínio pelo *demos* (Arendt, 1988, p. 24).

Com esse conceito de liberdade, Arendt faz uma crítica ao conceito de liberdade da era moderna, segundo o qual a liberdade constitui o limite da vida individual, que o governo não deve transpor, sob risco de pôr em jogo a própria vida e suas necessidades imediatas. Para Arendt (1988, p. 175), a verdadeira liberdade política não deve ser confundida com os direitos civis. Embora os direitos civis, juntamente com as aspirações a sermos libertados da penúria e do medo, possam ser considerados conquistas importantes, são, de fato, essencialmente negativos: são produtos da libertação (Arendt, 1988, p. 26). Estão circunscritos na esfera do governo limitado, cujas leis garantem direitos de caráter negativo, incluindo o direito de representação em matéria de taxação, transformado mais tarde em direito ao voto. Não representam poderes propriamente ditos, mas simplesmente uma isenção contra os abusos do poder. Não reivindicam uma participação no governo, mas uma salvaguarda contra ele (Arendt, 1988, p. 115).

A participação nas coisas públicas, a admissão ao mundo político, constitui o verdadeiro conteúdo da liberdade (Arendt, 1988, p. 26). A noção de liberdade de Arendt está relacionada à liberdade pública, que ocorre no espaço da pólis. Embora a autora não faça uma descrição sistemática de sua ocorrência, existem indicações em sua obra sobre as condições nas quais tal liberdade pode existir. Em primeiro lugar, tem como requisito a existência de um espaço público delimitado pelos muros da cidade e pelas leis. Em segundo lugar, verifica-se na convivência entre pares e ocorre por meio da ação e do discurso, à luz da publicidade que envolve as coisas que ocorrem no espaço público. Em terceiro lugar, tais ações são orientadas por um princípio de virtude, que tem caráter universal. Em quarto lugar, requer uma pluralidade de perspectivas para que se alcance a verdade.

A liberdade resultante do direito de acesso do cidadão à esfera pública dá aos que a exercem uma felicidade pública, em contraposição à felicidade privada, que se realiza individualmente e consiste em ter os direitos, amplamente reconhecidos e de ser protegido (Arendt, 1988, p. 102).

Arendt apresenta como ilustração de liberdade a noção de *virtu* de Maquiavel: "a excelência com que o homem responde às oportunidades que o mundo abre ante ele à guisa de fortuna" (1972b, p. 199).

> Se entendermos o político no sentido da pólis, sua finalidade ou *raison d'être* seria estabelecer e manter em existência um espaço em que a liberdade, enquanto virtuosismo pudesse aparecer. É este o âmbito em que a liberdade constitui uma realidade concreta, tangível em palavras que podemos escutar, em feitos que podem ser vistos e em eventos que são comentados, relembrados e transformados em estórias antes de se

incorporarem por fim ao grande livro da história humana. (Arendt, 1972b, p. 201)

O Pacto do Mayflower corresponde a uma situação, na qual liberdade e igualdade na acepção de Arendt (1988, p. 133-4) se verificam. A liberdade se configura na confiança de que os homens em conjunto representam um poder. A igualdade se verifica no momento em que esses homens livres por meio de promessas mútuas constituem um corpo civil, no qual não há governantes nem governados.

> O Pacto do Mayflower foi esboçado no navio e assinado por ocasião do desembarque. (...) [Os peregrinos] receavam o assim chamado estado de Natureza, os ermos inexplorados, as vastidões sem fronteira, assim como temiam o ímpeto desenfreado de homens libertos de qualquer lei. (...) O fato realmente espantoso nessa história toda é que o inequívoco temor que tinham um do outro era acompanhado de uma não menos firme *confiança em seu próprio poder*, não garantido nem confirmado por ninguém, e, até então, ainda não imposto por nenhum meio de violência, e que os levou a congregarem-se num corpo político civil, o qual, *mantido coeso apenas pela força da mútua promessa* feita na presença de Deus e uns dos outros, se supunha ser suficientemente forte para promulgar, constituir e estruturar todas as leis e instrumentos necessários ao governo (grifos meus).

Usando o universo conceitual arendtiano, também é possível compreender a tensão entre burocracia e participação (Quadro 5). Muitos dos argumentos já foram mencionados ao longo deste e da Introdução e serão apenas brevemente retomados. Se, de um lado, na participação verifica-se a ocorrência da igualdade no sentido de isonomia; na burocracia, existe a hierarquia. Se a participação no âmbito da política permite o exercício da liberdade pública, a relação do indivíduo com a burocracia está vinculada com a sobrevivência e visa a libertação: seja porque a organização burocrática é responsável pela produção dos bens e serviços que suprem as necessidades materiais da vida humana, seja porque a atividade do indivíduo tem nela caráter de labor. Na participação, os cidadãos por meio da ação e do discurso no espaço público se distinguem como agentes políticos; na burocracia os especialistas contribuem anonimamente para o funcionamento da organização como na linha de produção de uma fábrica. A participação representa um fim em si mesmo, deve ser realizada livre de fins e de motivos; já a burocracia representa um meio para o alcance de determinados fins.

A participação pode ser avaliada em função da virtuosidade daquele que realiza a ação e enuncia o discurso; o parâmetro de medida da atuação do burocrata é a eficiência, a melhor relação entre meios e fins. Se a participação se orienta por princípios morais que têm caráter universal, a burocracia se move levando em consideração interesses dos detentores do poder, frente a quem assume a postura de obediência. A participação tem caráter imprevisível e interminável: uma vez realizada, a participação inicia uma cadeia infinita de ações igualmente imprevisíveis. Arendt (2001) sugere a capacidade humana de fazer e cumprir promessas e de perdoar como forma de limitar esse caráter inevitável da participação. Já no comportamento da burocracia o que se procura é a previsibilidade, e por essa razão existe o controle hierárquico, as regras definindo a distribuição das atividades e sua forma de realização e os documentos que registram todas as ocorrências. Tal previsibilidade é a característica que torna tal tipo de organização tão cara para o desenvolvimento do capitalismo.

Quadro 5. Tensão entre burocracia e participação de acordo com os conceitos de igualdade e liberdade em Arendt

Burocracia	Participação
Hierarquia	Isonomia
Libertação (sobrevivência) Liberdade de pensamento	Liberdade pública
Anonimidade do burocrata na técnica	Distinção do cidadão na política
Meio para o alcance de fins	Fim em si mesmo (livre de fins e de motivos)
Eficiência	Virtuosidade
Interesse Obediência	Princípio
Previsibilidade do comportamento	Imprevisibilidade da ação

A noção de liberdade de Arendt se diferencia do conceito filosófico de liberdade que corresponde ao fenômeno do pensamento e se realiza no diálogo interior (Arendt, 1972b, p. 204). No entanto, a autora reconhece que, à medida que a burocracia se estende a todas as esferas de atividade humana, resta residualmente para o homem apenas o pensamento como espaço de liberdade, que é um espaço não político. "As experiências de liberdade interior são derivativas no sentido de que pressupõem sempre uma retirada do mundo onde a liberdade foi negada para uma interioridade na qual ninguém mais tem acesso" (Arendt, 1972b, p. 192). E, na situação de máxima burocracia, um governo totalitário, mesmo essa liberdade de pensamento pode deixar de existir. Essa é, em suma, a explicação de Arendt (1999, p. 310) para a banalidade do mal, a razão para um homem comum como Eichman perpetrar atos terríveis: "ele simplesmente nunca percebeu o que estava fazendo".

Uma vez que o conceito de liberdade de Arendt permite a sua convivência no estado máximo com a igualdade, cabe lembrar os tipos de atividade que são considerados como intervenção em atividades públicas segundo o pensamento da mesma autora. Arendt associa participação a atividades como a livre expressão de opiniões que permite a distinção dos indivíduos como cidadãos, leva ao entendimento mútuo e propicia o controle sobre o exercício do poder. Qualifica como pré-políticas a elaboração de leis e as atividades voltadas para a formação dos cidadãos. Sua noção de participação também é diversa do desempenho pelos cidadãos de funções de governo, significado que tem assumido maior relevância nas propostas apresentadas pelos críticos à democracia contemporânea. Arendt associa tal atividade ao labor, que está vinculada a questões de sobrevivência[80].

Embora afirme que "liberdade política significa participar do governo ou não significa nada" (Arendt, 1988, p. 175), o que a autora descreve como exemplo de participação no governo são os conselhos que surgiram espontaneamente na experiência das revoluções do século XIX. Esses conselhos eram os únicos órgãos políticos acessíveis às pessoas que não pertenciam a qualquer partido e geraram a expectativa de transformação do Estado em uma nova forma de governo que permitisse a cada membro da sociedade igualitária moderna se tornar um participante dos assuntos públicos (Arendt, 1988, p. 210-1).

O fato de o pensamento de Arendt permitir associar participação à liberdade e igualdade na sua condição máxima, mas não permitir compreender a participação como intervenção dos indivíduos em atividades públicas de uma forma ampla tem implicações sobre experiências concretas de participação.

Na implantação de iniciativas de participação no âmbito estatal parece ser necessário o cuidado permanente para enfrentar um duplo desafio. De um lado, garantir a preservação do espaço de participação, razão

---

[80] De acordo com Arendt (1988: 219), as qualidades do político e do administrador são diferentes e muito difíceis de serem encontradas numa mesma pessoa; "um deve saber como lidar com os indivíduos no terreno das relações humanas, cujo princípio é a liberdade, e o outro deve ser capaz de administrar coisas e pessoas numa esfera de vida cujo princípio é a necessidade".

pela qual está sendo aberto o canal de comunicação entre o Estado e a sociedade. De outro, combater a ameaça ao próprio espaço de participação que a própria relação com o âmbito estatal pode representar. É preciso cuidado para que a ação estatal voltada para garantir a liberdade positiva e a capacidade de autodeterminação da população não acabe resultando em domínio e na negação da igualdade de oportunidades. Afinal de contas, a relação com o Estado, mesmo que visando a participação, tem como substrato uma relação de interesses. E irá ocorrer num contexto complexo onde deverão conviver concepções de poder de natureza diversa e noções diversas (e contraditórias) de igualdade e liberdade. Uma explicação para o fato de iniciativas participativas patrocinadas pelo Estado não serem bem-sucedidas na prática, pode estar na dificuldade, ou mesmo, na impossibilidade, de o ambiente do setor público oferecer convivência para os conceitos poder, igualdade e liberdade, associados à participação.

Na experiência do OPPA, Sousa Santos apresenta algumas indicações que dão mostra das dificuldades na coexistência da participação com o governo municipal. Observa que o Executivo desempenha papel decisivo ao longo do processo e que os representantes do governo têm um papel mais ativo na coordenação porque têm acesso privilegiado às informações relevantes (Sousa Santos, 2002, p. 486). O fato de que o exercício de atividades de governo não corresponde à participação no pensamento da autora cujo conceito de liberdade convive no seu estado máximo com a igualdade, pode indicar a necessidade de que o caráter deliberativo do OPPA deva ser ainda melhor investigado e qualificado. O destaque dado ao caráter deliberativo do OPPA por alguns autores pode ter sido prematuro (Avritzer, 2000 e 2002a; Baiocchi, 2003; Fung e Wright, 2003)[81].

---

[81] Adicionalmente, o OPPA envolve a participação de pessoas afetadas debatendo problemas concretos específicos, um dos elementos pelos quais o caráter participativo da experiência é destacado. Nesse contexto, marcado pela busca pelo interesse próprio, não é evidente que a discussão esteja necessariamente associada à racionalidade comunicativa orientada pela busca do melhor argumento. Poderia ser considerada como uma situação mais próxima da racionalidade estratégica. De acordo com Cunill Grau (1998, p. 157), "perseguir o auto interesse é o anátema da racionalidade comunicativa". Ademais, mesmo que ocorra, a interação comunicativa que ocorre no OPPA está circunscrita a um grupo relativamente homogêneo da população, igualado pela experiência comum de exclusão econômica e social. As redes de cooperação horizontal e alianças construídas ao longo do processo de participação se restringem a membros desse mesmo grupo. Como aponta Ottman (2004), a emergência de uma esfera pública relativamente autônoma depende de fatores como expansão da educação e de um nível básico de segurança financeira e legal. Cabe ressaltar também que um ator importante que teria condições institucionais de propiciar um debate mais amplo e de se contrapor ao poder do Executivo – o Legislativo – é sistematicamente excluído da discussão em Porto Alegre, como mostra Ribeiro Dias (2002).

CAPÍTULO 3

HISTÓRICO E RESULTADOS DO ORÇAMENTO PARTICIPATIVO DE PORTO ALEGRE

O Orçamento Participativo de Porto Alegre (OPPA) é um processo pelo qual a população e a equipe do governo municipal definem uma lista de obras e serviços que serão realizados com recursos do orçamento e trabalham em conjunto para que sejam efetivadas. Com o OPPA é realizada em conjunto com a população parte do processo orçamentário que é de responsabilidade do Executivo.

Nesse mecanismo de gestão compartilhada dos recursos orçamentários, a população exerce funções de governo realizando levantamentos das obras e serviços necessários, fornecendo subsídios sob a forma de informações e justificativas para a realização das obras e serviços, acompanhando e controlando a sua execução. Assim, pode-se dizer que no OPPA a população está fortemente associada ao processo de políticas públicas tanto nas fases iniciais de diagnóstico e levantamento de demandas, quanto na fase intermediária de acompanhamento da implementação e na fase final do controle e avaliação da prestação de contas.

3.1. Histórico do OPPA

A compreensão do processo de gestação da forma específica pela qual o OPPA funciona é importante porque em sua evolução podem ser verificadas as principais características que o qualificam como uma iniciativa participativa. Em especial, destaca-se o aprendizado vivenciado pelos atores governamentais e da sociedade sobre a forma como iriam se relacionar e viver em conjunto, que foi obtida a partir da interação e do diálogo.

A criação do OPPA pode ser entendida a partir do contexto específico da primeira gestão da Administração Popular e da história política, social e cultural da cidade de Porto Alegre que precedeu a vitória nas eleições de 1988[82]. Entretanto, a dinâmica da construção desse modelo de democratização de gestão apresentou diversos desafios às formas pré-concebidas de participação popular, por parte seja das organizações populares, seja da coalizão que assumiu o poder a partir de então.

A Administração Popular (AP), que assumiu o governo municipal

---

[82] O histórico da constituição do OPPA apresentado a seguir é baseado em Fedozzi (2000).

em 1989, foi formada durante a gestão da Frente Popular em Porto Alegre, uma coligação entre partidos de orientação socialista e comunista, o Partido dos Trabalhadores (PT) e o ex-Partido Comunista Brasileiro, e representou um fato inédito em 220 anos de história da cidade.

Previamente à criação do OPPA, ocorreram mobilizações de parcela das classes populares em Porto Alegre no sentido de exercer pressão sobre os órgãos governamentais para a solução de problemas específicos e influenciar a opinião pública. No relacionamento com o poder público, a postura tradicionalmente adotada por esses movimentos e seus dirigentes era a de enfrentamento e confronto, em grande parte devido à inexistência ou existência limitada de espaços institucionais para a expressão de suas demandas[83]. Adicionalmente, havia um sentido de urgência na ação do movimento popular pela obtenção de respostas imediatas às reivindicações devido às carências acumuladas na vida material das comunidades mais pobres da cidade.

No entanto, a situação orçamentária em 1989 era desfavorável à realização de novos investimentos na cidade pelo recém-empossado governo municipal: a quase totalidade da receita estava comprometida com o pagamento dos servidores[84].

O montante equivalente a apenas 3,2% da despesa total da administração centralizada poderia ser utilizado para a realização de novas obras, sendo então o déficit orçamentário de 35%. Essa circunstância apresentava o desafio de como encontrar uma solução justa para o equacionamento do dilema entre os recursos escassos e a necessidade de atender as demandas represadas na história da cidade.

Além da ausência de recursos, também não havia no Executivo um método de planejamento participativo capaz de viabilizar a democratização do orçamento. O processo de discussão do orçamento público adotado acabou reproduzindo os padrões anteriormente vigentes[85] devido à ausência de um procedimento que levasse em conta a linguagem, o estágio de organização e as expectativas do movimento popular. Essa situação foi agravada pela carência de formação técnica e de

---

[83] No entanto, Avritzer (2002a, p. 28) identifica documento da União das Associações de Moradores de Porto Alegre UAMPA de 1986 como o primeiro que utiliza o termo orçamento participativo e antecipa elementos de sua prática. Em termos gerais, Franche (2000) observa que sob a forma de planejamento participativo, a participação teve origem na transição democrática e contava com o apoio do Movimento Democrático Brasileiro como um instrumento para concretizar a oposição à ditadura juntamente com pressões em favor da descentralização.

[84] Conforme será abordado adiante, o dilema entre a utilização dos recursos públicos para pagamento de pessoal em detrimento de sua destinação para obras e serviços demandados pela população marcou a história do OPPA e representa um elemento do conflito entre a burocracia e a participação.

[85] A reprodução dessa lógica ficou patente na própria discussão do orçamento com as comunidades em 1989, determinando uma dinâmica setorializada do governo que impediu a articulação global do planejamento com as prioridades definidas regionalmente pelas comunidades (Fedozzi, 2000).

uma cultura de elaboração de políticas públicas alternativas por parte dos integrantes da Frente Popular.

Ainda, foi necessário superar limites político-programáticos à ação governamental de parte da coalizão governista que, sobretudo na fase eleitoral, enfatizava o desenvolvimento dos Conselhos Populares. Implícita na concepção dos Conselhos Populares estava a ideia de monopólio da representação, da constituição de um "governo de e para os trabalhadores" (Fedozzi, 2000). De acordo com Avritzer (2002b), "o PT não tinha originalmente uma proposta de orçamento participativo, mas apenas uma proposta genérica de governo participativo" (Avritzer, 2002b, p. 574).

Após o contato com a realidade complexa do município, que exigiu respostas concretas às demandas políticas, o governo adotou outra estratégia, orientando-se pelo princípio da universalidade das ações e a abertura da administração municipal para participação de todos os indivíduos independentemente de seu nível de organização ou de sua filiação partidária.

Serão apresentados a seguir, os momentos iniciais mais importantes do desenvolvimento da organização do governo municipal para o Orçamento Participativo de Porto Alegre, com vistas a evidenciar as unidades da estrutura da prefeitura, os processos, os documentos e as pessoas necessários para a sua gestão. Essa descrição das fases iniciais do processo se justifica porque, segundo Fedozzi (2000), o modelo de funcionamento do OPPA vigente até 2004 teve como base a experiência do primeiro mandato (1989-1992), ainda que modificações importantes tenham surgido ao longo de sua operação. O Anexo I contém as principais mudanças ocorridas no processo no período analisado, de 1989 a 2004.

A discussão pública do orçamento para 1990 foi iniciada em agosto de 1989 pela Secretaria de Planejamento Municipal (SPM). Entre os dias 14 e 18 do mesmo mês, foram realizadas reuniões com caráter informativo e para a eleição dos representantes comunitários em cinco regiões da cidade. Para ampliar o envolvimento da população dos diversos bairros, o número de microrregiões foi ampliado para 16. E, na fase seguinte, iniciou-se a discussão de propostas dos representantes das comunidades com os técnicos da SPM, debate esse que foi aprofundado numa segunda série de encontros ocorrida entre 11 e 16 de setembro de 1989.

Em decorrência da insatisfação dos representantes comunitários com a forma técnica e generalista com que se havia discutido o orçamento, uma comissão mista com dezesseis representantes da população (um de cada região) foi composta para, juntamente com técnicos da Prefeitura, elaborar um Plano de Obras com os recursos equivalentes a 12,1% dos investimentos previstos no orçamento para 1990.

Durante os meses de outubro e novembro de 1989, a Comissão de Representantes da população definiu em conjunto com os técnicos da SPM as obras prioritárias por Secretaria e por microrregião, além das prioridades gerais da cidade. Este episódio marcou o início do que iria constituir o processo participativo do OPPA. O Plano de Obras que resultou desse trabalho foi discutido com os delegados das comunidades na última plenária municipal realizada em 1989, orientando os investimentos prioritários para os setores do saneamento básico, pavimentação de vias, regularização de terrenos, saúde e educação. O trabalho da Comissão de Representantes provocou a alteração da proposta original do orçamento antes da votação da Lei orçamentária pela Câmara de forma a incluir algumas das decisões tomadas[86].

Paralelamente à discussão do orçamento de 1990, foi identificada uma incompatibilidade entre a estrutura administrativa municipal existente e a diretriz política de se imprimir um caráter popular às ações da Prefeitura. A identificação da necessidade de reorganização dos órgãos do governo municipal para adequar sua estrutura para uma nova relação com a comunidade resultou na criação de uma Comissão de Descentralização Administrativa. Com o Decreto n. 9.583, de 1º de dezembro de 1989, teve início a implantação do plano proposto pela Comissão com a criação do primeiro Centro Administrativo Regional, o CAR-Restinga, vinculado ao Gabinete do Prefeito.

Ainda no que se refere à adequação da estrutura administrativa da Prefeitura a uma interação mais próxima com a população, ocorreram alterações que fortaleceram o comando político do governo, centralizando no Gabinete do Prefeito a coordenação das ações relativas ao orçamento[87], e que tiveram impacto sobre o processo de participação

---

[86] A proposta era de retirar 70% dos recursos destinados à construção do novo Arquivo Municipal e à reforma do Mercado Público, para aplicá-los na construção de 42 km de vias públicas. Também propunha o corte de todos os recursos destinados à conclusão de um ginásio de esportes, obra iniciada na gestão anterior e localizada em bairro próximo à área central da cidade, realocando-os para a construção de duas novas escolas municipais, que possibilitariam a abertura de 500 vagas. Metade dos recursos previstos para a conservação de dois parques tradicionais da cidade, um localizado na região central da cidade e outro em área de alta valorização imobiliária, foram remanejados para a implantação de 32 novas praças esportivas, situadas na área periférica da cidade (Fedozzi, 2000).

[87] A ocorrência de tal centralização de poder chama atenção no contexto de um processo de democratização da gestão como pretendia ser o OPPA. A democratização é geralmente associada à direção oposta, a uma maior descentralização de poder. Pode-se conjecturar que a centralização foi a forma encontrada pelo grupo político mais próximo ao Prefeito de fazer valer sua posição na disputa das diversas facções da coalizão governamental. Além disso, o fortalecimento da estrutura do gabinete é uma típica estratégia historicamente identificada por Weber (1999) para se contrapor ao poder da burocracia, que no caso de Porto Alegre seria representada pela Secretaria Municipal de Planejamento. A centralização política

popular. Foi criado um Gabinete de Planejamento (GAPLAN) ligado à estrutura do Gabinete do Prefeito, composto por duas unidades: a Coordenação do Plano de Ação do Governo (planejamento estratégico) e a Coordenação de Programação e Execução Orçamentária, cujas funções, até então, eram exercidas pela Secretaria de Planejamento Municipal.

O centro político do governo passou a ser diretamente responsável pela condução do processo orçamentário. Todas as reivindicações feitas pela comunidade à nova administração foram centralizadas na Coordenação de Relações com a Comunidade (CRC)[88], ligada ao Gabinete do Prefeito que assim tornou-se central no surgimento do OPPA (Avritzer, 2002b). Constituiu-se no principal canal de comunicação com a população: por intermédio da CRC, as demandas populares passaram a ser ouvidas no interior da administração. À Coordenação do Plano de Governo e à Coordenação de Programação e Execução Orçamentária, ambas do GAPLAN, coube a implantação do OPPA e as funções técnicas de elaboração da proposta de orçamento e demais documentos necessários à sua execução e à realização do acompanhamento.

Em 1991, dando prosseguimento à montagem da estrutura que facilitasse o diálogo da população com a Prefeitura, foi criada a função de Coordenador Regional do Orçamento Participativo (CROP)[89], assessores comunitários que passaram a trabalhar junto a cada uma das microrregiões do OPPA na mobilização e organização do processo participativo. Esses profissionais passaram a integrar a estrutura reformulada da CRC.

Além das modificações na estrutura e na gestão do orçamento, foram criadas instâncias colegiadas de direção política: a Coordenação de Governo e a Junta Financeira que têm impacto no encaminhamento das decisões participativas. A Coordenação de Governo passou a discutir encaminhamentos e decisões políticas sobre temas relevantes do cotidiano da administração, entre os quais, o OPPA. A Junta Financeira, sediada na Secretaria da Fazenda, passou a analisar e a decidir sobre a liberação dos recursos solicitados pelos Órgãos Municipais, baseando-se em primeiro lugar, no critério da inclusão da obra no Plano de Investimentos (PI) do OPPA.

A utilização do critério de inclusão da obra no Plano de Investimen-

---

pode ser considerada uma das principais razões por que o processo de descentralização não avançou, conforme será comentado a seguir.

[88] A CRC já existia anteriormente e era a unidade do governo municipal responsável pela emissão de certificados de utilidade pública (Avritzer, 2002b).

[89] Tendo em vista o fato de que esse foi o cargo especialmente criado pela Prefeitura para promover a implantação do OPPA junto à população, seus integrantes foram analisados para identificação do pessoal do OPPA.

to do OPPA para a priorização da decisão relativa ao desembolso representou um elemento normativo para a solução de disputas intraburocráticas por recursos. Além disso, resolveu o problema decorrente do fato de que as despesas do orçamento não são obrigatórias, mas tem caráter autorizativo: os valores definidos no orçamento constituem apenas um teto em valor que a Prefeitura está autorizada, mas não é obrigada a gastar. Com a utilização do critério e implantação desse sistema de centralização da decisão sobre o uso dos recursos tornou-se possível que os compromissos assumidos com a população fossem efetivados: ficou garantido que os recursos financeiros fossem prioritariamente desembolsados para obras e serviços demandados pela população por meio do OPPA.

A partir de julho de 1990 no início da discussão do orçamento de 1991, foi realizada a primeira ação de prestação de contas pública da Administração Popular, com a apresentação das iniciativas realizadas no ano anterior. Desde então, a prestação de contas tornou-se um item obrigatório na pauta da primeira rodada das Assembleias Regionais, conduzida mediante a distribuição de documentos pelo Executivo que contém informações sobre a situação das obras e projetos previstos no Plano de Investimento executado no ano anterior.

Entre os meses de agosto e setembro de 1990, ocorreram as assembleias populares – consistindo de dois encontros em cada uma das 16 microrregiões da cidade – e uma assembleia geral com os delegados eleitos nessas regiões. Na primeira etapa, realizada entre os dias 6 a 16 de agosto, a pauta das plenárias regionais previa os seguintes temas: informações da Prefeitura sobre as formas de participação popular previstas na nova Lei Orgânica do Município e Lei de Diretrizes Orçamentárias (LDO); Prestação de Contas do andamento das obras previstas no orçamento de 1990, inclusive com a apresentação do Plano de Obras e de Investimentos a ser realizado até 31 de dezembro do mesmo ano; solicitação de indicação de dois representantes por microrregião para o acompanhamento do processo orçamentário junto à Prefeitura. Na segunda etapa, realizada entre 23 de agosto a 28 de setembro, foram organizadas reuniões nas microrregiões para debater o orçamento para 1991 e eleger delegados da comunidade.

Ainda durante o mês de setembro de 1990, a Comissão de Representantes em conjunto com a equipe responsável pela elaboração do Plano do Governo e dos 32 representantes eleitos nas microrregiões do OPPA procederam à distribuição dos recursos de investimentos entre as demandas da população. Com a utilização de critérios objetivos de metodologia proposta pelo GAPLAN e CRC[90] e adotada com o consenso dos representantes comunitários, foram escolhidas entre as 16 microrregiões da cidade, aquelas que deveriam receber a maior fatia dos recursos, conforme grau de carências em saneamento, infraestrutura e serviços.

Após a classificação das microrregiões, inciou-se a fase de montagem do Plano de Investimentos 1991, para compatibilizar a previsão orçamentária com as propostas das Secretarias e as demandas das comunidades[91]. Pela primeira vez, o Plano de Investimentos aprovado pelos representantes comunitários foi impresso e distribuído para a população.

A criação do Conselho Municipal do Plano de Governo e Orçamento, sinteticamente denominado de Conselho do Orçamento Participativo (COP)[92], ocorreu durante o terceiro ano de gestão da Frente Popular (1991), respondendo à necessidade de criação de um espaço institucional de caráter regular, previsível e permanente para os debates com a comunidade. O COP tornou-se a instância por meio da qual a população na figura de seus representantes eleitos participa das decisões relativas ao uso de recursos orçamentários, acompanha e controla a execução do orçamento.

O COP manteve o seu funcionamento normal nos 16 anos de existência do OPPA adotando para orientar suas ações o seu Regimento Interno, revisto anualmente pelos próprios participantes. O Regimento Interno também regulamenta o funcionamento do OPPA. Até o final de 2004, ano em que se encerra esta pesquisa, este não havia sido aprovado por lei. A primeira tentativa de regulamentação legal do OPPA ocorreu em janeiro de 1992. Tal tema persistiu sendo uma polêmica ao longo dos 16 primeiros anos da experiência de Porto Alegre.

A Câmara dos Vereadores é um ator importante cuja ausência é notada ao longo do processo de constituição do OPPA e no seu posterior funcionamento. Essa situação é explicada por Fedozzi (2000) pelo fato de que a decisão específica de aplicação dos recursos públicos é de com-

---

[90] Estabelecer critérios como base do método de planejamento participativo era algo já ensaiado durante o primeiro ano de discussão do orçamento (1989). Na ausência de uma metodologia acordada entre o Executivo e os representantes das regiões, estes tentaram apresentar alguns critérios para a escolha das obras de pavimentação (Fedozzi, 2000). De acordo com Sousa Santos (2002) e Avritzer (2002b), a adoção de tais critérios possibilitou o funcionamento do OPPA como um mecanismo redistributivo introduzindo um elemento de justiça na distribuição dos recursos e limitando a prevalência de particularismos.
[91] O setor saneamento básico foi escolhido como prioritário para os investimentos no Plano de Investimentos de 1991, a despeito de a Administração considerar o transporte coletivo como o ponto principal do seu programa de governo (Fedozzi, 2000).
[92] Esse Conselho teve como embrião a Comissão dos Representantes que participou do debate do orçamento em 1989 e 1990. Além dos representantes das regiões, contava entre seus membros com dois representantes do Executivo (CRC e GAPLAN) e um representante da União das Associações de Moradores de Porto Alegre UAMPA e do sindicato dos servidores municipais (Fedozzi, 2000).

petência da Prefeitura, que a regulamenta por meio de ato de iniciativa própria. Assim, é uma prerrogativa exclusiva do governo municipal a decisão de abrir a discussão com a população.

No entanto, o fato de a aplicação de parte dos recursos públicos ser definida em conjunto com a comunidade acaba por representar um constrangimento para a apresentação de emendas pelos vereadores no processo de exame e aprovação do orçamento que ocorre na Câmara dos Vereadores. De acordo com Ribeiro Dias (2002), caso os vereadores queiram fazer valer suas prerrogativas institucionais e propor emendas ao orçamento[93], têm de se indispor tanto com o Executivo quanto com os participantes do OPPA, pois ambos têm interesse em restringir ao máximo as alterações no processo legislativo e garantir os recursos necessários para a realização das obras e serviços acordados na instância participativa.

Para reduzir a margem de manobra dos vereadores no processo orçamentário, a Prefeitura faz uso dos vereadores da bancada governista e em último caso de seu poder de veto. Já os participantes do OPPA usam de estratégias de pressão popular, estando presentes nas sessões da Câmara dos Vereadores em que o orçamento é votado e acompanhando de perto cada etapa da tramitação.

O impedimento da participação dos vereadores no processo orçamentário – que se verifica inclusive na negativa do Executivo de enviar o Plano de Investimentos e Serviços definido no OPPA para a discussão legislativa – redundou num aumento do conflito entre os dois poderes e numa organização crescente da oposição, o que dificultou sobremaneira a tramitação e debate de documentos de interesse do governo municipal (Ribeiro Dias, 2002)[94]. Em vista disso, parece acertada a avaliação de Jardim Pinto (2004) de que a participação no OPPA não visa ao fortalecimento da representação, mas ocorre, de certa forma, em detrimento a ela.

Em 1994, foram criadas no processo do OPPA as plenárias temáticas com o objetivo de incluir no processo de discussão do orçamento uma

---

[93] De acordo com dispositivo da Lei de Responsabilidade Fiscal para restringir o aumento da dívida pública na elaboração de uma emenda que crie despesa obrigatória de caráter continuado, deve ser demonstrada a origem dos recursos para seu custeio. Na maioria das vezes, isso se refere a apontar a despesa do projeto do Executivo na qual recursos deverão ser liberados já que a outra alternativa de compensação da despesa é o aumento da receita, um processo que é muito mais difícil.

[94] Da parte do Legislativo tal situação também teve como resposta a progressiva renúncia dos vereadores de exercer sua prerrogativa institucional de propor emendas ao orçamento e quando estas foram propostas tiveram como fonte o corte de recursos das despesas de publicidade do Executivo. Além disso, os vereadores adotaram a estratégia de definir a destinação de recursos por meio de emendas na Lei de Diretrizes Orçamentárias, distorcendo de certo modo o propósito original de tal documento que é oferecer a orientação geral para a elaboração do projeto de lei do orçamento.

reflexão sobre a cidade como um todo e considerando a transversalidade de certos temas. Até então o debate era marcado pela segmentação regional.

A partir do histórico de construção do OPPA é possível identificar algumas características marcantes da experiência que influenciaram a sua existência ao longo de dezesseis anos. O OPPA é uma ação de iniciativa da Administração Municipal, o que não poderia ser diferente por referir-se ao orçamento público, uma função típica de governo.

Da parte do governo houve o esforço de construir paulatinamente, ao longo do desenvolvimento do processo, instituições – sob a forma de unidades de governo (estruturas), processos, documentos e quadro de pessoal – para atender o fluxo de informações e decisões necessário para dar andamento às demandas participativas. Apesar disso, no processo de constituição e funcionamento do OPPA não é o governo isoladamente que deu o tom ou definiu o conteúdo e a forma da participação.

De acordo com Abers (2000), embora o OPPA envolva a implantação de uma estratégia de participação "de cima para baixo", não se verifica cooptação da população por parte do governo municipal. Isso é explicado pelo fato de que a legitimidade do governo popular residia em parte na busca de promover a democratização de sua administração.

Para tanto, criou um grupo específico de funcionários, os coordenadores regionais do orçamento participativo CROP, cuja atuação estava exatamente voltada para promover a organização da comunidade em regiões em que a mobilização para o OPPA era incipiente. A partir do momento em que os grupos da população se organizaram, passaram a expressar abertamente tanto suas demandas quanto suas críticas à administração municipal.

O governo, ao iniciar o processo de planejamento e orçamento da Prefeitura, embora movido pela intenção de promover a participação da sociedade, agiu da maneira como normalmente os governos agem: de forma segmentada, preservando a divisão de sua estrutura entre as várias Secretarias e órgãos, e pressupondo o conhecimento técnico do processo por parte de seus interlocutores da população. A população, descontente com essa forma de atuação do governo municipal, reagiu exigindo mudanças para que pudessem atuar e discutir sobre questões concretas do gasto público que os afetasse diretamente, numa linguagem que lhes fosse compreensível.

E foi a partir dessa interação com a sociedade que o OPPA assumiu a forma como foi conduzido ao longo dos diversos anos. Nessa convivência de 16 anos pode-se perceber que o diálogo e o aprendizado a partir da experiência concreta de relacionamento entre os diferentes atores – inerentes a qualquer experiência participativa – estiveram sempre presentes.

Em relação às respectivas concepções iniciais de participação – participação por meio de conselhos por parte da prefeitura e participação reivindicativa por parte da população – o OPPA assumiu uma configuração bastante diversa. Por um lado, forçou a Prefeitura a dar um caráter universal às suas ações e a realizar modificações na sua estrutura. Foram criadas unidades e instâncias colegiadas no Gabinete do Prefeito de forma a centralizar o processo de planejamento e orçamento e dar consequência às decisões tomadas com a participação da população. As unidades da estrutura do Gabinete do Prefeito – o GAPLAN, o CRC – e os profissionais CROP são aqueles que até 2004 permaneceram diretamente responsáveis pela coordenação da elaboração do OPPA.

Por outro lado, a população incorporou na sua postura anteriormente reivindicativa, um elemento de construção de um espaço de participação e discussão do uso dos recursos orçamentários em conjunto com a equipe do governo municipal, no qual suas demandas pudessem ser apresentadas. O fato de o funcionamento do OPPA não ser definido por lei, mas depender de regulamentação interna que é revista anualmente pelos participantes torna necessário que os atores do governo e população cheguem a um entendimento sobre o processo participativo, sua operação e permanência no tempo, que transcende o objetivo imediato que cada um quer alcançar tomando parte no processo.

O Quadro 6, a seguir, sintetiza as posições iniciais adotadas pelos atores do governo e da sociedade e o formato final do OPPA que resultou da negociação. Pode-se perceber que não houve predomínio da proposta original de nenhum dos interessados. Pelo contrário, ocorreu um processo de engenharia institucional que permitiu acomodar nas diferentes etapas do OPPA as diversas visões sobre o que deveria constituir a participação no processo orçamentário.

Quadro 6. Proposta original e formato final do OPPA de acordo com a visão dos principais atores

	Proposta original	Forma de deliberação	Desenho final
Associações de moradores	Assembleias locais e controle pela população das decisões sobre orçamento	Baseada na deliberação direta em nível local	Proposta das associações de moradores prevalece em nível local
Partido dos Trabalhadores	Conselhos de trabalhadores e um mecanismo para a eleição de um conselho municipal	Baseada em delegados elegendo novos delegados	Proposta do Partido dos Trabalhadores prevalece no nível intermediário (Conselho do Orçamento Participativo)
Administração local	- Inversão de prioridades no processo de tomada de decisões - Concentração das reivindicações no nível da CRC	Baseada em uma combinação entre participação e administração	Proposta da administração municipal manteve a conexão entre a participação e a operação das instituições administrativas (GAPLAN, CRC, CROP)

Fonte: Avritzer (2002a, p. 30)

A existência do OPPA está baseada no interesse do governo que aspira a obter legitimidade para as suas ações como um governo popular e da população que espera obter a melhoria das condições de vida (Abers, 2003). A partir dessa base de interesses próprios, foi possível construir um consenso de opiniões sobre a forma de relacionamento entre governo e sociedade que garantiu a existência do espaço de participação.

Embora o OPPA envolva um processo de disputa de interesses em torno da alocação dos recursos públicos escassos em obras e serviços, foi possível mediante o diálogo voltado para o entendimento entre população e governo, a definição de um conjunto de regras que orienta a realização da disputa e determina como os diversos interesses são apresentados.

> Desta forma, pode-se dizer que o OP-PoA é resultante basicamente de dois movimentos dialeticamente relacionados na práxis de sua construção: o movimento de dentro para fora do Estado, representado pelo conjunto de ações e de políticas da AP para reformar essa fração do Estado, a fim de tornar a administração municipal apta a receber os inputs da cidadania, suas demandas e propostas; e o movimento cuja força foi de sentido inverso, ou seja, de fora para dentro do Estado, representado por uma cidadania exigente e indignada, em suas múltiplas formas associativas e movimentos, individual ou coletivamente, que em vários momentos demonstrou a importância da pressão política e do controle social sobre o Estado como fator decisivo para quebrar as barreiras burocráticas que o separam da sociedade, obrigando-o a fazer as coisas acontecerem. (Fedozzi, 2000, p. 172)

3.2. Resultados do OPPA

Nos dezesseis anos de existência do OPPA que são objeto desta pesquisa, verificam-se melhorias na vida da população em decorrência de sua participação no processo orçamentário. São esses resultados concretos no que se refere às condições de vida da população, aliados a uma participação abrangente da população e ao tempo de duração da experiência, que permitem considerar o OPPA como uma experiência relativamente consolidada de participação.

O OPPA mobilizou ao longo do tempo participação crescente da população. O número agregado de participantes em Porto Alegre cresceu ano a ano, passando de aproximadamente mil em 1990, para cerca de 15 mil, em 2004[95]. Esse maior volume de pessoas representa também maior oportunidade de integração ao processo de grupos tradicionalmente marginalizados da população.

De acordo com dados de 2002, verifica-se predomínio das mulheres inclusive entre os dirigentes de Associações de Moradores, Delegados e Conselheiros (Tabela 1). A maioria dos participantes do OPPA encontra-se nas faixas de renda familiar de até 4 salários mínimos (Tabela 2) e a etnia negra tem participação maior, inclusive nas instâncias decisórias, que a proporção de negros entre a população da cidade na mesma faixa etária (Tabela 3). Os trabalhadores manuais sem qualificação e o seg-

---

[95] De acordo com Avritzer (2002b), dois fatores explicam a mobilização da população no OPPA: a tradição associativa prévia e a percepção pela população da eficácia do processo.

mento "do lar" são os grupos de participação mais expressiva de acordo com a profissão ou ocupação (Tabela 4) (Cidade, 2003)[96]. Os dados refletem o esforço de priorizar o atendimento da população carente e/ou excluída da cidade no relacionamento com a população no OPPA. Tal esforço de focalização é, aliás, responsável pelo sucesso da experiência em termos redistributivos e participativos.

Tabela 1. Participantes do OPPA em 2002. Distribuição de frequências relativas, segundo gênero

Gênero	Total	Dirigentes A.M.*	Delegados	Conselheiros
Feminino	56,4	55,7	60,6	52,5
Masculino	43,3	44,3	39,4	47,5
Não respondeu	0,4	–	–	–
Total	100,0	100,0	100,0	100,0

* Associação de moradores. Fonte: Cidade (2003)

Tabela 2. Participantes do OPPA em 2002. Distribuição de frequências relativas, segundo renda familiar em número de salários mínimos

Renda familiar	Total	Dirigentes A.M.*	Delegados	Conselheiros
Menos 2 sm**	39,4	25,9	23,7	21,7
De 2 a 4 sm	29,9	37,4	31,8	28,3
De 4 a 8 sm	18,4	19,1	25,3	21,7
De 8 a 12 sm	5,1	8,4	9,0	13,3
Mais de 12 sm	6,8	8,4	10,2	15,0
Não sabe	0,4	0,8	–	–
Total	100,0	100,0	100,0	100,0

* Associação de moradores. ** Salário mínimo. Fonte: Cidade (2003).

---

[96] Centro de Assessoria e Estudos Urbanos, instituto de pesquisas de Porto Alegre.

Tabela 3. Participantes do OPPA em 2002. Distribuição de frequências relativas, segundo etnia

Etnia	Total	Dirigentes A.M.*	Delegados	Conselheiros
Branco	60,4	62,6	61,4	55,7
Negro	28,1	26,0	24,0	23,0
Oriental	0,6	0,8	0,4	-
Índio	3,6	3,1	4,1	6,6
Outro	7,3	7,6	10,2	14,8
Não respondeu	0,1	–	–	–
Total	100,0	100,0	100,0	100,0

* Associação de moradores. Fonte: Cidade (2003).

Tabela 4. Participantes do OPPA em 2002. Distribuição de frequências relativas, segundo profissão ou ocupação

Profissão ou ocupação	Total	Dirigentes A.M.*	Delegados	Conselheiros
Serviço manual sem qualificação	24,0	27,2	24,2	17,9
Do lar	12,8	6,1	7,1	1,8
Serviço não manual c/qual. secundária	8,5	14,0	17,1	14,3
Trabalhadores domésticos	8,0	2,6	4,7	8,9
Serviço não manual sem qualificação	7,4	9,6	6,2	3,6
Mercado informal	6,9	2,6	5,2	5,4
Trabalhadores da construção civil	5,3	5,3	3,3	1,8
Professores	4,6	2,6	6,6	7,1
Estudantes	4,4	0,9	1,9	3,6

Serviço não manual c/qual. universitária	4,0	4,4	5,7	10,7
Funcionários públicos	4,0	8,8	8,1	12,5
Trabalhadores do comércio	2,4	–	0,9	1,8
Trabalhadores da indústria	1,7	1,8	1,4	–
Serviço manual com qualificação	1,1	–	0,5	1,8
Microempresários	0,9	1,8	0,9	1,8
Comerciantes autônomos	0,9	7,0	1,4	1,8
Agricultura ou pecuária	0,5	1,8	0,9	–
Cooperativados	0,3	0,9	0,5	–
Religiosos	0,2	–	–	–
Outros	1,6	2,6	2,8	5,4
Não respondeu	0,6	–	0,5	–
Total	100,0	100,0	100,0	100,0

* Associação de moradores. Fonte: Cidade (2003)

De acordo com Abers (2000), que analisa o perfil dos participantes do OPPA, segundo renda, gênero e histórico organizacional, contrariando as expectativas da literatura especializada sobre participação, o processo não propiciou o surgimento de uma elite participativa não havendo domínio dos debates por pessoas com maior nível educacional ou renda. *"Ao contrário, estimulou concretamente a emergência uma participação de cidadãos de grande amplitude que era mais igualitária e abrangente que muitas experiências de participação no governo"*[97] (Abers, 2000: 132).

Verifica-se também que ao longo do tempo aumentou a qualidade da participação da população nos diversos encontros em termos de sua disposição efetiva para tomar parte das discussões. As reuniões do OPPA são organizadas de modo a incentivar os participantes a manifestarem suas opiniões com liberdade.

---

[97] Tradução livre.

De acordo com a Tabela 5, com relação à frequência com que costumam falar nas reuniões, embora a opção "nunca falar" seja ainda a alternativa que agrega maior número de respostas, o percentual dos que informam falar na maioria das reuniões aumentou paulatinamente e, ao se comparar com os resultados da pesquisa de 1998, em 2002 houve uma diminuição nos percentuais de participantes que nunca falam (Cidade, 2003).

Tabela 5. Participantes do OPPA. Frequência relativa com que costuma falar nas reuniões – 1998, 2000 e 2002

Costuma falar nas reuniões do OP	1998 %	2000 %	2002 %
Na maioria	5,9	10,0	12,2
Em algumas	6,8	18,3	14,2
Em poucas	18,7	15,8	21,8
Nunca	62,8	49,8	51,8
Não respondeu	5,8	6,1	–
Total	100,0	100,0	100,0

Fonte: Cidade, 2003

Também existem indícios de que o OPPA promoveu aperfeiçoamentos no movimento popular que dele toma parte. Segundo Kunrath Silva (2002), o processo do OPPA propiciou desenvolvimentos que contribuíram tanto para a organização quanto para a democratização do movimento popular (da Vila Jardim) que analisa.

> Em primeiro lugar, criou um canal publicamente reconhecido para o encaminhamento e processamento das demandas da região no que se refere a investimentos públicos. Nesse sentido, organizou a ação reivindicatória, agora submetida a um processo com regras e dinâmica de domínio público. (...) Outra decorrência importante do OP, em relação ao movimento de Vila Jardim, foi a consolidação de uma organização flexível, ancorada num grande número de lideranças localizadas e articuladas por um conjunto de lideranças reconhecidas pelos moradores como sendo do movimento, independentemente da ocupação ou não de cargo de direção em alguma entidade formal. (Kunrath Silva, 2002, p. 95-6)

Abers (2000) e Baiocchi (2003) fornecem exemplos de como ao longo do processo de participação foram formadas redes horizontais de cooperação entre a população de diferentes comunidades. Em alguns casos, foram estabelecidas alianças entre os grupos de diversas regiões de forma a garantir vitória de suas propostas nas votações; em outros casos, segmentos de participantes abdicaram de incluir sua demanda na lista de prioridades em reconhecimento das necessidades mais prementes de outros grupos.

Segundo Abers, muitos participantes consideravam que a mobilização em torno do OPPA proporcionou o desenvolvimento de laços sociais de solidariedade e reciprocidade, além de amizade e status. "Eles perceberam a participação num processo de tomada de decisão generoso como parte do que fazia a experiência valer a pena"[98] (Abers, 2000, p. 193).

O caráter relativamente bem sucedido do OPPA também se revela no fato de que produziu resultados efetivos em termos de atendimento das necessidades da população. Ou seja, pode-se identificar uma melhoria dos serviços prestados pela Prefeitura durante o período de operação do OPPA tratado nesta pesquisa.

A partir de dados disponibilizados na Prestação de Contas do Orçamento Participativo da Prefeitura de Porto Alegre, verifica-se que entre 1994 e 2004 foram realizados 167 km de pavimentação de vias urbanas[99], 159 km de rede de esgoto e 649 km de rede de água.

De acordo com dados de Marquetti citados por Santos (2003), o OPPA propiciou aumento na prestação dos serviços públicos. Em 1999, o volume de lixo coletado e o número de lâmpadas adicionais instaladas praticamente dobraram em relação à média anual do período 1985-88, anterior à existência do OPPA (Tabela 6).

Tabela 6. Evolução da prestação de serviços públicos selecionados – 1985 a 1999

Ano	Coleta de lixo (tonelada)	Iluminação pública (lâmpadas adicionais instaladas)
1985	145.094	714
1986	126.188	925
1987	151.062	852
1988	147.258	736

---

[98] Tradução livre.
[99] Mais do que a colocação de pavimento, as obras do programa incluem toda a infraestrutura básica (asfaltamento, macrodrenagem e iluminação) (Prefeitura de Porto Alegre, Prestação de Contas 1995).

1989	179.448	435
1990	186.118	1.371
1991	224.066	2.537
1992	184.005	5.843
1993	203.793	2.278
1994	204.928	2.848
1995	232.749	2.247
1996	261.087	2.130
1997	284.080	1.725
1998	296.970	2.758
1999	273.201	1.574

Fonte: Marquetti, 2001 citado por Santos (2003, p. 18)

Santos (2003) também afirma que o OPPA promoveu melhorias na eficiência burocrática ao aumentar a alocação de recursos financeiros e de pessoal na prestação de serviços em benefício da população. Verifica-se em Porto Alegre um aumento na concentração de servidores e recursos financeiros destinados às atividades-fim (prestação de serviços) da Prefeitura em 1999 em relação a 1989.

A proporção entre o número de servidores públicos atuando em atividades-fim e o número de servidores públicos atuando em atividades-meio aumentou de 3,7 em 1989 para 5,5 em 1999. Da mesma forma, a relação entre as despesas com atividade fim e as despesas com atividades-meio aumentou de 2,1 para 7,2 no mesmo período (Tabela 7).

De acordo com Santos (2003), esses dados mostram que em Porto Alegre a burocracia do governo municipal não fez uso de seu poder para ampliar o orçamento que controla ou ampliar o seu quadro de pessoal de forma autônoma. Os aumentos verificados ocorreram nas atividades-fim, voltadas para a população e não nas atividades-meio, que são geralmente as necessárias à manutenção da própria burocracia.

Tabela 7. Relação do número de servidores e despesas entre atividades fim e atividades meio – 1989 a 1999

Ano	1989	1990	1991	1992	1993	1994	1995	1996	1997	1998	1999
Número de servidores atividade fim/meio	3,7	4,1	4,3	4,6	4,7	4,7	5,0	5,1	5,2	5,3	5,5
Despesas atividade fim/meio	2,1	3,0	4,1	4,0	3,4	4,2	3,9	5,0	6,6	7,2	7,2

Fonte: Marquetti, 2001 citado por Santos (2003, p. 21)

Em decorrência da participação popular que vem sendo mobilizada na sua operação, sobretudo de segmentos excluídos da população e de seus resultados concretos em termos de realização de obras e serviços para as comunidades carentes, a experiência do OPPA, além de participativa, tem sido destacada pelo seu caráter redistributivo (Utzig, s/d; Abers, 2000; Sousa Santos, 2002 e Vitale 2004).

Em vista da ampla participação que mobiliza, seu caráter redistributivo, permanência no tempo e os resultados obtidos em termos de obras e serviços para a população, o OPPA obteve reconhecimento internacional. Foi selecionada pelas Nações Unidas como uma das quarenta melhores intervenções urbanas merecedoras de apresentação, em 1995, na Segunda Conferência Mundial sobre Habitação Humana (Habitat II), realizada em Istambul (Fedozzi, 2000, p. 13).

O OPPA foi também citado no relatório do Banco Mundial como um exemplo de atividade pública que tem alcançado resultados expressivos em termos de realizações concretas.

> Ao propiciar uma melhor identificação de prioridades e investimentos mais efetivos, o processo participativo promove o uso mais adequado dos recursos. Os resultados foram surpreendentes. Em 1996, os serviços de esgoto foram expandidos para cobrir 98% dos domicílios (saindo de uma situação de cobertura de cerca de 50% em 1989). Metade das ruas da cidade foram asfaltadas e dobrou o número de estudantes inscritos nas escolas de primeiro e segundo grau[100] (World Bank, 1999, p. 14).

---
[100] Tradução livre.

A União Europeia destinou ao município, em 2003, recursos para constituir uma rede de intercâmbio entre cidades para a difusão e implantação de experiências de orçamento participativo. Em 2004, a rede contava com 125 cidades latino-americanas e 55 europeias associadas, entre elas, São Paulo, Buenos Aires, Montevidéu, Barcelona e Madri. (Texto de apresentação do PI 2004).

Uma questão que surge após a apresentação desses dados diz respeito à sua representatividade em termos de cumprimento dos compromissos com a população. Afinal, dizer que houve melhoria ou aumento na prestação de serviços públicos não necessariamente associa o resultado com a participação da população. As benfeitorias podem ter se originado da ação de um governante bem intencionado ou bem preparado.

Para uma melhor qualificação dos resultados alcançados e identificação dos limites da experiência foram colhidos alguns dados adicionais. O primeiro e principal deles refere-se ao grau de efetivação daquilo que é decidido no OPPA, medido por meio da participação das obras e serviços concluídos e não concluídos em relação ao valor total dos recursos orçamentários distribuídos de forma participativa. Esta representa uma variável chave para avaliar em que medida as demandas da população expressas no OPPA estão sendo atendidas.

Na prestação de contas divulgada no final de 2004 verifica-se que 83,3% do total de recursos orçamentários alocados pelo OPPA ao longo do período entre 1993 a 2003 resultaram em obras e serviços concluídos[101]. Se forem considerados valores anuais, ao final de 2004, as obras e serviços constantes nos PIs de 1993 a 1998 haviam alcançado taxa de conclusão igual ou próxima a 100% (Tabela 8). E, de acordo com informações da Prefeitura na prestação de contas do *site* do OPPA (http://www.portoalegre.rs.gov.br/op_prestacao), o tempo médio de conclusão do atendimento de uma obra é estimado em 26 meses.

---

[101] Os itens dos diversos Planos de Investimento que no Acompanhamento de Obras e Serviços do site da Prefeitura de Porto Alegre em 5/1/2005 constam como em andamento ou outros foram classificados como não concluídos.

Tabela 8. OPPA obras e serviços concluídos: participação % por ano

	1993	1994	1995	1996	1997	1998	1999	2000	2001	2002	2003
não concluído	0,00	0,14	0,00	2,49	3,05	2,64	22,55	27,39	42,56	73,71	87,78
concluído	100,00	99,86	100,00	97,51	96,95	97,36	77,45	72,61	57,44	26,29	12,22
total	100,00	100,00	100,00	100,00	100,00	100,00	100,00	100,00	100,00	100,00	100,00

Fonte: PI, diversos anos e Acompanhamento de Obras e Serviços em 05/01/2005, Prefeitura de Porto Alegre. Elaboração própria.

A relação entre o valor das obras e serviços concluídos e o valor total demandado pela população piora sensivelmente a partir de 2002 quando se verificam taxas de efetivação inferior a 30%, o que é coerente com a taxa média de 26 meses para o término de uma obra. Mesmo assim, as obras realizadas em 2002 mostram um conjunto de ações qualitativamente importantes para a melhoria da qualidade de vida da cidade: construção de duas creches, construção de 6 unidades habitacionais, diversas ações de iluminação pública, implantação mediante convênio de sete unidades de assistência social e manutenção e reforma de duas escolas.

Os dados apresentados sobre o OPPA permitem fazer algumas qualificações sobre o verdadeiro resultado alcançado com a sua operação sem, no entanto, desqualificar a melhoria nas condições de vida da população por ele produzida. Os resultados são decorrência menos da realização de obras e serviços medida pela taxa de execução orçamentária anual (% dos recursos previstos para o ano que são nele executados), mas, sobretudo, do fato de recursos orçamentários para a execução das obras e serviços iniciados serem garantidos nos anos seguintes até a sua conclusão, disciplinando a Prefeitura na utilização do dinheiro público.

Essa disciplina produzida nas finanças municipais ressalta a importância da permanência do OPPA no tempo, tendo em vista que uma das razões para que ela ocorra decorre do acompanhamento da população até a conclusão das obras, que só é possível se os recursos necessários são alocados no orçamento, em média, por três anos consecutivos. O que se destaca é o alcance do percentual de execução de 83,3% do total de recursos orçamentários alocados pelo OPPA ao longo do período entre 1993 a 2003 que resultou em obras e serviços concluídos, e não a taxa de execução do orçamento anual. Essa taxa apresenta nos últimos cinco anos do período analisado um comportamento de queda progressiva.

Em relação ao prazo médio para a conclusão de uma obra de 26 meses, este chama a atenção não porque é especialmente rápido; mas, porque a permanência no tempo da experiência do OPPA o torna viável. Iniciar uma obra cuja conclusão irá ocorrer apenas em 26 meses significa comprometer o orçamento municipal de três anos consecutivos para aporte dos recursos necessários para a sua realização.

Tal disciplina no uso do recurso público tem por base o compromisso de realização das obras estabelecido com a população e é apoiada pela estrutura centralizada no Gabinete do Prefeito criada para elaborar o OPPA e dar consequência às decisões da população[102].

Foi analisado, ainda, o quadro maior da disputa por recursos públicos escassos que ocorreu durante a vigência do OPPA. Em primeiro lugar, analisou-se o comportamento da despesa. Percebe-se que o valor das despesas discutidas no OPPA e inscritas no orçamento alcançou ordem de grandeza equivalente a 2,42% e 2,24% ao total das despesas executadas em 2002 e 2003, respectivamente (Tabela 9). Já o item despesas com pessoal apresentou um crescimento paulatino de 1998 a 2003, tendo atingido neste último ano pouco mais da metade das despesas orçamentárias realizadas (53,86%).

---

[102] Além de regra incluída na Lei de Diretrizes Orçamentárias que garante recursos para a conclusão dos investimentos, uma vez iniciados. Ver, a respeito, o Capítulo 4.

Tabela 9. Despesas orçamentárias: participação % no total
Período: 1993 a 2003

part. % no total despesas	1993	1994	1995	1996	1998	1999	2000	2001	2002	2003
3. Despesas Correntes	94,03	71,39	82,10	89,14	87,56	89,28	90,11	90,87	89,46	91,64
3.1 Despesas com Pessoal	nd	nd	nd	nd	37,52	41,00	42,81	45,34	47,50	53,86
Pessoal Ativo	nd	nd	nd	nd	26,24	28,30	30,09	31,05	28,02	34,89
Inativos e Pensionistas	nd	nd	nd	nd	9,30	10,27	10,32	11,75	13,57	15,62
Outras Despesas com pessoal	nd	nd	nd	nd	1,98	2,44	2,39	2,54	5,91	3,35
3.2 Outras Despesas Correntes	nd	nd	nd	nd	50,05	48,28	47,30	45,53	41,96	37,78
Juros Pagos	nd	nd	nd	nd	0,93	1,08	1,36	1,50	1,42	2,18
Demais Despesas Correntes	nd	nd	nd	nd	49,12	47,20	45,94	44,03	40,53	35,60
4. Despesas de Capital	5,97	28,61	17,90	10,86	12,44	10,72	9,89	9,13	10,54	8,36
Investimentos	4,22	25,65	12,23	6,94	11,23	9,67	9,00	8,09	7,71	6,30
Amortizações Pagas	nd	2,87	4,46	3,86	1,11	0,81	0,72	0,89	2,77	2,04
Outras Despesas de Capital	nd	0,09	1,21	0,06	0,10	0,23	0,17	0,16	0,07	0,03
Total PI OPPA**	nd	0,61	1,82	10,92	2,70	4,14	4,33	4,48	2,42	2,24
Total das Despesas	100,00	100,00	100,00	100,00	100,00	100,00	100,00	100,00	100,00	100,00

* Valores deflacionados para reais de 2000. ** Corresponde à ordem de grandeza e não à participação % no total. Fonte: Finbra, Prefeitura de Porto Alegre, elaborado pela autora.

Em segundo lugar, foi calculada a taxa acumulada de variação anual dos itens componentes da despesa e receita no período 1994 a 2003, dividido em duas fases de 1994 a 1998 e de 1999 a 2003.

Tabela 10. Despesas orçamentárias: variação % em relação ao ano anterior acumulada. Período: 1994 a 2003

Item	1994-1996 e 1998*	1999-2003
3. Despesas Correntes	344%	-7%
3.1 Despesas com Pessoal	Nd	27%
Pessoal Ativo	Nd	18%
Inativos e Pensionistas	Nd	49%
Outras Despesas com pessoal	Nd	51%
3.2 Outras Despesas Correntes	Nd	-33%
Juros Pagos	Nd	108%
Demais Despesas Correntes	Nd	-36%
4. Despesas de Capital	820%	-40%
Investimentos	888%	-50%
Amortizações Pagas	Nd	63%
Outras Despesas de Capital	Nd	-74%
Total Plano Investimentos OPPA	1.753%	-26%
Total das Despesas	373%	-11%

* dados de 1997 não disponíveis, valores deflacionados em reais de 2000. Fonte: Finbra, Prefeitura de Porto Alegre, elaborado pela autora.

Tabela 11. Receitas orçamentárias variação % em relação ao ano anterior acumulada – Período: 1994 a 2003

Item	1994-1998	1999-2003
1. Receitas Correntes	618%	-15%
1.1 Receitas Próprias	452%	9%
IPTU	722%	26%

ISS	528%	-18%
Outras Receitas Próprias	2.672%	17%
1.2 Transferências	876%	-35%
FPM	268%	-18%
Outras Transferências	970%	-36%
2. Receitas de Capital	1.720%	-21%
Operações de Crédito	3.256%	-24%
Alienação de Bens	849%	-25%
Outras Receitas de Capital	-38%	232%
Total das Receitas (1+2)	632%	-15%

Fonte: Finbra, Prefeitura de Porto Alegre, elaborado pela autora.

Os dados disponíveis para o período de 1994 a 1998 mostram uma diferença marcante em relação aos do período entre 1999 a 2003 no que se refere à evolução da despesa e da receita medida pela taxa acumulada de variação anual. Enquanto na primeira fase todos os itens da despesa para os quais existem informações e todos os itens da receita, com exceção de "outras receitas de capital", apresentaram crescimento, na segunda fase, a maioria dos itens apresentou comportamento de queda.

Considerando apenas as taxas de variação anual acumuladas do período 1999 a 2003, verifica-se o crescimento das seguintes despesas: despesas com pessoal, incluindo ativos, inativos e pensionistas e outras despesas com pessoal; juros pagos e amortizações pagas, enquanto os demais itens, incluindo os recursos do Plano de Investimento do OPPA, reduziram (Tabela 10). Entre as receitas, apenas IPTU e outras receitas próprias mantêm o crescimento verificado no período 1994-1998. Outras receitas de capital também apresentam variação positiva. Os demais itens de receita reduziram (Tabela 11).

No período analisado, juros e amortizações e outras receitas de capital são itens que têm participação pequena no total das despesas (inferior a 2%) e das receitas (próximo a zero), respectivamente. Sendo assim, quando se considera o quadro geral do orçamento, obtêm-se indicações de que o aumento da receita relativa à taxação sobre a propriedade predial e territorial urbana foi utilizado prioritariamente no pagamento de pessoal do setor público.

Evidentemente, o pagamento dos servidores públicos resulta também em benefícios para a população da cidade sob a forma de diversos atendimentos que são geralmente intensivos em trabalho. Adicionalmente, grande parte das obras e serviços do OPPA têm características de bens públicos[103], ou seja, seu consumo não é excludente e, em tese, toda a população se beneficia com a sua realização.

No entanto, embora a melhoria do serviço prestado à população possa implicar aumento do gasto com pessoal, se o crescimento desta despesa não for contido, isto é, se não forem obtidos ganhos de eficiência na gestão do setor público, pode-se chegar a uma situação em que o aumento da pressão exercida pela população sobre o governo não encontre resposta em termos de bens e serviços e constitua, ela mesma, em um desincentivo à participação organizada. A expansão dos gastos com pessoal pode representar um fator limitador para a ocorrência da participação no orçamento, pois reduz o montante de recursos disponíveis a serem alocados pela população.

Com a ênfase que está sendo dada à questão do crescimento das despesas de pessoal em Porto Alegre não se pretende caracterizar a situação do município como um caso excepcional. No momento atual, o tema despesas de pessoal, em especial com inativos e pensionistas, representa um dos principais problemas das finanças públicas em todos os níveis de governo[104]. A intenção é mostrar que nas despesas com pessoal transparece um aspecto da tensão entre burocracia e participação[105].

A redução da parcela de recursos disponíveis para o atendimento das demandas formuladas de forma participativa pode ter impacto sobre a mobilização das pessoas, uma vez que a realização concreta das obras e serviços tem sido importante para tanto. "Conseguir obras ou serviços" (65,1%) e "ajudar a comunidade ou a cidade" (59,1%) foram as principais razões apontadas pela população para a participação no OPPA (Cidade, 2003).

Havia consciência por parte da equipe da Prefeitura em relação ao problema, conforme consta em material distribuído na 2ª Rodada de Assembleias do OPPA para 2002.

---

[103] Saneamento básico, pavimentação e regularização fundiária são as áreas nas quais os recursos do OPPA foram mais aplicados. Somadas, representam 82% do total.

[104] Tanto assim que para equacionar o problema, o art. 169 da Constituição de 1988 impõe limites à despesa com pessoal ativo e inativo que, de acordo com o art. 19 da Lei de Responsabilidade Fiscal, no caso dos municípios corresponde a 60% da receita corrente líquida em cada período de apuração.

[105] As despesas associadas a uma carreira burocrática típica estão associadas a uma carreira que prevê um vínculo permanente com a instituição, com aumentos de remuneração contínuos decorrentes de progressão e promoção e direito a aposentadoria no período de inatividade.

Outro aspecto relevante a ser salientado diz respeito ao crescimento das despesas de custeio do Município de Porto Alegre, sobretudo nas categorias de pessoal[106] e serviços. (...) Os gastos de manutenção e operação dos equipamentos públicos vêm sofrendo elevação constante nos últimos anos, na medida em que a cidade ganha melhorias no atendimento dos serviços prestados à população[107], a partir das definições de investimentos elencados pelo Orçamento Participativo e executados pela Administração Popular. (...) Nesse sentido, o momento atual exige uma desaceleração no ritmo dos investimentos do governo, a fim de possibilitar a manutenção e a operação dos investimentos já executados em níveis satisfatórios para a comunidade, bem como no intuito de evitar a desestabilização das finanças municipais, o que poderia no médio prazo configurar uma situação deficitária, em prejuízo tanto dos serviços quanto dos próprios investimentos futuros para a cidade. (OPPA 2002. "Eu também faço Porto Alegre", 2001)

A tendência de desaceleração dos investimentos em decorrência do crescimento das despesas de custeio pode indicar a necessidade de uma possível mudança de rumo no OPPA, para além do período analisado nesta tese, para que a participação da população possa ter continuidade.

Essa situação é agravada pelo fato de que no período entre 1999 e 2003 a despesa de pessoal que mais cresceu foi a relativa ao pagamento de inativos e pensionistas (49%)[108]. Isso significa que a redução dos recursos orçamentários disponíveis para serem alocados pela população não está sendo totalmente empregada no aumento ou melhoria da prestação de serviços públicos, mas para o pagamento de indivíduos que não estão trabalhando.

Esses dados relativizam as análises de Santos (2003) de que os recursos orçamentários estão sendo concentrados nas atividades-fim da Prefeitura e de Utzig (s/d) sobre a maior eficiência do uso dos recursos públicos propiciada pelo OPPA. O acelerado aumento das despesas com inativos e pensionistas mostra que parte dos recursos orçamentários está sendo direcionada para fins não relacionados com a produção

---

[106] O número de servidores públicos aumentou de 9.293 para 12.876 entre 1989 e 1999. Os setores educação e saúde foram os principais responsáveis pelo aumento. De acordo com Santos (2003) a partir de dados do GAPLAN, em 1999 7.822 servidores estavam alocados nesses setores.
[107] A afirmação de que a melhoria no atendimento prestado à população é responsável pelo crescimento das despesas de custeio do município é, no entanto, uma meia verdade, devido ao crescimento mais acentuado das despesas com inativos e pensionistas, conforme analisado a seguir.
[108] Embora o item – outras despesas com pessoal – tenha apresentado no período uma taxa de crescimento acumulada maior, a participação deste item no total das despesas orçamentárias é relativamente reduzida e, portanto, o impacto do seu aumento é menor.

de bens e serviços à população, mas para atender interesses da própria burocracia.

Os dados apresentados mostram que o fator mais importante para o OPPA ter promovido a realização de obras e serviços para a comunidade das diversas regiões da cidade é a sua permanência no tempo, embora sua perspectiva futura seja incerta pela tendência declinante dos recursos disponíveis.

Ao conseguir incluir determinada obra ou serviço na lista de demandas, a comunidade tem que esperar em média dois anos e meio para que seja executada. Tal situação a torna diretamente interessada na continuidade do processo. Isso faz com que durante esses dois anos e meio sua atuação para manter o espaço de participação representado pelo OPPA significa também lutar em prol de seu próprio interesse. Esse é outro tipo de motivo que pode explicar a postura da população em relação à manutenção do OPPA no tempo.

Assim, o resultado que se destaca da experiência do OPPA é a sua capacidade de por dezesseis anos mobilizar e possibilitar a interlocução entre a população e a equipe da Prefeitura[109], sobre a utilização dos recursos, mesmo que tais recursos tenham uma participação limitada no conjunto do orçamento.

O OPPA além de representar um meio para o alcance de determinados fins – a obtenção de obras e serviços para melhorar a qualidade de vida nas diversas regiões – envolveu um esforço conjunto entre governo e população de constituição e manutenção do próprio espaço para a ocorrência da participação, até mesmo porque a sua permanência no tempo é uma forma de garantir a realização de obras e serviços demandados. O esforço mútuo ao garantir a continuidade do OPPA possibilita um permanente aperfeiçoamento ao longo do tempo, proporciona a crescente mobilização quantitativa e qualitativa da população e assegura a conclusão das obras e serviços.

---

[109] Nylen (2003) também ressalta a importância da existência do orçamento participativo no tempo no sentido de que representa um importante espaço para ação política e permite a formação de redes de solidariedade horizontal, contribuindo para a manutenção do capital social existente. Segundo o autor, esse aspecto relativiza o impacto do fato de que o processo não tem papel decisivo na formação de novos cidadãos, mobilizando basicamente indivíduos já engajados para a ação política.

CAPÍTULO 4

A GESTÃO NO ORÇAMENTO PARTICIPATIVO DE PORTO ALEGRE: ESTRUTURA, PROCEDIMENTOS, DOCUMENTOS E PESSOAL

Este capítulo trata de como a população se insere no processo orçamentário do governo municipal em Porto Alegre. O objetivo é identificar os elementos formais, os instrumentos pelos quais a Administração Pública atua, que adequaram a organização do setor público para a participação da população no OPPA, e compará-los com as características da burocracia tipo ideal conforme categorizadas no Capítulo 1.

Conforme mencionado na Introdução, embora o processo orçamentário também envolva uma sequência de fases que se desenvolve na esfera legislativa, neste trabalho está sendo considerada a organização para participação apenas no âmbito da Prefeitura de Porto Alegre, ou seja, do Poder Executivo Municipal.

A gestão pública para a participação que constitui objeto específico de estudo desta tese refere-se ao conjunto de estrutura, processos de trabalho, documentos e quadro de pessoal do Poder Executivo Municipal que criam condições para que o OPPA se materialize anualmente e para que as demandas da população sejam contempladas e levadas em conta no projeto de lei orçamentária que é enviado à Câmara dos Vereadores e, posteriormente, resultem em bens e serviços realizados pela Prefeitura.

A intenção é que a partir da caracterização ideal-típica da burocracia se possa estabelecer em que medida as estruturas, processos, documentos e pessoal das unidades responsáveis pelo OPPA na Prefeitura de Porto Alegre se aproximam ou não de um arranjo burocrático. Desta forma, o conceito weberiano será utilizado como orientação geral para a realização do estudo de caso, o qual terá como objetivo maior identificar o que a experiência de Porto Alegre tem de específico em relação aos elementos e relações que são destacados no tipo ideal.

Entende-se que um conjunto de estruturas, processos de trabalho, documentos e pessoas garantiu a participação no OPPA, possibilitando por dezesseis anos a ocorrência do processo por parte do governo municipal. Ao analisar esse conjunto de elementos, procura-se identificar aqueles pelos quais a população foi integrada na ordem estatuída e as suas demandas constituíram um parâmetro de orientação para a ação do governo municipal. A mobilização desse conjunto de elementos possibilitou a realização das diversas assembleias no cronograma necessário para obedecer aos prazos do processo orçamentário e criou condições para que a interação entre representantes do governo municipal e da sociedade pudesse acontecer.

Para obtenção das informações aqui analisadas foi feita uma coleta de documentos e publicações oficiais, um levantamento de dados quantitativos por meio de questionário e realizadas entrevistas com a equipe do Gabinete de Relações com a Comunidade[110] (GRC). A partir da análise desse grupo de profissionais foram levantadas as características do pessoal do OPPA[111].

4.1. Estruturas[112]

Na estrutura da Prefeitura, duas unidades estão diretamente relacionadas com a elaboração do OPPA: o Gabinete de Planejamento (GAPLAN) e o Gabinete de Relações com a Comunidade (GRC). Embora as ações concretas que essas unidades realizam se interpenetrem e estejam inter-relacionadas, o GAPLAN concentra suas funções na elaboração da peça orçamentária e o GRC na organização da participação.

O GAPLAN é responsável por elaborar a proposta orçamentária, a Lei de Diretrizes Orçamentárias (LDO), o Plano Plurianual e o Plano de Investimento e Serviços (PI), levando em consideração as demandas da comunidade e as propostas dos diversos órgãos componentes do governo municipal. É o órgão competente pela coordenação da formulação do orçamento municipal.

O GAPLAN é a unidade que assumiu as funções da Secretaria Municipal de Planejamento no processo de elaboração do OPPA, tendo sido criado na segunda gestão em que o processo participativo esteve em operação, pela Lei n. 7.439, de 17 de junho de 1994. Esse mesmo documento também extinguiu a Supervisão de Planejamento e Programação Econômica da Secretaria do Planejamento Municipal.

O GAPLAN é diretamente subordinado ao Prefeito Municipal e tem como finalidades:

---

[110] Novo nome da antiga Coordenação de Relações com a Comunidade CRC.
[111] Maiores informações sobre a metodologia adotada para a pesquisa de pessoal estão disponibilizadas na parte referente ao pessoal do OPPA.
[112] Barceló e Pimentel (2002) consideram três tipos de instituições nas quais o governo e a sociedade civil atuam no OPPA: as que pertencem à esfera autônoma da sociedade civil; as unidades da administração ligadas ao OPPA – GAPLAN e GRC; e as instâncias de deliberação próprias do OPPA (as assembleias, os foros delegados regionais e o COP). Este trabalho, por tratar da institucionalização da participação no OPPA, dá maior relevância à estrutura do governo.

- elaborar e coordenar a execução do Plano de Governo Municipal, compatibilizando-o com as políticas nacional, estadual e metropolitana de desenvolvimento;
- coordenar os planos e programas de trabalho elaborados pelos diversos órgãos da Administração Centralizada e Descentralizada do Município;
- elaborar as propostas do Plano Plurianual, das Diretrizes Orçamentárias e dos Orçamentos Anuais da Administração Centralizada e promover a sua consolidação com as da Administração Descentralizada.

A estrutura do GAPLAN, conforme o decreto n. 11.055, de 6 de julho de 1994, é composta por três níveis hierárquicos: Coordenador-Geral; Coordenação de Planejamento Estratégico com duas unidades: Plano de Governo e Gerência de Projeto; e Coordenação de Orçamento com duas unidades: Programação Orçamentária e Estatística.

O GRC é o órgão responsável por coordenar politicamente as relações do governo municipal com a comunidade. Também está incumbido do processo do Orçamento Participativo em termos da mobilização e organização da população, além de coordenar os Centros Administrativos Regionais (CAR) e o processo de descentralização administrativa.

A existência do GRC como um órgão cuja competência está relacionada com o processo participativo foi formalizada apenas em 2003[113], com a edição do Decreto n. 14.393, de 5 de dezembro de 2003, que institui o Gabinete de Relações com a Comunidade, subordinado diretamente ao Prefeito e extingue a Coordenação de Relações com a Comunidade. De acordo com o Decreto que o institui, a estrutura responsável pela operacionalização do OPPA tem três níveis hierárquicos: Coordenação Geral, Gerência Executiva e Centro Administrativo Regional. É na equipe do GRC que estão alocados os Coordenadores Regionais do Orçamento Participativo (CROP), grupo de profissionais entre os quais serão identificadas as características específicas do pessoal do OPPA.

Chama atenção na legislação que trata da estrutura do governo municipal envolvida com o processo participativo que não há referência explícita ao OPPA. Não há menção ao OPPA nas competências do GAPLAN, que, no entanto, fazem referência aos documentos do processo orçamentário tradicional. Além disso, não houve preocupação em institucionalizar por meio de documentos legais as atividades e a estrutura das unidades da Prefeitura responsáveis pela sua operacionalização

---

[113] Anteriormente, a unidade atuou informalmente com a estrutura da Coordenação de Relações com a Comunidade CRC.

– GAPLAN e GRC – concomitantemente com o início de seu trabalho e aumento de sua importância no processo do OPPA. Esses órgãos tiveram papel central na elaboração do OPPA desde o começo de sua implantação. No entanto, o GAPLAN foi formalizado na 2ª gestão, e o GRC, apenas no 15º ano de existência do OPPA, tendo até então funcionado num formato provisório.

Não foi livre de problemas a existência relativamente informal do GRC, que teve durante muito tempo que contar com cargos e quadros emprestados por outros órgãos, tema que geralmente gerou conflitos considerando a sua relativa escassez no setor público. Ao longo do tempo a estrutura do GRC sofreu inúmeras alterações[114], indicando a ocorrência de diversas tentativas para acomodar tal situação previamente à sua estruturação oficial em 2003.

Paralelamente ao desenvolvimento do GRC e GAPLAN foi realizado um esforço de reorganizar os demais órgãos e entidades da Prefeitura para uma nova relação com a comunidade por meio da descentralização de suas atividades. Uma Comissão de Descentralização Administrativa definiu duas linhas de ação:

- alterar a relação do executivo com a comunidade, facilitando-lhe o acesso, evitando deslocamentos e permitindo seu engajamento nas decisões locais; e
- dar uma resposta política à inoperância das estruturas de balcões para recebimento de reivindicações.

A implantação do plano proposto pela Comissão teve início com o Decreto n. 9.583, de 1º de dezembro de 1989, que criou o primeiro Centro Administrativo Regional, o CAR-Restinga, vinculado ao Gabinete do Prefeito. Até 2004, foram criados nove centros administrativos regionais.

Havia intenção na Prefeitura de se estabelecer uma relação mais estreita na interação com a comunidade por meio da descentralização. O trabalho desenvolvido no CAR-Restinga, que é considerado exemplar e tendo alcançado os objetivos da descentralização, ilustra como o governo municipal entendia uma organização mais próxima à comunidade. Nele foi realizada uma experiência-piloto de equipe multifuncional, ou multisetorial que consiste na execução das mais variadas tarefas demandadas ao CAR por grupos de "operários" generalistas, independentemente da competência de seu órgão de origem e das atribuições de seu cargo de provimento efetivo, a partir da troca de conhecimentos e experiências. Vincula-se a esta forma de trabalho a possibilidade de criarem

---

[114] Em levantamento da legislação existente foram contabilizadas 58 alterações na estrutura do Gabinete do Prefeito, unidade da qual o GRC fazia parte até 2004.

grupos ou turmas de "operários" multissetoriais o que possibilitaria um desempenho mais racional e menos fragmentado. (Prefeitura de Porto Alegre, Programa de Descentralização Administrativa, s/d: 13).

O processo de descentralização não teve uma implantação ampla e homogênea em todo o governo municipal, ficando restrito a algumas experiências isoladas. Até porque havia um movimento em sentido contrário, de maior centralização da decisão política na condução do processo orçamentário no Gabinete do Prefeito, que acabou esvaziando de sentido iniciativas que conferissem maior autonomia a unidades locais. Além disso, os diversos órgãos-fim da Prefeitura, voltados para a prestação de serviços, adotavam matrizes de regionalização baseadas em critérios técnicos – relevo, características hidrográficas – que nem sempre coincidiam entre si ou com as regiões definidas segundo critérios políticos para o processo participativo. Tal situação dificultou o agrupamento das demandas e o acompanhamento das mesmas para o seu devido atendimento pelos centros administrativos regionais. Essas deficiências contribuem para a avaliação de que

> a descentralização administrativa tem sido uma experiência que não se firmou como diretriz política da AP. Esse fato pode, (...) ter contribuído como ponto obstaculizante na efetivação do projeto democrático-popular haja vista que muitas das demandas da população, que poderiam ter se transformado em instrumento educativo de superação dos interesses meramente particularistas, deixaram de ser atendidas ou então demonstraram não ser prioridade pelos órgãos competentes em virtude da própria centralização muitas vezes burocratizante. (Prefeitura de Porto Alegre, Programa de Descentralização Administrativa, s/d, p. 17)

No que se refere à organização do governo municipal para a participação nas unidades responsáveis pelo OPPA percebe-se um alto grau de informalidade. Na experiência de Porto Alegre houve menor preocupação em incorporar formalmente na estrutura da Prefeitura as atividades relacionadas ao OPPA por meio da publicação de decretos que estabelecessem as competências do GAPLAN e GRC relativamente ao processo participativo. A institucionalização do OPPA na Prefeitura não ocorreu com uma mudança de sua estrutura, mas envolveu alterações nos documentos do processo orçamentário, além da adaptação do cronograma do OPPA aos prazos e necessidades de informação do processo orçamentário, conforme será apresentado a seguir.

Cabe também destacar que o desenho institucional proposto com o processo de descentralização, que não foi implantado integralmente, se aproxima das características do que Weber denomina de uma administração democrática[115], como se verifica no exemplo do CAR-Restinga. As mais variadas tarefas foram realizadas por grupos de "operários" generalistas, independentemente da competência de seu órgão de origem e das atribuições de seu cargo de provimento efetivo, a partir da troca de conhecimentos e experiências. Tal forma de organização do trabalho, segundo Pateman (1999), possibilita o desenvolvimento de capacidades políticas no indivíduo[116]. Questão em aberto é se a estratégia de descentralização proposta daria conta da estruturação da Prefeitura como um todo para uma relação mais próxima com a população, conforme requerida pelo OPPA.

4.2. Processo de trabalho[117]

O OPPA é um processo pelo qual a população está envolvida em etapas do ciclo de políticas públicas: participa da definição sobre as obras e serviços nos quais os recursos públicos serão aplicados e acompanha e controla a sua execução. Envolve um ciclo anual de encontros diversos que reúne representantes da Prefeitura e da comunidade para fazer um levantamento das necessidades e decidir sobre a inclusão de recursos que atenderão as demandas da população no projeto de lei orçamentária. A sequência de etapas e reuniões do processo participativo encontra-se definida no Regimento Interno, que é um documento revisto e

---

[115] Para caracterização da administração democrática de Weber, ver Capítulo 1.
[116] De acordo com Pateman (1999), a participação no ambiente de trabalho pode assumir três formas distintas: (a) aumento do controle do indivíduo sobre o conteúdo de seu trabalho, (b) mudança na estrutura de autoridade no âmbito do processo rotineiro de trabalho, e (c) novos estilos de supervisão no âmbito de empresa como um todo. O processo pelo qual o conteúdo da tarefa é ampliado permitindo um melhor uso das habilidades do trabalhador, conhecido como *job enlargement* é citado como um exemplo de participação no local de trabalho do primeiro tipo. Nessa circunstância, o indivíduo passa a deter uma gama mais variada e ampla de atribuições deixando de exercer mecanicamente sempre a mesma atividade. Como exemplo da segunda forma a autora cita a situação na qual os grupos de trabalhadores se autodisciplinam exercendo controle total sobre suas atividades numa área determinada. Nesse contexto, a divisão de trabalho rígida é abolida, toda a escala de competências do indivíduo é utilizada sem distinção permitindo que as tarefas sejam alocadas para o mais capacitado para exercê-la a partir de uma definição dos próprios trabalhadores. Como novo estilo de supervisão a autora indica a circunstância na qual a estrutura de gestão da empresa é organizada em grupos de trabalho definidos de forma participativa. Esses grupos são ligados à administração central por meio de indivíduos que detêm funções sobrepostas, sendo ao mesmo tempo supervisores de um grupo e subordinados de outro. Os níveis hierárquicos da organização não são concebidos de acordo com o grau de autoridade, mas de acordo com a quantidade de grupos com os quais determinado grupo de trabalho está ligado. De acordo com os exemplos apresentados por Pateman, os elementos da organização do trabalho que favorecem o desenvolvimento da capacidade política dos indivíduos são aqueles que propiciam o aumento do controle do trabalho que realiza; mudança na estrutura da autoridade com menor ênfase na hierarquia; aumento do gradiente de atividades de responsabilidade de um trabalhador individual que passam a ter competências mais abrangentes e consequentemente uma divisão menos estrita do trabalho a ser executado.
[117] Informações extraídas do site do OPPA: http://www.portoalegre.rs.gov.br/op/

aprovado anualmente pela Prefeitura e população, e é compatível com o cronograma de fases do processo orçamentário tradicional[118].

Inicia-se com as reuniões preparatórias nas quais ocorre a prestação de contas do exercício passado e a apresentação do Plano de Investimentos e Serviços (PI) para o ano corrente. Representantes das secretarias municipais e autarquias tomam parte dessas reuniões, prestando esclarecimentos sobre os critérios que norteiam o processo e oferecendo indicações sobre a viabilidade das demandas. Nesses eventos, são questionados publicamente sobre as ações que não puderam ser realizadas ou que estão atrasadas, tendo que oferecer explicações à população.

Nas assembleias regionais e temáticas, que se realizam de abril a maio, a população elege as suas prioridades em termos de obras e serviços a serem demandados, especificando com detalhes a lista de suas necessidades, escolhe seus conselheiros e define o número dos delegados que atuarão nos fóruns regionais e grupos de discussão temática.

O fórum de delegados é responsável pela definição, por ordem de importância, das obras e serviços de cada região que serão discutidos no período de maio a julho. Também analisa e aprova a lista elaborada pelo governo municipal consolidando as demandas da sua região ou temática que serão executadas.

As listas de prioridades e obras são enviadas ao Executivo (GAPLAN) que as consolida e elabora um diagnóstico das demandas segundo sua importância e viabilidade. As demandas selecionadas pelas comunidades são compatibilizadas com as demandas institucionais apresentadas pelos diversos órgãos e entidades do governo municipal. A partir desta compatibilização é definida a proposta orçamentária que contém os grandes agregados de receita e despesa previstos para o ano seguinte, sem o detalhamento das obras a serem efetuadas. Tal detalhamento inicia-se após a entrega do projeto de lei orçamentária para apreciação do Legislativo.

O conteúdo da discussão e o tempo de duração das diversas etapas do ciclo do Orçamento Participativo são estabelecidos levando em consideração os prazos e as necessidades de informação para a elaboração da proposta de orçamento. Uma vez que a dinâmica do orçamento é externa ao OPPA, ou seja, o orçamento poderá existir independentemente de ter havido ou não participação, é a participação que tem que se adaptar às necessidades do processo orçamentário.

O tempo de discussão no ciclo do OPPA deve ser compatibilizado com as etapas do processo de elaboração orçamento, de forma a produ-

---

[118] O Regimento Interno do OPPA será apresentado no item 4.3.2.

zir, nos prazos predefinidos, as informações necessárias para a elaboração da proposta orçamentária. Para o OPPA, é imprescindível que o volume de recursos necessário para atender as demandas da população seja incorporado no montante previsto no anteprojeto de lei orçamentária, caso contrário, perde a sua própria razão de ser. Assim, a necessidade de que sejam apresentados documentos com conteúdo determinado de informações e sejam tomadas decisões em tempo hábil para serem incorporados ao orçamento, confere ao OPPA uma relativa objetividade e ritmo. Existe certa pressão para que os debates se mantenham em torno de um conjunto de relativamente limitado de temas e que as discussões sejam encaminhadas para decisões, decorrido determinado período de tempo.

4.3. Documentos

O processo orçamentário é complexo: requer a coleta e consolidação regular de informações e obedece a dispositivos constitucionais, leis e normas. O processo orçamentário tradicional é regulamentado pelo art. 165 da Constituição de 1988; Lei Complementar n. 101, de 4 de maio de 2002, também conhecida como Lei de Responsabilidade Fiscal, e Lei n. 4.320, de 17 de março de 1964.

O art. 165 da Constituição de 1988 define a legislação envolvida no processo orçamentário – Plano Plurianual, Lei de Diretrizes Orçamentárias e Lei do Orçamento anual – de iniciativa do Poder Executivo. O Plano Plurianual contém as diretrizes, objetivos e metas da administração pública para as despesas com investimentos e com programas de duração continuada. Planos e programas setoriais devem ser formulados consoante o Plano Plurianual e aprovados pelo Poder Legislativo. As diretrizes orçamentárias compreendem as metas e prioridades do governo e as orientações para a elaboração da Lei Orçamentária anual e para alterações na legislação tributária. A Lei Orçamentária anual trata da previsão da receita e fixa a despesa para o exercício seguinte, tanto da administração direta quanto indireta.

A Lei Complementar n. 101, de 4 de maio de 2002, estabelece orientações complementares às constitucionais para a elaboração da Lei de Diretrizes Orçamentárias e Lei Orçamentária anual. Tem como foco o equilíbrio entre a receita e a despesa, o controle de custos, o estabelecimento de metas, a avaliação dos resultados dos programas financiados com recursos dos orçamentos e os requisitos de prestação de contas visando a transparência da gestão financeira[119]. Define também procedimentos para a execução orçamentária: o Executivo, até trinta dias após a publicação dos orçamentos, deve estabelecer a programação financeira e o cronograma de execução mensal de desembolso, e publicar, até trinta dias após o encerramento de cada bimestre, o relatório resumido da execução orçamentária. Estabelece, ainda, que se a realização da receita for inferior impedindo o cumprimento da meta de resultado fiscal, poderá haver, pelo Executivo, limitação de empenho e movimentação financeira. Não estão incluídas nessa limitação as despesas relativas a obrigações constitucionais e legais, as destinadas ao pagamento do serviço da dívida, e outras que a lei de diretrizes orçamentárias estabelecer.

A Lei n. 4.320, de 17 de março de 1964, determina os conteúdos da lei do orçamento em termos de discriminação da receita e despesa. A despesa deverá ser classificada nas categorias econômicas: despesas correntes (despesas de custeio e transferências correntes[120]), despesas de capital (investimentos, inversões financeiras e transferências de capital[121]). As despesas de custeio dividem-se em pessoal (civil e militar), material de consumo, serviços de terceiros e encargos diversos. Nas transferências correntes estão alocados os pagamentos a inativos e pensionistas, as contribuições de previdência social e os juros da dívida pública, entre outros (Lei n. 4.320, de 1964, art. 13).

A Lei n. 4.320, de 1964, agrega a Lei Orgânica do Município entre os documentos do processo orçamentário tradicional, ao dispor que nela será estabelecido o prazo para encaminhamento da proposta orçamentária ao Poder Legislativo pelo Executivo. No que se refere à execução orçamentária, a Lei n. 4.320, de 1964, também define um procedimento adicional para o Executivo: aprovar imediatamente após a promulga-

---

[119] A Lei Complementar n. 101, de 2002, incentiva inclusive a participação popular e realização de audiências públicas, durante os processos de elaboração e de discussão dos planos, lei de diretrizes orçamentárias e orçamentos. A análise da contribuição da experiência do OPPA para a inclusão desse dispositivo, embora interessante, não é objeto deste trabalho.

[120] Classificam-se como Despesas de Custeio as dotações para manutenção de serviços existentes, inclusive as que atendem obras de conservação e adaptação de bens imóveis. Classificam-se como Transferências Correntes as dotações para despesas sem contraprestação direta em bens ou serviços, inclusive para contribuições e subvenções a outras entidades de direito público ou privado (Lei n. 4.320, 1964, art. 12).

[121] Classificam-se como investimentos as dotações para a execução de obras, incluindo a aquisição de imóveis necessários a sua realização, bem como aquisição de instalações, equipamentos e material permanente e constituição ou aumento do capital de empresas. Classificam-se como Inversões Financeiras as dotações destinadas à aquisição de imóveis, ou de bens de capital já em utilização; aquisição de títulos representativos do capital de empresas constituídas, que não importe aumento do capital; constituição ou aumento do capital de empresas com objetivos comerciais ou financeiros. São Transferências de Capital as dotações para investimentos ou inversões financeiras de outras pessoas de direito público ou privado, sem contraprestação direta em bens ou serviços, bem como as dotações para amortização da dívida pública (Lei n. 4.320, 1964, art 12).

ção da Lei de Orçamento e com base nos limites nela fixados, um quadro de cotas trimestrais da despesa que cada unidade orçamentária fica autorizada a utilizar.

Em Porto Alegre, os documentos do processo orçamentário tradicional incluem requisitos especiais para dar conta das necessidades do OPPA. Além dos documentos do processo orçamentário tradicional, o OPPA também requer a elaboração de documentos específicos: o Regimento Interno (RI), com previsão de revisão anual, e o Plano de Investimento e Serviços (PI), conforme será descrito a seguir.

4.3.1. O OPPA NO PROCESSO ORÇAMENTÁRIO TRADICIONAL

A Constituição Brasileira no seu art. 30, inciso III determina que compete aos Municípios "instituir e arrecadar os tributos de sua competência, bem como aplicar suas rendas, sem prejuízo da obrigatoriedade de prestar contas e publicar balancetes nos prazos fixados em lei". E, de acordo com o art. 165 da Constituição, os documentos próprios do processo de elaboração do orçamento são: o Plano Plurianual, a Lei de Diretrizes Orçamentárias (LDO), a Lei Orçamentária anual, de iniciativa do Poder Executivo. Além disso, existem os documentos que dão encaminhamento à execução orçamentária do governo municipal de Porto Alegre, as Ordens de Serviço. A Lei Orgânica do Município consolida as diretrizes e os prazos relativos à elaboração destes documentos.

A participação aparece de forma genérica na Lei Orgânica do Município de Porto Alegre, de 1990[122] em uma série de dispositivos: lista a participação popular entre os compromissos fundamentais para administração do Município; garante a participação popular nas diversas esferas de discussão e deliberação do processo de planejamento permanente que organiza a administração e execução das atividades do Município; agrega a participação popular nas decisões do Município, no aperfeiçoamento democrático de suas instituições e na ação fiscalizadora sobre a administração pública entre as formas de exercício da soberania popular.

Mais especificamente no que se refere ao processo orçamentário tradicional, a Lei Orgânica do Município garante a participação da comunidade das regiões do Município nas etapas de elaboração, definição e acompanhamento da execução do plano plurianual, das diretrizes

---

[122] Conforme mencionado anteriormente, optou-se por utilizar a última versão dos documentos do período estudado porque se entende que eles representam a tentativa mais consolidada de institucionalização da participação.

orçamentárias e do orçamento anual[123]. A Lei Orgânica do Município também define os prazos para envio dos respectivos projetos de lei à Câmara Municipal[124], bem como os prazos para o encaminhamento dos projetos de lei relativos ao processo orçamentário pela Câmara de Vereadores para sanção do Prefeito[125].

Os dispositivos da Lei Orgânica do Município não fazem menção explícita ao OPPA. Colocam a participação popular genericamente entre os princípios de atuação do governo municipal e definem as datas-limites para o Executivo encaminhar e para o Legislativo analisar e se manifestar sobre os documentos do processo orçamentário tradicional. Conforme mencionado anteriormente, essas datas têm implicações sobre o processo participativo na medida em que definem o período de tempo que existe para o Executivo elaborar as diferentes peças do processo orçamentário, estabelecendo um ritmo para a operacionalização das várias etapas do OPPA. Os prazos do processo orçamentário permitem planejar os momentos em que a participação popular deverá acontecer e chegar a algum tipo de acordo. A participação mobilizada pelo OPPA deve ser estruturada de tal forma que nas datas definidas pela Lei Orgânica Municipal para o processo orçamentário, a lista de obras e serviços demandada pela população possa ser apresentada.

Plano Plurianual

A Lei n. 8.748, de 20 de julho de 2001, dispõe sobre o Plano Plurianual para o quadriênio de 2002/2005, última gestão do período analisado neste trabalho em que o OPPA esteve em operação. O art. 4º define que fica garantida a participação da comunidade na elaboração e acompanhamento das Leis de Diretrizes Orçamentárias e orçamento anual. Adicionalmente, o Orçamento Participativo é objeto de diretrizes específicas, objetivos e metas no Plano Plurianual para o Gabinete do Prefeito, Gabinete de Planejamento, para a Secretaria do Governo Municipal e diversas Secretarias (ver Anexo II para a lista completa).

No Plano Plurianual, o OPPA é mencionado como objeto de atuação específica do GAPLAN, Gabinete do Prefeito e, em menor grau, da

---

[123] "Art. 116, parágrafo 1º Fica garantida a participação da comunidade, a partir das regiões do Município, nas etapas de elaboração, definição e acompanhamento do plano plurianual, de diretrizes orçamentárias e do orçamento anual" (Lei Orgânica do Município).

[124] Os prazos para envio ao Legislativo são: I – o projeto de lei do plano plurianual: até 30 de abril do primeiro ano do mandato do Prefeito; II – os projetos de lei dos orçamentos anuais: até 30 de setembro, devendo ser votados até o último dia útil do mês de novembro; III – o projeto de lei de diretrizes orçamentárias: até 1º de junho de cada ano.

[125] Os prazos para a Câmara enviar para a sanção do prefeito estabelecidos são: I – o projeto de lei do plano plurianual: até 30 de junho do primeiro ano do mandato do Prefeito; II – os projetos de lei dos orçamentos anuais: até 10 de dezembro de cada ano; III – o projeto de lei de diretrizes orçamentárias: até 75 (setenta e cinco) dias corridos após a data de seu encaminhamento à Câmara Municipal.

Secretaria de Governo Municipal, órgãos cuja atuação abrange a Prefeitura como um todo e cujas ações delineiam a orientação político-estratégica da Prefeitura. Nas diretrizes, objetivos e metas do Plano Plurianual desses órgãos, o OPPA aparece como:

(a) instrumento para o alcance de um objetivo maior de democratização, descentralização e modernização da administração pública;

Ex.: Secretaria de Governo
Diretriz: 002
> Ampliar e aprofundar o processo de democracia participativa do poder público municipal.
>
> Objetivo: 002.0009.001
>
> Ampliar e qualificar, em conjunto com o Gabinete de Planejamento GAPLAN e a CRC, o Orçamento Participativo da Cidade.

(b) um processo com etapas que devem ocorrer regularmente, sujeito a aperfeiçoamento, ampliação e modernização permanentes; e

Ex.: GAPLAN
> Objetivo: 002.0079.002
>
> Coordenar o processo de planejamento do governo, articulando as propostas dos órgãos municipais, fóruns, conselhos municipais, com as decisões estabelecidas pelo Orçamento Participativo.
>
> Meta: 002.0079.002.003
>
> Elaborar anualmente o Plano de Investimentos da Prefeitura, articulando órgãos municipais e instância do Orçamento Participativo.
>
> Objetivo: 002.0079.003
>
> Promover em conjunto com a CRC, a Comissão de Coordenação e o Conselho do Orçamento Participativo um contínuo ajuste crítico do processo do Orçamento Participativo, visando ao seu constante aperfeiçoamento.
>
> Meta: 002.0079.003.001
>
> Promover a revisão anual do Regimento Interno, Normas e Critérios de funcionamento do Orçamento Participativo.

(c) um processo que deve ter consequências sobre a forma como a Prefeitura realiza suas ações.

Ex.: GAPLAN
> Objetivo: 002.0079.008
>
> Planejar, analisar e controlar a execução orçamentária anual a partir das decisões estabelecidas pelas instâncias do Governo e do OP.

Meta: 002.0079.008.002

Assegurar, através da utilização dos instrumentos de planejamento adequados, os recursos necessários para a execução dos serviços da cidade, bem como para as obras do Plano de Investimentos, decididas pelo Orçamento Participativo.

Para as demais unidades da Prefeitura de Porto Alegre, que atuam setorialmente, o OPPA constitui:

(a) uma referência espacial para distribuição da ação no território da cidade por meio de suas regiões;

> Ex.: Secretaria Municipal de Esportes, Recreação e Lazer, meta 001.0018.001.007: ampliar o programa "Em cada campo uma escolinha" por região do OPPA;

(b) uma orientação para a definição de ações específicas de prestação de serviços que atendam a demanda popular mobilizada pelo OPPA;

> Ex.: Departamento Municipal de Águas e Esgoto, objetivo 003.0073.003: ampliar os sistemas de coleta e bombeamento de esgotos em resposta às demandas do OPPA; e

(c) um objeto de ações de integração com outras instâncias de decisão coletiva por meio do processo participativo que o caracteriza.

> Ex.: Secretaria Municipal de Educação: meta 005.0009.002.002: continuar e qualificar o planejamento e orçamento participativo nas escolas como instrumento de mobilização e participação no processo de deliberação, articulando uma maior integração com o orçamento participativo da cidade.

Verifica-se que existe no Plano Plurianual do governo municipal uma preocupação de especificar detalhadamente a interface dos diversos programas, objetivos e metas com o processo participativo. No Plano Plurianual os órgãos responsáveis pela coordenação do OPPA registram o seu compromisso com aquelas que constituem as suas características principais: democratização e modernização da gestão pública viabilizada por um ciclo de encontros regulares em permanente aperfeiçoamento e gerando melhorias concretas para a vida da população. As demais unidades da Prefeitura, responsáveis por atividades-fim, explicitam como sua ação será organizada para atender às demandas da população.

Desta forma o OPPA deixa de ser uma mera declaração de intenções passando a direcionar efetivamente a ação concreta dos diversos órgãos da Prefeitura. Pode-se dizer que é por meio do Plano Plurianual que ocorre a adaptação da estrutura da Prefeitura ao processo participativo com a alocação das diversas atividades e respectivos objetivos e metas que estão relacionadas ao OPPA entre as várias unidades da Prefeitura.

É no Plano Plurianual que é feita a divisão de trabalho, a distribuição das atividades das várias unidades da Prefeitura relacionadas com a participação. A referência exaustiva ao OPPA no Plano Plurianual contrasta fortemente com a menor ênfase dada à formalização dos órgãos – GAPLAN e GRC – que são responsáveis pelo processo participativo na estrutura da Prefeitura. No momento em que o Plano Plurianual em análise foi elaborado, o GRC nem existia formalmente e os objetivos e metas a ele correspondentes foram incluídos no Gabinete do Prefeito, o qual tinha como meta a própria formalização do Gabinete de Relações com a Comunidade[126].

O fato de o Plano Plurianual suprir a necessidade de institucionalização do processo participativo na estrutura da Prefeitura tem implicações importantes. Em primeiro lugar, é um documento válido pelo período de uma gestão, podendo ser alterado no início de cada governo, o que propicia flexibilidade na divisão de trabalho entre as unidades do governo municipal para se adaptar às necessidades do processo participativo. Em segundo lugar, o fato de o Plano Plurianual ser aprovado a cada nova gestão confere importância ao OPPA já que sinaliza um compromisso de cada novo governo com o processo. Em terceiro lugar, por meio do Plano Plurianual a participação não é inserida de forma estática na estrutura da Prefeitura como seria o caso se fosse institucionalizada mediante os decretos de competências das unidades. O planejamento é um processo que orienta a ação, uma vez que à distribuição de atividades associa a alocação dos recursos necessários para realizá-las.

Ao invés de definir a competência das unidades da Prefeitura relativa ao processo participativo nos decretos que regem a estrutura organizacional da Prefeitura, a forma como cada unidade irá interagir com o OPPA está definida no Plano Plurianual. O Plano Plurianual contém a distribuição das atividades das unidades do governo municipal de forma a dar consequências às decisões tomadas pela população e a implementar o processo participativo. Assim, o planejamento deixa de ser um instrumento meramente técnico e abstrato e passa a direcionar a ação das diversas unidades da Prefeitura no seu relacionamento com a comunidade. Por meio do Plano Plurianual a participação da população no governo municipal torna-se institucionalizada.

Lei de Diretrizes Orçamentárias

A Lei de Diretrizes Orçamentárias (LDO) é publicada anualmente para orientar a elaboração do orçamento do ano seguinte. A título de

---

[126] Ver Anexo II, Gabinete do Prefeito, meta 005.0010.003.

exemplo, será utilizada a Lei n. 9.205, de 2 de setembro de 2003, que norteou a formulação do orçamento de 2004.

As diretrizes orçamentárias para o orçamento de 2004 garantem que a sociedade civil, isoladamente ou através de suas entidades representativas participará na elaboração dos projetos de lei orçamentária, na fixação dos seus programas, projetos, objetivos e metas.

Também define que as despesas decorrentes de obrigações constitucionais e legais, as destinadas ao pagamento do serviço da dívida, ao pagamento das despesas de pessoal não serão objeto de limitação de empenho. O Executivo poderá definir outras despesas não sujeitas à limitação de empenho no Cronograma de Execução Mensal[127].

Na LDO são estabelecidos os temas para a distribuição de recursos na Lei Orçamentária Anual, ressalvando que a sociedade civil, através do OPPA, seja por meio de suas entidades representativas, representantes eleitos ou dos próprios eleitores, poderá alterar os temas e objetivos definidos nas diretrizes orçamentárias[128] e que a programação de novos projetos não poderá ocorrer à custa de anulação de dotações destinadas aos investimentos em andamento.

A LDO se relaciona com o OPPA de diversas maneiras. Em primeiro lugar explicita a garantia de que a população será ouvida no processo orçamentário na elaboração dos projetos de lei orçamentária, na fixação dos seus programas, projetos, objetivos e metas, e inclui o OPPA entre um dos meios à disposição da comunidade para alterar os temas e objetivos elencados nas diretrizes orçamentárias.

Mas, em segundo lugar, limita o escopo da participação ao definir um teto em valor para as despesas do OPPA ao estabelecer um conjunto de despesas que não poderão ser objeto de restrição de empenho. O teto em valor para as despesas do OPPA é calculado subtraindo da previsão de receita as despesas decorrentes de obrigações constitucionais e legais, as destinadas ao pagamento do serviço da dívida, ao pagamento das despesas de pessoal e a dar continuidade a investimentos que estejam sendo realizados. Em terceiro lugar, garante que uma obra demandada pela população seja executada até a conclusão ao impedir a

---

[127] Tais dispositivos regulamentam artigo da Lei de Responsabilidade Fiscal.
[128] Nas diretrizes orçamentárias para o orçamento de 2004, os temas eram: saúde; educação; transportes e circulação urbana; organização da cidade; assistência social; desenvolvimento econômico; intervenções urbanas; cultura; habitação; esporte, recreação e lazer; modernização administrativa; funcionalismo; direitos humanos e segurança urbana; e apoio à organização popular. Já as prioridades temáticas definidas para o Plano de Investimento do OPPA relativo a 2004 foram: habitação, educação, pavimentação, assistência social, saúde, saneamento básico e desenvolvimento econômico, indicando que a sociedade civil no OPPA utilizou-se da prerrogativa de alterar os temas elencados nas diretrizes orçamentárias que a lei lhe faculta.

anulação de dotações destinadas aos investimentos em andamento para propiciar o início de novos projetos.

Assim, embora a LDO imponha limites para o exercício da participação, ao priorizar a realização das despesas de maior montante e garantir a manutenção de equilíbrio entre as receitas e despesas e cumprimento das metas fiscais, ela permite não apenas a participação da população na discussão do orçamento, mencionando explicitamente o OPPA, mas também possibilita que tal discussão tenha consequências ao assegurar o fluxo de recursos para que as obras iniciadas por demanda da população (e outras) sejam realizadas até a sua conclusão.

É por meio do cumprimento pelo governo municipal do dispositivo da LDO que impede a anulação de dotações destinadas aos investimentos em andamento, garantindo recursos até a sua conclusão que se obtém a disciplina fiscal necessária para que o processo do OPPA possa ter alcançado no período analisado a elevada taxa de efetivação (83,3%) do atendimento das demandas da população em obras e serviços concretos, conforme apresentado no Capítulo 3.

Lei Orçamentária Anual

A Lei n. 9.318, de 16 de dezembro de 2003, que estima a receita e fixa a despesa do município de Porto Alegre para o exercício financeiro de 2004 não faz referência especificamente ao OPPA. Contém entre seus anexos o quadro das despesas orçamentárias especificadas por órgão denominado matriz orçamentária, que é o elo entre a Lei Orçamentária Anual e o OPPA.

A matriz orçamentária especifica os valores previstos para pessoal, custeio e investimentos dos órgãos e entidades do governo municipal. Nos valores das despesas definidas para cada órgão está incluído o montante necessário para a realização pelo órgão das obras e serviços demandados pela população, geralmente entre as despesas de custeio e investimento.

No entanto, a lei orçamentária é importante para o OPPA porque, conforme mencionado anteriormente, a necessidade de apresentação de seu projeto de lei até 30 de setembro ao Legislativo tem impacto sobre o cronograma de fases de organização da discussão do orçamento com a população. Do ponto de vista do processo de participação, por ocasião da elaboração do projeto de lei orçamentária, a população já deve ter apresentado a lista de obras e serviços prioritários de forma que o governo municipal possa fazer uma estimativa em termos agregados do gasto a ela correspondente para que esses valores possam ser incorporados na matriz orçamentária[129].

---

[129] No decorrer das diversas fases do OPPA, em função das prioridades temáticas eleitas pela população

Ordem de Serviço n. 3, de 29 de abril de 2004

É o documento que dá início à execução orçamentária. Assinada pelo Prefeito, define as regras segundo as quais os compromissos financeiros do governo municipal serão cumpridos, inclusive no que se refere aos desembolsos necessários para o atendimento de demandas estabelecidas no OPPA. Informa que as solicitações de pagamento para execução de quaisquer investimentos ou serviços devem ser autorizadas pela Junta Financeira, na qual o GAPLAN tem assento.

De acordo com Fedozzi (2000), a inclusão da obra ou serviço no Plano de Investimentos e Serviços, elaborado no processo do OPPA[130], é um critério adotado pela Junta para priorizar a liberação de recursos. Este é um critério fundamental para a solução de disputas intraburocráticas por recursos e para resolver o caráter autorizativo da lei orçamentária, garantindo a implantação das demandas aprovadas pela população e fazendo com que o processo participativo tenha consequências.

Embora os documentos do processo orçamentário tradicional sejam importantes para promover a divisão de tarefas entre as unidades da Prefeitura relativas ao processo participativo, definir um ritmo para a realização das assembleias do OPPA e assegurar os recursos financeiros para o cumprimento dos compromissos com a população, tanto porque o seu objeto é diverso, quanto porque tem a sua existência restrita ao período de um mandato, caso do plano plurianual, e de um processo legislativo, caso da LDO, não dispõem sobre a permanência do OPPA no tempo, nem sobre o processo de trabalho específico pelo qual ele se realiza. Mencionam apenas a forma como o governo municipal por meio de suas ações irá interagir com a população e suas demandas.

A organização do processo participativo na forma de uma sequência predeterminada de reuniões e eventos com participantes, finalidades e regras especificadas como ocorre no OPPA é objeto de documentos que são discutidos diretamente com a população, conforme apresentado a seguir.

---

e da lista de investimentos e serviços apresentadas é possível esboçar o valor dos recursos necessários para o atendimento das demandas da população. Estimada a receita e excluídos os montantes referentes às despesas obrigatórias estipuladas na LDO, obtém-se o montante de recursos disponível para o atendimento das demandas da população e a realização das obras e serviços institucionais. A conciliação dos montantes disponíveis com os necessários possibilita a determinação do valor aproximado para cada órgão ou entidade do governo municipal dar conta das solicitações de investimentos e serviços apresentados no OPPA.

[130] O Plano de Investimentos e Serviços será apresentado no item 4.3.2.

4.3.2. Documentos específicos do OPPA

Plano de Investimentos e Serviços (PI)

É o documento que resulta da apresentação e discussão das demandas da comunidade realizada no OPPA. Contém a relação dos projetos de investimentos e atividades por região – órgão, número da demanda, descrição e recurso orçamentário – e para toda a cidade, além de outras informações que as inserem no contexto do planejamento e orçamento[131] e o nome e contatos de todos os participantes do processo – conselheiros, delegados e equipes do GAPLAN e GRC.

O PI é elaborado a partir da matriz orçamentária que integra a lei orçamentária anual a qual contém os valores previstos para pessoal, custeio e investimentos dos órgãos e entidades do governo municipal.

É importante observar que a discriminação da despesa constante na Lei Orçamentária Anual é diversa da definida no Plano de Investimento e Serviços. No PI, observando a lógica de discussão do OPPA, as despesas são organizadas de forma que a informação faça sentido para os que participaram do processo: por região e por tema e, para cada tema, são especificados detalhadamente as obras ou serviços a serem realizados, o órgão responsável e o montante de recursos alocados para tanto.

Na Lei Orçamentária anual, esses montantes são agregados e apresentados no que se refere às categorias econômicas, sob a forma de despesas de custeio – sobretudo, sob a forma de despesa de pessoal e material de consumo – e despesas de investimentos e inseridos na matriz orçamentária.

A elaboração e aprovação regular do PI ao final das diversas etapas do ciclo do OPPA de forma a que possa ser implantado no momento em que se inicia o processo de realização dos gastos do governo, ou seja, que esteja concluído em prazo compatível com o início do processo de execução orçamentária são outro fator que contribui para conferir caráter concreto ao processo participativo de Porto Alegre. Embora o encontro e o debate propiciado pelo OPPA tenham valor em si mesmo, existe o risco de que as discussões sejam estéreis e intermináveis, o que aumen-

---

[131] Essas informações incluem os principais investimentos e serviços listados organizados de acordo com os temas prioritários eleitos pelas regiões, discriminados em obras, construções novas (PI do ano), equipamentos e material permanente, continuidade de projetos ou decisões de PI anos anteriores; matriz orçamentária, parte das despesas do Quadro (inciso IV, parágrafo 1, art. 2, Lei n. 4.320, 1964) Demonstrativo Consolidado das Dotações por Órgãos do Governo e da Administração, abertos nos itens pessoal, custeio, investimento total, reserva de contingência e total; discriminação de investimentos e serviços das plenárias temáticas para toda cidade por temática e órgão responsável; Prioridades Temáticas do OPPA, de acordo com as regiões e plenárias temáticas.

taria excessivamente o chamado "custo de oportunidade" da participação[132].

O fato de que ao final do ciclo anual de encontros existe um documento bastante minucioso e detalhado a ser apresentado, que faz sentido para os participantes, na medida em que cria possibilidades efetivas de melhoria nas condições materiais de vida da população, confere bastante objetividade aos debates travados no OPPA, de maneira a ocorrer um encaminhamento das discussões.

Regimento Interno do Conselho do OPPA

O Regimento Interno (RI) é o documento que define as regras para a realização do OPPA em cada ano, devendo ser revisto anualmente. Trata das competências do Conselho do Orçamento Participativo (COP); composição e forma de indicação de seus membros; quórum mínimo para o início dos trabalhos do COP e a regra para tomada de decisão; período de mandato dos Conselheiros e situações que justificam a perda do cargo; atribuição da responsabilidade de coordenação do COP e da organização interna; periodicidade das reuniões e atribuições dos Conselheiros. Define também o ciclo de assembleias que compõem o processo participativo[133].

No que se refere à dinâmica do OPPA, o RI define datas-limite para o início de diversas etapas do OPPA de forma a garantir tempo adequado para a apresentação e debate das demandas populares e o cumprimento dos prazos do processo orçamentário tradicional; estabelece a forma de encaminhamento das decisões do COP ao Executivo e de veto; e fixa data para a realização da prestação de contas.

O RI traz também os critérios técnicos para a análise das demandas da população. Os critérios gerais possibilitam a identificação das regiões que deverão ser priorizadas na distribuição dos recursos, de acordo com a política global do governo municipal para o ano em questão; os critérios específicos são definidos pelos órgãos setoriais e permitem análise da viabilidade técnica de implantação das demandas da população do ponto de vista setorial.

O RI, na medida em que é discutido e revisto a cada ano, foi objeto de diversas modificações ao longo do tempo. As alterações no texto do RI referem-se basicamente a questões operacionais e mudanças na forma de funcionamento do Conselho[134]. De especial importância destaca-se a alteração na responsabilidade pela coordenação do COP, que

---

[132] O que é especialmente verdadeiro para as comunidades carentes que participam do OPPA e que dependem de sua energia física e mental diariamente para garantir condições mínimas de vida.
[133] Detalhes sobre o ciclo do processo participativo foram apresentados no item 4.2.
[134] Foram analisados os RI de 1995 a 2003.

inicialmente era exercida pelo Executivo e passou a ser realizada por um grupo que inclui representantes do Executivo e da sociedade em participação igualitária[135].

Além disso, entre as incumbências do Executivo foi incluída a realização de atividades de capacitação e formação e foi incorporada a definição das atribuições dos Coordenadores Regionais do Orçamento Participativo (CROP), profissionais que atuam no Gabinete de Relações com a Comunidade e são responsáveis pela interface da Prefeitura com a comunidade.

A natureza minuciosa das mudanças processadas no RI ao longo da existência do OPPA evidencia que o processo participativo no OPPA tem um caráter concreto. As alterações propostas não tratam de discussões meramente conceituais correndo o risco de uma certa esterilidade, mas sim de tentativas concretas de aperfeiçoamento de um processo que se encontra efetivamente em operação e que faz sentido para os que dele tomam parte. Isso contribui para que o RI seja uma referência viva para os participantes do OPPA. As regras acordadas são citadas nas discussões e ajudam a conduzir o debate, o que demonstra a legitimidade daquilo que foi estabelecido no RI.

Em uma reunião realizada para discussão e aprovação do PI 2005 da Região Leste pôde ser constatada a natureza da interação entre os representantes da Prefeitura e a população, bem como a importância e o significado do RI para os participantes[136].

A reunião foi organizada e conduzida pelos Conselheiros da Região para analisar a lista consolidada de obras e serviços a serem realizados no próximo ano. Tal documento representa o resultado do processo de elaboração do OPPA nas suas diversas fases realizado durante aquele ano. Nessa reunião, além de representantes do GAPLAN e do GRC, estiveram presentes representantes de outras Secretarias da Prefeitura de Porto Alegre, para explicarem os critérios técnicos para análise das demandas e apresentarem as razões para o não atendimento de demandas específicas.

A reunião transcorreu de acordo com uma agenda predefinida. Em primeiro lugar, o representante do GRC deu explicações sobre os crité-

---

[135] A coordenação do COP é uma instância-chave para o funcionamento do OPPA. Garante a inserção do OPPA no processo orçamentário tradicional, à medida que tem a competência de estabelecer o ritmo em que as fases do ciclo do OPPA deverão ocorrer, definir a agenda das discussões e dar consequência às decisões do processo participativo, por meio da definição do cronograma e pauta das reuniões e de encaminhamento das decisões do COP ao governo municipal.

[136] Reunião ocorrida nas dependências do Centro Administrativo Regional CAR Leste, tendo como objeto a discussão e aprovação do Plano de Investimentos em Obras e Serviços, no dia 6 de dezembro de 2004 com início às 19h.

rios utilizados para a priorização e análise das demandas e apresentou as prioridades eleitas pela cidade. Em seguida, foi apresentada a lista de serviços e obras que seria atendida pelos órgãos singulares. Nessa apresentação, os representantes dos órgãos deram detalhes sobre o processo técnico de verificação da viabilidade das demandas, apresentando relato das visitas realizadas com a comissão de representantes da população e explicando as razões pelas quais determinadas demandas não puderam ser atendidas.

Os delegados presentes fizeram intervenções diversas: criticaram representante do governo envolvido em episódio de uso indevido de recursos públicos, expressaram descontentamento em relação à ausência de representante de um órgão, convocaram para os presentes se mobilizarem para garantir a execução do PI 2005 pelo novo governo, apresentaram queixa sobre o não atendimento de determinada demanda.

O RI foi mencionado diversas vezes ao longo da reunião, para justificar a adoção de determinado procedimento, critério ou decisão; para solucionar controvérsia, permitindo o encaminhamento do debate, dando-lhe fluidez[137]. A reunião transcorreu segundo regras estritas (ata e participantes predefinidos, tempo regulado para intervenção etc.).

Os critérios técnicos legitimados pela visita da obra ou serviço objeto da demanda fazem com que falas genéricas de descontentamento ou de natureza exclusivamente política não prosperem nesse ambiente e contribuem para que esta consiga alcançar o objetivo pelo qual foi organizada: a discussão e aprovação do Plano de Investimentos.

Quando se considera a forma tradicional como o setor público atua, percebe-se a singularidade do RI. É um documento discutido anualmente com a população que trata de temas que normalmente são de prerrogativa do Executivo. Nele estão contidas informações como a atribuição de um cargo público – o dos CROP. Além disso, o RI consagra como o Executivo irá exercer uma responsabilidade que lhe é própria, a de decidir sobre a aplicação dos recursos orçamentários.

Analisando-se o RI, pode-se perceber que muitos dos dispositivos que permanecem ao longo do tempo poderiam compor um texto legal, enquanto que as alterações foram propostas em detalhes de funcionamento do OPPA que teriam num instrumento de competência do Executivo, tais como decreto ou portaria, a sua forma de expressão mais adequada.

A história do surgimento do RI ajuda a entender o fato de parte de

---

[137] A impressão foi a de se estar presenciando o exercício da verdadeira liberdade nos termos de Rousseau "a liberdade do indivíduo de se submeter a regras que ele mesmo definiu".

seu conteúdo ter-se mantido ao longo do tempo. O RI foi a forma encontrada pelo governo municipal de superar a dificuldade política que impediu a apresentação de um projeto de lei regulamentando o OPPA. Assim, o conteúdo do que seria o texto legal foi incluído num documento que regulamenta a existência do OPPA que é discutido anualmente com a população e que por essa razão tem grande legitimidade entre os participantes.

A análise realizada das estruturas, processo de trabalho e documentos do OPPA oferece uma noção da forma como a participação se insere na organização do governo municipal. A institucionalização do OPPA na Prefeitura se revela bastante peculiar. A unidade do governo municipal responsável pela relação com a população trabalhou muito tempo de maneira informal e o processo participativo não foi definido por lei ou ato de governo, mas num documento discutido anualmente com a população.

Adicionalmente, a proposta de descentralização administrativa que iria promover a conversão do quadro administrativo da Prefeitura para um convívio mais próximo com a população visava a implantar uma administração democrática.

A fragilidade institucional do OPPA é compensada por um processo de centralização e concentração de poder para a condução do processo orçamentário e participativo no Gabinete do Prefeito. No caso de Porto Alegre, tal centralização, mais do que promover a troca de experiências entre as unidades, elemento enfatizado por Fung e Wright (2003), foi uma forma de se obter controle sobre o processo orçamentário (antes dominado pela SPM) pela direção do governo e é fator que garante os recursos necessários para a concretização das decisões.

Essa centralização possibilita que as decisões tomadas pela população tenham consequência sob a forma de realização de obras e serviços. Assim, a inclusão da obra ou serviço no PI como resultado da discussão no OPPA propicia um critério normativo para a solução de conflitos intraburocráticos por recursos, na medida em que obras e serviços definidos pela população têm prioridade na execução.

Não é pela estrutura, mas por um processo de trabalho que a participação se insere no setor público e se torna objeto concreto de ações do governo municipal. Sua institucionalização ocorre por intermédio do processo orçamentário. É nos documentos do processo orçamentário que ocorre a divisão de trabalho entre as unidades da Prefeitura, criando uma espécie de "estrutura" necessária para cumprir os compromissos com a população, e é definido o valor do gasto correspondente. Adicionalmente, é o cronograma de apresentação do projeto de lei orçamentária ao Legislativo que dá o ritmo e define o conteúdo para o processo decisório no OPPA.

A inserção de requisitos específicos referentes à participação nos documentos próprios do processo orçamentário mostra o cuidadoso esforço de tecer um arcabouço institucional que dê materialidade para a diretriz política de fazer com que a população participe da elaboração do orçamento. As datas-limite e etapas do processo orçamentário definem um conteúdo e um ritmo para a ocorrência da participação.

O plano plurianual estabelece como as diversas unidades da Prefeitura irão atender às demandas apresentadas com o processo participativo e como ele será implantado pelo governo municipal. Nos documentos elaborados para o processo orçamentário também são explicitadas regras que dão consequência às decisões tomadas com a participação da população, obrigando a disponibilização de recursos para a execução até a conclusão dos investimentos e priorizando a liberação de recursos financeiros para obras e serviços demandados pela população. Os documentos do processo orçamentário tradicional são importantes porque direcionam a realização de ações das unidades da Prefeitura e a elas alocam recursos financeiros, fazendo com que intenções sejam transformadas em práticas.

O OPPA encontra-se mencionado apenas nas leis do processo orçamentário, que tem objeto próprio e diverso da instituição do processo participativo e mesmo essas leis são documentos que têm vigência restrita no tempo. Não existe assim um mecanismo legal que garanta a manutenção da referência à participação ou ao OPPA nos documentos legais que sucederão tais leis.

O processo do OPPA é instituído por um documento – o Regimento Interno – que depende da vontade do governo municipal e da população para existir, uma vez que é discutido e revisto anualmente. A legislação municipal não menciona explicitamente a criação do OPPA ou o processo de trabalho específico pelo qual se desenvolve. Na ausência de uma institucionalização que dê um caráter permanente ao OPPA, é como se o espaço público no qual a participação se realiza tivesse que ser refundado continuamente a cada nova rodada de discussões.

Fedozzi (1996) considera problemática a inexistência de uma regulamentação legal do OPPA porque nela identifica um descompasso entre o nível institucional e o nível social. De acordo com o autor, o grau de legitimidade obtido junto aos participantes pelas regras do RI seria suficiente para garantir que a aplicação de tal lei não ficaria distante da prática.

Embora reconheça os riscos que a formalização do processo participativo pode trazer no sentido de empobrecimento do significado das manifestações sociais e do engessamento impeditivo do aperfeiçoamento contínuo do processo, adverte que:

> a inexistência de garantias legais (universais) no sistema político do município poderá representar a dependência do sistema do Orçamento Participativo ou ao partido político que o implantou ou aos governantes de ocasião. Na prevalência de ambas as hipóteses (que provavelmente ocorreriam juntas), a experiência não seria universalizada como forma de gestão da Administração Pública do Município – pelo menos no sistema de direitos legais – pois estaria apropriada por grupos político-partidários. (Fedozzi, 1996, p. 282-3)

Pela análise aqui realizada sobre a institucionalização da participação no OPPA, embora faça sentido o argumento de Fedozzi sobre o risco de apropriação da experiência por grupos político-partidários, questiona-se se a transformação do RI em lei seria a única solução para tal problema. Um documento legal poderia limitar um dos elementos mais importantes para a manutenção da participação no tempo – a possibilidade de permanente renovação. Além disso, é preciso reconhecer que o uso político da mobilização popular pode ocorrer por outros meios como, por exemplo, com a utilização da pressão da comunidade para evitar alterações na proposta orçamentária (Ribeiro Dias, 2002) e com a atuação dos Coordenadores Regionais do Orçamento Participativo (CROP), conforme será comentado a seguir.

4.4. O PESSOAL DO OPPA

A existência do OPPA depende em grande parte da mobilização da população para tomar parte no processo. Sem a crescente afluência qualitativa e quantitativa de pessoas às diversas assembleias e encontros que constituem o processo participativo, este seria esvaziado de sentido, a despeito de qualquer esforço de institucionalização do OPPA pelo governo municipal.

Para fomentar e apoiar a organização da população e incrementar a sua participação no processo de discussão do orçamento, foi criada uma função específica no quadro de pessoal da Prefeitura, a de Coordenador Regional do Orçamento Participativo (CROP).

Trata-se de um cargo em comissão de livre provimento que atua como assessor da população e tem atribuições definidas no Regimento

Interno do OPPA. Como mencionado anteriormente, esses cargos estão alocados no Gabinete de Relações com a Comunidade, unidade do Gabinete do Prefeito incumbida do estabelecimento de uma relação de maior proximidade com a população.

Esta parte do Capítulo trata dos CROP: seu perfil, as características do trabalho que desenvolvem e suas competências específicas. As atividades desempenhadas por esse grupo de profissionais estão associadas exclusivamente ao OPPA desde 1991, praticamente o início de sua operação. É esse conjunto de indivíduos que oferece as condições para que sejam desenvolvidas as diversas etapas do OPPA. A criação da função de CROP para atuar como assessor da comunidade visou suprir uma lacuna em termos de prestação de serviços da Prefeitura relativamente ao processo participativo, na medida em que o CROP é um servidor público que tem como incumbência apoiar a organização da população.

Tendo em vista que o OPPA é elaborado na confluência de dois processos, um que se realiza no âmbito do Estado – a função orçamento - e outro na sociedade – o processo participativo – foi necessário proceder a um recorte para selecionar o grupo de profissionais que compõem o quadro de pessoal do OPPA, uma vez que os técnicos do orçamento também estão envolvidos, em maior ou menor grau, no processo do OPPA. No entanto, suas atividades os situam numa área cinzenta: participam do processo de discussão com a população, mas com o objetivo de elaborar os documentos do processo orçamentário, uma função tipicamente burocrática.

Outro grupo refere-se aos assessores comunitários, representantes das unidades da Prefeitura que avaliam as demandas da população do ponto de vista técnico para sua inclusão ou não no PI. No entanto, como estes se encontram dispersos no interior da instituição governamental, poderiam não representar um grupo homogêneo, pois seu comportamento poderia ser sujeito a influências diversas, relacionadas às peculiaridades da unidade de prestação de serviços em que estão alocados.

Nesta pesquisa optou-se por concentrar a análise nos CROP uma vez que sua atuação é específica ao processo participativo e o objetivo aqui é a identificação das características singulares necessárias para o trabalho com a população. É essa equipe, que da parte do governo viabiliza a ocorrência regular das diversas etapas do ciclo participativo e fornece informações para subsidiar os debates, a responsável pelo principal resultado do OPPA: sua permanência ao longo do tempo com a participação de segmentos excluídos da população.

As atribuições dos CROP estão expressas no RI relativo ao OPPA de

2005 da seguinte forma: (a) estar presente a todas as reuniões do fórum de Delegados; (b) colaborar com a mesa na condução dos trabalhos; (c) contribuir com subsídios e informações atualizadas no sentido de auxiliar no trabalho dos Conselheiros; (d) informar a posição do Governo sobre assuntos de interesse da região; (e) informar a situação das atividades e obras de interesse das comunidades e da região; (f) prestar apoio material ao trabalho dos Conselheiros (Regimento Interno OPPA, 2004).

Para levantamento das características do quadro de pessoal que interage com a população foi aplicado um questionário quantitativo e foram realizadas entrevistas em profundidade com a equipe do GRC. Os questionários foram respondidos por 29 pessoas e 21 entrevistas foram realizadas de um total de 40 servidores. As entrevistas foram realizadas sob a forma de depoimentos semiestruturados a respeito de temas relacionados com o processo participativo: projeto político do OPPA, visão do cidadão, influência do OPPA na gestão municipal, perspectivas para o futuro. A transcrição de partes dos depoimentos não será identificada porque esta foi uma condição oferecida na realização das entrevistas.

O instrumento de pesquisa quantitativa foi elaborado com base em estudo de Aberbach e outros (1981). Esses autores investigam o papel assumido pelos burocratas e políticos na formulação de políticas e realizam um levantamento de dados com políticos e servidores públicos seniores de sete países desenvolvidos. Embora a pesquisa de Aberbach e outros (1981) trabalhe com um grupo distinto de servidores públicos e de outro contexto, o instrumento de pesquisa adotado por eles é de interesse para esta análise, na medida em que permite a percepção de elementos tanto técnicos quanto políticos do trabalho desenvolvido[138].

O questionário elaborado para a pesquisa quantitativa aborda os seguintes aspectos: (a) caracterização dos indivíduos e da carreira profissional, (b) papel que exercem e estilo com que desempenham suas atividades, (c) competências necessárias para o ocupante do cargo, (d) padrão e frequência das interações profissionais, (e) qualificação da forma como entendem a intervenção estatal e (f) compromisso com princípios

---

[138] O estudo tem como ponto de partida a indagação sobre as similaridades e distinções entre políticos e burocratas atuando como formuladores de políticas. Para orientar sua análise, os autores consideram quatro possíveis imagens do que poderia consistir a relação entre políticos e burocratas. De acordo com a primeira imagem, políticos formulam políticas que são implementadas por burocratas; na segunda imagem, políticos e burocratas atuam na formulação de políticas, mas os primeiros aportam insumos políticos e os segundos, aspectos técnicos e factuais. A terceira imagem é de que ambos formulam políticas e defendem interesses, mas os políticos atendem a interesses gerais da sociedade e os burocratas a grupos específicos. Na quarta imagem não há distinções entre burocratas e políticos – imagem híbrido--pura – verificam-se plenamente tanto a politização da burocracia quanto a burocratização da política (Aberbach e outros, 1981).

democráticos (Aberbach e outros, 1981). A combinação das respostas a esses diferentes temas pode oferecer um retrato mais detalhado sobre quem são os profissionais do OPPA.

De acordo com os dados obtidos com o questionário, o grupo de profissionais que atua no GRC, no que se refere à origem e perfil, se caracteriza por:

> Maior concentração nas faixas etárias médias, entre 36 e 47 anos (Tabela 12);
> Predominância de homens (69%);
> Nível de escolaridade elevado, de no mínimo 2º grau completo, com predominância (65%) de escolaridade de nível superior (Tabela 13);
> Ciências humanas e sociais aplicadas são as áreas de formação majoritárias (Tabela 14);
> Maior número de indivíduos com tempo de serviço igual ou superior a 12 anos (Tabela 15);
> A profissão do pai da maioria é de funcionário público civil ou militar, ou trabalho de natureza técnica, manual ou não (Tabela 16).

Tabela 12. CROP. Distribuição por faixa etária

Idade	Frequência	%
30 a 35	4	13,79
36 a 41	8	27,59
42 a 47	10	34,48
48 a 53	3	10,34
54 a 59	3	10,34
Mais de 60	1	3,45
Total	29	100,00

Fonte: Questionário próprio.

Tabela 13. CROP. Distribuição por nível de escolaridade

Escolaridade	Frequência	%
Segundo grau	10	34,48
Nível superior	19	65,52
Total	29	100,00

Fonte: Questionário próprio.

Tabela 14. CROP. Distribuição por área de formação

Área de formação (nível superior)	Frequência	%
Administração de Empresas, Ciências Contábeis e Economia	4	21,05
Ciências Sociais, Filosofia e História	7	36,84
Educação e Pedagogia	3	15,79
Outros	4	21,05
Sem resposta	1	5,26
Total	19	100,00

Fonte: Questionário próprio.

Tabela 15. CROP. Distribuição por tempo de serviço

Tempo de serviço (ano)	Frequência	%
0 a 5	4	13,79
6 a 11	3	10,34
12 a 17	7	24,14
18 a 23	4	13,79
24 a 29	7	24,14
30 ou mais	2	6,90
Sem resposta	2	6,90
Total	29	100,00

Fonte: Questionário próprio.

Tabela 16. CROP. Distribuição por local de trabalho anterior ao GRC

Onde trabalhava antes de ingressar no GRC	Frequência	%
Outra unidade da Prefeitura	12	41,38
Outro setor público	7	24,14
Entidade representativa de interesses de comunidade específica	1	3,45
Setor privado	4	13,79
Igreja	2	6,90
Respostas não válidas	2	6,90

Sem resposta	1	3,45
Total	29	100,00

Fonte: Questionário próprio.

Tabela 17. CROP. Distribuição por tempo de serviço no GRC

Tempo de Serviço no GRC (ano)	Frequência	%
0 a 2	15	51,72
3 a 5	8	27,59
6 a 8	4	13,79
9 a 11	1	3,45
Mais de 12	1	3,45
Total	29	100,00

Fonte: Questionário próprio.

Tabela 18. CROP. Distribuição por vínculo com a Prefeitura

Vínculo com a Prefeitura	Frequência	%
Cargo efetivo	2	6,90
Cargo em comissão	24	82,76
Cargo efetivo e cargo em comissão	3	10,34
Total	29	100,00

Fonte: Questionário próprio.

Tabela 19. CROP. Distribuição segundo a profissão do pai

Profissão do Pai/ principal atividade remunerada exercida pelo pai	Frequência	%
Servidor público – civil e militar	11	38
Manual/ técnico	5	17
Não manual/ técnico	5	17
Manual/ não técnico	2	7
Não manual/ não técnico	2	7
Sem resposta	4	14
Total	29	100

Fonte: Questionário próprio.

Esses profissionais desenvolveram sua carreira basicamente no setor público municipal ou estadual (Tabela 16) e o tempo de serviço no GRC é relativamente baixo: 23 indivíduos passaram a atuar no GRC nos últimos cinco anos. A maioria não trabalhava lá nas gestões anteriores (Tabela 17). Apenas uma pessoa integrou a equipe que participou do OPPA desde o início da sua implantação. Somente dois dos pesquisados são ocupantes de cargo efetivo, parte majoritária do grupo (83%) ocupa apenas cargo em comissão (Tabela 18).

Apesar de terem tomado parte do movimento popular, os CROP não pertencem ao mesmo extrato socioeconômico da maioria dos participantes do OPPA. Sua origem, conforme pode ser lido a partir da profissão do pai (Tabela 19), é de classe média e sua escolaridade é elevada com formação em áreas que podem ser consideradas como mais generalistas do que propriamente técnico-especializadas.

O grupo dos CROP também não apresenta a mesma tendência igualitária verificada entre os participantes do OPPA, no que se refere à relação entre os sexos, sendo a maioria deles composta por homens. Assim, mesmo que possa ter origem no movimento comunitário, os CROP parecem corresponder a um grupo de elite. Conforme relatado nas entrevistas, pode-se perceber que muitos desenvolveram uma carreira que intercala atuação junto com a comunidade com o trabalho no governo.

> Comecei com o OP em função de uma necessidade do bairro. Então era vice-presidente da associação comunitária do bairro e vi dentro do OP uma perspectiva, uma possibilidade de que a comunidade pudesse buscar recursos para resolver um problema da comunidade que era o problema do arroio areião que ficava no bairro (...). Participei vários anos como delegado, representando a associação. Depois por duas gestões fui conselheiro do OP representando a comunidade no COP, fui também conselheiro do meio ambiente para a questão do arroio também por duas gestões e depois de um certo tempo fui convidado a participar da instituição como coordenador do OP de uma das regiões de Porto Alegre, a região centro-sul, onde nos últimos três anos tenho atuado.

> Minha experiência no OP vem desde 89, início do OP de Porto Alegre. Primeiras reuniões nós já nos reunimos com algumas entidades da região leste e propusemos fazer na época a união de vilas que desencadeou todo o processo de organização e articulação do OP na região leste. Até 2000 eu participei ativamente com a comunidade do OP fui conselheiro do OP, fui delegado e agora a partir de 2001 até 31 de dezembro de 2004 eu sou coordenador do OP na região leste.

No que se refere ao(s) principal(is) elemento(s) levado(s) em conta na realização das atividades foi assinalada, de um lado, a importância da mediação de conflitos e da formulação de políticas públicas e em menor grau, a defesa do bem-estar geral da sociedade (Tabela 20). De outro lado, foi dada pouca relevância a aspectos técnicos (de forma até mais acentuada do que o conhecimento de aspectos legais), o que é coerente com a área de formação mais generalista da maioria dos CROP. Também não foram muito consideradas as questões que têm como referência interesses de grupos ou indivíduos específicos, o que pode indicar que a atuação dos CROP está voltada para a mobilização da comunidade como um todo.

Tabela 20. CROP. Principais elementos levados em conta na realização das suas atividades

Principais elementos levados em conta na realização das suas atividades	Marcaram essa opção	%
Mediação de conflitos	24	83
Formulação da política pública	24	83
Defesa do bem-estar geral da sociedade	18	62
Aspectos legais	13	45
Aspectos político-partidários	13	45
Representação dos interesses do Estado	10	34
Aspectos técnicos	8	28
Outro	3	10
Proteção de interesses de um grupo específico	2	7
Especificidade de interesses individuais	1	3

Fonte: Questionário próprio.

Os elementos que os CROP levam em conta na realização de suas atividades são condizentes com a gama de tarefas – garantir o debate democrático, fornecer informações, estimular formação de comissões, fazer o contato da população com o governo, construir processos cooperativos etc. – que eles devem desempenhar junto à comunidade, como demonstra o depoimento a seguir:

> Os Coordenadores Regionais do Orçamento Participativo são quadros políticos do governo, vinculados à Coordenação de Relações com a Comunidade. Atuam desde 1991 e têm três tarefas básicas:

- Monitorar, em cada região do Orçamento Participativo, o processo de discussão do orçamento, sem interferir diretamente nas decisões, mas garantindo o debate democrático e prestando esclarecimentos quanto aos critérios que norteiam a definição dos investimentos. São também uma das fontes de informações sobre a execução do Plano de Investimentos, estimulando a criação de comissões de acompanhamento de obras.
- Globalizar as ações de governo na região, incidindo assim contra a fragmentação da estrutura administrativa. O CROP ajuda a programar o contato da população com o governo, por meio de reuniões como as dos fóruns de serviços, que tratam da conservação e da manutenção. Ao longo do tempo, fomos assumindo papéis além das questões apenas de orçamento. O CROP passou a ser um "centro administrativo ambulante", principalmente nas regiões onde não havia, à época, Centros Administrativos constituídos.
- Outra tarefa do CROP é preservar e difundir determinados valores. O Orçamento Participativo exige que se tenha a intenção de construir processos cooperativos e de solidariedade, caso contrário estabelece-se a lógica da competição e do levar vantagem, do ganho a qualquer preço, gerando processos de exclusão. Portanto, negociações inspiradas numa prática solidária devem ser uma constante na ação pedagógica que o CROP exerce junto à cidadania. (depoimento de Maria Eunice de Andrade Araújo, em Genro e Souza, 1997, p. 30)

Os pesquisados indicaram até seis características desejáveis para a equipe do GRC de uma lista previamente definida (Tabela 21). Foram destacadas, em especial: capacidade de dar retorno e prestar contas; capacidade de mediação, barganha e conciliação; habilidades gerenciais e organizacionais; interesse na formulação de políticas.

Tais características são necessárias para mediação de conflitos e formulação de políticas públicas (especialmente no que se refere aos seus aspectos políticos), principais elementos levados em conta pelos CROP na realização de suas atividades. Em compensação, pouca ênfase foi dada ao caráter e reputação pessoal, à capacidade técnica, ao apoio aos níveis hierárquicos superiores e à implementação neutra de leis.

Tabela 21. CROP. Características desejáveis para a equipe do GRC

Características desejáveis para a equipe do GRC	Marcaram essa opção	%
Capacidade de dar retorno e prestar contas	26	90
Capacidade de mediação, barganha e conciliação	22	76
Habilidades gerenciais e organizacionais	21	72
Interesse na formulação de políticas	19	66
Sociabilidade e relações pessoais	17	59
Liderança e carisma	14	48
Compromisso com ideais e sua defesa	14	48
Capacidade intelectual	10	34
Caráter e reputação pessoal	8	28
Capacidade técnica	5	17
Apoio aos níveis hierárquicos superiores	5	17
Implementação neutra de leis	1	3

Fonte: Questionário próprio.

As características apontadas como desejáveis para a equipe do GRC são necessárias para o desempenho das atividades do CROP, conforme depoimento transcrito a seguir:

> A principal função enquanto agente foi tentar fazer em termos de coordenação de reuniões tentar colocar as posições de governo, apresentar informes, fazer o meio de campo em questões de serviços, questões políticas com os órgãos da prefeitura e até com o prefeito. (...) Organizar as preparatórias: conversar com as pessoas: "ó, se vocês tiverem alguma dúvida, já discutam com as comunidades o que vocês desejam demandar. Vamos marcar [reuniões com] as secretarias nas regiões de vocês, junto com a associação de vocês, para que quando chegue o dia da votação as pessoas saibam exatamente em que votar e não fiquem perdidas". As preparatórias servem exatamente para isso. (...) Então preparado isso eles vão para a reunião chamada rodada única já mais ou menos articulados entre regiões inclusive para uma apoiar a outra. (...) Uma experiência interessante também foi organizar associações nas comunidades. Elas me procuraram porque não sabiam como fazer ou não conheciam o OP. Então [falei] o seguinte: "ó, vão lá na sua comunidade organizar o pessoal ou vão reativar uma associação ou vão montar uma associação" (...).

Reforçando a visão dos CROP sobre as qualidades necessárias para o desenvolvimento de seu trabalho, o manual da OCDE sobre como fortalecer o relacionamento do Estado com o cidadão destaca que o apoio à participação requer capacidades específicas dos servidores públicos: "abrange competências estratégicas, políticas e especializadas, desenho de processos, habilidades para moderação e facilitação e capacidades gerenciais"[139] (OCDE, 2001, p. 39).

As atividades dos CROP são desenvolvidas com contatos frequentes com a população, seja com os conselheiros do COP, representantes de organizações da sociedade civil, cidadãos individualmente, ou delegados regionais ou temáticos, embora haja predomínio de contatos intra-GRC, uma vez que é esta a unidade da Prefeitura na qual estão alocados (Tabela 22).

Chama atenção o fato de que mantém contatos frequentes com interlocutores em outras secretarias e com cargos de nível superior como o Prefeito ou Secretários, o que indica que os CROP representam um importante elemento de horizontalização das relações internas à Prefeitura, além de serem um elo de ligação com a comunidade.

A fragilidade institucional do GRC contribui para aumentar a autonomia dos CROP. Como os cargos em comissão que os CROP ocupam são, na maioria das vezes, emprestados de outras unidades da Prefeitura, aqueles que os ocupam não devem sua posição unicamente à influência do chefe do GRC[140], mas a algum integrante do grupo de apoio político ao Prefeito.

Tabela 22. CROP. Contatos necessários para a realização das atividades

Frequência de contatos necessária para a realização das suas atividades	0 (nenhum)	- de 1 vez ano	+ de 1 vez ano	+ de 1 vez mês	+ de 1 vez semana	+ de 1 vez dia	Sem resposta	Total
Equipe de outras unidades da prefeitura	1	5	5	9	7	2		29
Dirigente da CRC			2	15	8	2	2	29

---

[139] Tradução livre.
[140] Conforme indicado no Capítulo 2, Weber dava grande importância à nomeação pelo superior para garantir a subordinação hierárquica.

	1	2	3	4	5	6	7	Total
Chefe imediato ou ocupante de outro cargo de chefia da CRC		1		11	11	5	1	29
Outros técnicos da equipe da CRC		1	4	12	6	5	1	29
Equipe do GAPLAN ou Secretaria de Planejamento Municipal		1	11	10	5	1	1	29
Equipe da Secretaria de Planejamento Municipal	2	3	12	6	2		4	29
Assessores de planejamento 'Asseplas'	1	4	10	8	4		2	29
Outros secretários	1		11	13	2	1	1	29
Prefeito ou seus assessores diretos		2	11	10	4	1	1	29
Vereadores	8	4	10	3	1		3	29
Delegados regionais ou temáticos		3	4	7	8	6	1	29
Conselheiros do COP		2	4	2	12	4	5	29
Representantes de outros grupos organizados da sociedade		4	6	5	9	4	1	29
Outros cidadãos		5	2	4	6	9	3	29
Outro	1						28	29

Fonte: Questionário próprio.

É fundamental, para a tarefa do CROP, que ele conheça o interior do governo e a dinâmica da máquina administrativa. Ele não substitui as lideranças comunitárias, mas auxilia na relação entre poder público e população, encurtando caminhos. Outro atributo importante no CROP deve ser, além do respeito que necessita ter junto ao primeiro escalão do governo, a capacidade de interlocução com todos os setores da sociedade, pois em situação de conflito muitas vezes é chamado a uma ação mediadora. (Maria Eunice de Andrade Araújo em Genro e Souza, 1997, p. 31)

Os CROP têm uma postura eminentemente proativa na mobilização da população, bastante diferente do papel de assessor fornecedor de informações e de infraestrutura para as assembleias que se pode antever da descrição do cargo contida no RI. Realizam voluntariamente atividades que não se encaixavam rigorosamente dentro da definição de seu trabalho.

É papel [do CROP] estabelecer diálogo com a comunidade, fornecendo informação, apresentando o que é o OP, como ele funciona. Por exemplo, se uma comunidade não participa do processo do OP, mas ela demanda da Prefeitura serviços, então a gente tem que organizar reuniões lá na comunidade, podendo estar apresentando qual é o processo. Ou se porventura uma demanda da comunidade não foi acolhida, não foi aceita, é papel do CROP ir até a comunidade, fazer enfim esta parte.

Tais características dos CROP e do trabalho que desenvolvem são coerentes com a descrição de Abers (2000) a respeito das atividades que desenvolvem:

o Gabinete de Relações com a Comunidade e os CROP adotaram a prática de apoiar indivíduos que com queixas menores com a Prefeitura a organizar-se com seus vizinhos e começar a articular demandas mais abrangentes. Os CROP não aguardavam as pessoas chegarem a eles: eles se dirigiam aos bairros cujos residentes não estavam participando das assembleias do orçamento participativo, identificavam líderes em potencial e os ajudavam a organizar a comunidade[141]. (Abers, 2000, p. 224)

Os CROP têm experiência, formação e inclinação para atuar na área social, que são na realidade compatíveis com o que seria de se esperar daqueles que trabalham com a complexidade e potencial de conflito envolvido no estabelecimento de relações de natureza política com a

---
[141] Tradução livre.

população e na formulação da política pública. Esses profissionais entendem que o conflito é da natureza do próprio trabalho que realizam.

> Tem ainda muito problema que a gente não conseguiu atender. E isso também criou aquela história da cobrança. Isso é uma coisa que o próprio orçamento tem porque às vezes quando tu não atendes ele é ruim. As pessoas dizem isso aí é mentira, isso não funciona. Tu acabas criando problema para a administração mesmo. Às vezes ele [o OP] gera uma animosidade entre a comunidade e o poder público. Outro dia, o secretário na aprovação do plano de investimentos 2005 falou: olha a gente vem aqui botar a cara. A gente é cobrado mas quando é cobrado numa certa tranquilidade, com respeito acho que isso é válido. Só que tem gente que se banca em cima disso.
>
> Suponhamos que uma comunidade se mobilizou e foi numa reunião e sua demanda ficou em quarto lugar, ela não terá sua demanda atendida. Isso de alguma forma também causa uma frustração nas pessoas e aí também acaba causando uma dificuldade no agente político que é quem está representando o governo que é de conseguir restabelecer a relação novamente porque tu tens que ir até lá e explicar para essas pessoas porque sua demanda não foi atendida segundo as regras do processo. Então é um processo que acaba sendo mais intenso porque tem que explicar. Num primeiro momento tu "diz" para as pessoas que devem participar do OP, que devem ir até lá, que funciona assim, assim. Aí, as pessoas vão e não têm a sua demanda atendida e tu tens que retornar até lá para enfim poder retomar todo este processo.

Assim, um elemento importante para realizar suas atividades torna-se a mediação de conflitos e por essa razão consideram como ideais competências relacionadas com a capacidade de mediação, barganha e conciliação, capacidade de dar retorno e prestar contas, ao invés do conhecimento técnico ou normativo-legal. Em vista do fato de o processo de descentralização administrativa não ter sido completamente implementado, o CROP acaba sendo o elemento de contato da Prefeitura com todo o tipo de demanda da comunidade da região pela qual é responsável.

> Tem gente que diz que se você não tem nada para fazer na vida, vai trabalhar de CROP. Porque é uma função que puxa muito até porque você acaba não trabalhando só com orçamento, acaba trabalhando com todas aquelas questões que envolvem a região. Então você pega serviço, tudo que é demanda que passa tu acabas tomando as rédeas,

indo para a ponta, porque você está na ponta então tu acabas te envolvendo com tudo que acontece na região. Isso puxa muito.

Tem muita gente em secretaria que não sabe o que é CAR. Isso também é uma coisa que influencia e assim a própria descentralização administrativa. Eu estou lá vendo o problema, mas eu nunca consigo determinar [a sua solução], nem o meu coordenador, o Airto. Ele tem que pedir, aí quem decide é o secretário se vai se não dá. Às vezes, com muita negociação, com muita ida principalmente na questão de serviços, mais pontual que a gente sofre o pênalti. Tem que ter muita conversa para resolver o problema e às vezes tu não "consegue"...

Os CROP mencionaram em entrevista algumas características do trabalho no OPPA e o perfil do profissional que é considerado adequado para o trabalho com a população que geram dificuldades no relacionamento com os servidores efetivos:
- seu caráter flexível: "tem que ter muito jogo de cintura para atuar com a população";
- seus requisitos específicos de competência: "é preciso preparo para trabalhar com as pessoas, para conviver com críticas severas e às vezes injustas, com o desrespeito"; "obriga o servidor a negociar, se expor"; "requer criatividade para implantar ações. A estrutura do Estado foi pensada para ações definidas por um grupo pequeno da sociedade. O conjunto de regras é mais fácil de aplicar sem que a comunidade esteja próxima";

Na minha avaliação tem um problema inclusive do ponto de vista da seleção do servidor público porque ele faz o concurso, na verdade é uma prova eliminatória e nessa prova não se tem nenhum tipo de qualificação para saber se a pessoa quer de fato prestar serviço ao cidadão. O grande problema que a gente fala da burocracia do Estado na verdade é um pouco isso, tu tens uma pessoa que se preparou para passar numa prova, não para prestar serviços à comunidade. Isso a gente percebe muito claramente quando tu tens um conjunto de servidores que tem dentro de seu expediente, muitas vezes, do seu próprio voluntariado trabalhar com o orçamento participativo. E tem servidores que de fato não querem. As pessoas dizem que não gostam, que não têm jeito... é isso, trabalhar com pessoas é algo que a gente tem que exercitar no cotidiano.

Esse processo dá um volume de trabalho muito maior para o quadro institucional. Porque uma coisa é o secretário e o prefeito sentam e discutem vamos fazer isso e transformar isso em projeto. Outra coisa é a participação que cria coisas que nem existem, que é a necessidade. A resistência que se tem é pelo volume de trabalho que aumenta. (...) Mas a resistência que há é aquela famosa questão do saber técnico - eu sei e então não é o cara lá da vila que vai me ensinar. Essa é uma questão delicada para lidar. Então essa é a resistência maior (...) Até porque são pessoas que não tinham feito essa experiência [antes], elas ficavam completamente naquilo que sempre foi o trabalho: sentar e executar. Sair dos gabinetes era uma coisa que incomodava.

Os CROP se diferenciam do padrão de comportamento do servidor público tradicional. De acordo com Abers (2000), embora os servidores públicos[142] não tenham abertamente boicotado o OPPA, estando abertos a atender e prestar esclarecimentos aos cidadãos no seu local de trabalho e durante o horário do expediente, não se dispunham a trabalhar nas diversas reuniões e assembleias que compõem o processo participativo que se realizavam à noite e nos fins de semana. Além disso, ofereciam resistência à implantação de projetos que contrariavam normas técnicas[143]. Em relação aos servidores públicos, cabe também ressaltar que o Sindicato dos Municipários teve escassa e intermitente participação no COP (Fedozzi, 2000).

A adesão menos efetiva dos servidores públicos aos trabalhos requeridos pelo processo participativo, somada ao fato de que a elevação do gasto com pessoal – que em grande medida é decorrência das despesas com funcionários públicos (sobretudo com inativos e pensionistas) – tende a reduzir os recursos públicos disponíveis para as decisões da população, evidencia um dos aspectos da tensão entre burocracia e participação.

Ressalta que os contatos dos CROP com a equipe do GAPLAN são relativamente menos frequentes (predomínio de contatos anuais e mensais). Tal fato pode indicar que a natureza do trabalho que os CROP desenvolvem é distinta da realizada pelos técnicos do orçamento. Os CROP atuam de forma abrangente em âmbito regional e seu trabalho é

---

[142] A Prefeitura da Porto Alegre tem um quadro de cargos definidos por profissão (economista, engenheiro etc.) ou função (fiscal), que gozam de estabilidade, têm a trajetória profissional definida por uma carreira e direito à aposentadoria.

[143] Segundo Abers (2000), o fato de terem sido implantados projetos na primeira gestão independentemente de considerações técnicas foi um importante elemento para a consolidação do OPPA junto à população. Demonstrou a importância que o governo estava dando à participação e contribuiu para a legitimação do OPPA.

flexível, reagindo a cada situação concreta, enquanto os técnicos do orçamento têm um trabalho estruturado de acordo com sua competência técnica e regrado.

Para os profissionais do orçamento, aparentemente, o OPPA aparece como uma etapa específica a ser cumprida, uma das fontes de insumos para a realização do trabalho. Os demais insumos para a elaboração da proposta de orçamento ou são definidos com base na lógica econômico-financeira ou obedecem a dispositivos normativo-legais que regulamentam o processo orçamentário.

Aparentemente, entendem que a maior parte do orçamento é definida por inércia, já que é constituída por despesas rotineiras. Assim, consideram que a discussão do OPPA é marginal, pois abrange os recursos que sobraram. Além disso, avaliam que o OPPA "dá muito trabalho". Já para os CROP, o trabalho do OPPA constitui a razão da existência de sua função, o que faz com que lhe confiram importância maior[144].

Existe o reconhecimento de que não houve uma estratégia para dar conta do relacionamento do quadro de servidores da Prefeitura e sua forma tradicional de atuação com o processo participativo.

> Mudou pouco para dentro da Prefeitura. Algumas estruturas ainda não funcionam nas secretarias. Internamente como os órgãos da prefeitura se relacionam é ainda muito, de uma maneira muito, digamos, tradicional. Isso foi uma coisa talvez que nós avançamos menos nos últimos dezesseis anos.

> Mas mesmo assim eu acho que para qualificar o processo de participação popular de construção do sujeito político, enfim, deve haver uma forma específica de tratar essa questão administrativa, de como aproximar... e essa forma nós não constituímos. (...) Nós temos dificuldade... Na minha mesa deve ter sei lá dez, doze processos que ficaram quatro anos parados num órgão, o que é complicado. (...) Em resumo nós fomos um pouco bons, ou muito bons na política, mas na burocracia do Estado nós nos perdemos um pouco.

> Tem que preparar a instituição para esse tipo de participação. Porque o orçamento público sempre foi tratado como uma coisa de técnico,

---

[144] Para identificar diferenças de postura entre as equipes do GRC e do GAPLAN, é digna de relato a reação em resposta a esta pesquisa. Enquanto foi fácil estabelecer contato com o GRC e possível conversar e obter retorno dos questionários de grande número de CROP, encontrou-se maior dificuldade com o GAPLAN, a despeito dos inúmeros esforços da pessoa de contato. Um profissional graduado do GAPLAN que desmarcou a entrevista expressou receio e desconfiança em relação aos objetivos da pesquisa. Tais comportamentos podem indicar uma postura menos aberta ao diálogo desses profissionais.

que a população não teria condições de discutir. E isso talvez sempre seja uma lacuna nas experiências de orçamento. Se a população participa ativamente, ela vai dominando as estruturas existentes, mas a preparação dentro do corpo principalmente de funcionários às vezes isso acontece muito pouco ou às vezes não acontece. Então acaba sendo uma imposição da política e do governo que assume. Essa preparação a gente vem discutindo que é necessária, hoje já há uma abertura maior. Mas antes de se conquistar o público externo para uma nova forma de gestão e de relacionamento, o trabalho preliminar deveria ser ou concomitante [com] o [do] próprio corpo funcional.

O número reduzido de anos que a maioria dos pesquisados trabalha no GRC indica uma taxa de renovação do quadro relativamente elevada. E, se considerarmos o atraso com que foi formalizada a estrutura do GRC como unidade da Prefeitura, chama a atenção que o trabalho tenha tido continuidade nessas condições. O desenvolvimento do trabalho do CROP acaba tendo um alto grau de dedicação e um comprometimento com a ação. Seu trabalho pode ser descrito como o de um militante, com um nível elevado de compromisso pessoal.

Além de questões relacionadas à rotina de trabalho tais como atendimento da população na própria região de moradia e não em escritório, horário de trabalho mais prolongado e intensivo, um elemento diferenciador da atuação dos CROP em relação aos servidores públicos parece ser o valor que eles conferem à participação, que traduz o sentido de sua ação. Não podia ser diferente uma vez que a promoção da participação é a razão de ser do seu trabalho.

> E quando tu tens um compromisso político, não só político partidário, mas com o processo efetivo de participação e de democracia isso muitas vezes, te deixa angustiada. Porque tu queres dar conta de poder cada vez mais estar indo nas comunidades e fazer essa pauta [esclarecer sobre o OP e a estrutura da prefeitura existente na região para interagir com a comunidade] de explicar, enfim de poder informar as pessoas, isso em alguns momentos traz uma certa frustração de não conseguir muitas vezes ter pernas para dar conta de tudo que precisaria fazer. Enquanto profissional essa é uma das dificuldades que a gente sente. E também porque quem acaba assumindo esta tarefa, este papel passa a viver isso de uma forma assim muito integral. Então tu tens reunião praticamente quase todas as noites, tu tens reuniões nos finais de semana, então tu enquanto pessoa, enquanto indivíduo neste compromisso tu acabas dedicando muito de tua vida neste processo.

Porque a estrutura não existia. Essa estrutura organizacional: nós vamos implantar o orçamento participativo, vai ter isso, isso e isso... Nós chegamos e fomos fazendo. Talvez por isso tenha dado certo tanto tempo. Porque tínhamos esse compromisso, essa tarefa: então vamos chegar e vamos fazer. Os meios (...) depois a gente vai organizando. O que é um pouco isso que tem que ser feito mesmo. É necessário planejamento, sou adepta do planejamento de longo prazo, é isso que tem que fazer... mas também tem que iniciar de alguma forma. Se a gente vai esperar a estrutura ideal para fazer as coisas, então não se faz nada nesta vida.

Um alto grau de envolvimento pessoal com o trabalho por parte dos CROP pode ter sido o elemento que ajudou o GRC a superar a fragilidade institucional decorrente do fato de ter sido estruturado apenas em 2003. Considerando-se ainda o elevado grau de rotatividade de sua equipe, foi levantada a hipótese de que a continuidade do trabalho da unidade possa ter tido por base um conjunto de ideais a serem alcançados compartilhados por todos.

Seria de se esperar que uma instituição com baixo grau de formalização como o GRC, que não opera com base em normas e procedimentos detalhados e exaustivos nem com um controle hierárquico rígido, como uma burocracia tipo ideal. Dependeria da capacidade de sua equipe de agir orientada por um arcabouço implicitamente consensual de valores, que comporia o sentido da ação social do grupo.

Para tentar obter algumas indicações sobre a visão de mundo dos servidores da GRC, ao final do questionário foram apresentadas algumas questões sobre qual entendiam ser o papel do cidadão na política, o papel do Estado e manifestar concordância ou discordância em relação a algumas afirmações relacionadas a esses temas.

Maior número de pesquisados assinalou que o cidadão deve participar da política diretamente, atuando em partidos, associações ou no governo de sua comunidade e que o Estado deve atuar de forma ampla, inclusive no setor produtivo.

Em relação a uma lista de afirmações apresentadas, mais concordaram que discordaram que "a vida tem sentido apenas se buscamos um ideal ou lutamos por uma causa", o que é compatível com a ênfase dada ao envolvimento pessoal e compromisso para a realização das atividades. Também houve maior concordância do que discordância em relação a "poucas pessoas conhecem aquilo que é de seu real interesse no longo prazo". Essa visão pode ajudar a explicar a importância que conferem ao OPPA como um mecanismo de qualificação dos cidadãos: como as pessoas não conhecem seu interesse no longo prazo, é preciso capacitá-las para adquirir tal consciência.

Em relação a outro elenco de afirmações, apresentaram "maior discordância que concordância" em relação a:

- A crescente intervenção do Estado na vida econômica e social traz incertezas e riscos;
- No contexto socioeconômico atual aspectos técnicos devem ser levados em conta mais do que fatores políticos;
- Os partidos políticos tendem a acirrar conflitos políticos desnecessariamente;
- O aumento do controle dos cidadãos sobre o setor público não faz sentido num contexto complexo como o atual.

A partir dessas respostas, pode-se perceber que o sentido da ação social dos CROP, sua motivação para agir está fundamentada em valores políticos que envolvem o reconhecimento da importância da intervenção do Estado e do controle dos cidadãos sobre o setor público, mais do que a valorização de elementos técnicos.

Na descrição sobre como o entrevistado entende o projeto político do OPPA foram identificados elementos que o caracterizam como um processo político que "dá ao cidadão o poder de decisão e gestão sobre a utilização do recurso público", "um mecanismo de qualificação do cidadão" seja em relação aos seus direitos e necessidade de organização, seja sobre o funcionamento do Estado, representando um "espaço de participação e exercício de solidariedade, de resgate da cidadania", ao mesmo tempo em que é "campo de disputa política qualitativamente superior à da política tradicional".

Foram também mencionados aspectos relativos ao OPPA como um processo de melhoria da gestão pública com o objetivo de "mostrar à população como a máquina funciona e o que está sendo feito com o dinheiro público", "melhorar a qualidade do gasto público", possibilitar o "alcance de reivindicações materiais da população carente".

Ainda, existe a visão do OPPA como um mecanismo que possibilita o controle social. O cidadão é considerado aquele "que decide sobre os bens e serviços que recebe do Estado" e "os entende como direitos". Esse segundo conjunto de percepções dos CROP a respeito do OPPA coincide de certa forma com o ideário da Nova Gestão Pública na perspectiva do cidadão-usuário[145]: o cidadão é entendido como contribuinte e como destinatário dos bens e serviços produzidos pela administração pública.

---

145 Embora a Nova Gestão Pública dê menor ênfase a questões redistributivas.

A gestão pública deve ser compartilhada como um controle porque se o cidadão participa ele tem mais força de controle dos gastos, de onde está indo o dinheiro. Essa forma de participar no orçamento permite isso. Não basta apenas a pessoa pedir a obra. Não, ela tem que acompanhar o desenvolvimento. Ela vai acompanhar, se não saiu a obra porque não saiu. Quando sai a obra tem que acompanhar passo a passo a obra. Se atrasa uma obra tem que saber o porquê, tem que estar informada e sabendo o porquê dessas coisas. Isso é uma forma de gestão que aqui deu certo.

O cidadão também é visto como um "agente de transformação", que "luta por um ideal" e que tem "consciência do poder de sua organização". Que "ao participar do governo da cidade" pode "interferir nos seus rumos". Em sentido oposto, alguns entrevistados qualificaram o cidadão como imediatista (ou seja, não conhece seus interesses no longo prazo), não conseguindo estabelecer laços permanentes de solidariedade. Identificam o cidadão com a população pobre, carente, o que justifica a necessidade da intervenção do Estado, atuando para a sua formação em sujeitos políticos em sua plenitude.

Os profissionais pesquisados conciliam a crença na participação direta do cidadão com a noção de que o Estado deve atuar de forma abrangente. Não compartilham da visão liberal de que a atuação do Estado pode representar um limite à ação individual. Acreditam na possibilidade de engajamento individual na luta política, na visão de indivíduos ou grupos de indivíduos serem repositórios de poder, sem que representem um substituto à existência do Estado ou à sua ação em um amplo espectro de setores, incluindo o produtivo. O papel que o Estado tem a cumprir é fortalecido pela necessidade de salvaguardar os interesses de longo prazo dos indivíduos.

Os entrevistados veem o OPPA, além de como um instrumento de gestão que melhora a qualidade do gasto num contexto de recursos escassos, como um processo político no qual tanto o Estado, quanto a sociedade têm um papel a cumprir. Seu papel não é mutuamente excludente e é da mobilização dessas duas esferas que o processo participativo depende para sobreviver no tempo.

O caráter político do OPPA também transparece nos comentários dos CROP a respeito da perspectiva futura do OPPA com a eleição de um candidato representando outro grupo de partidos que não o liderado pelo Partido dos Trabalhadores[146]. Alguns acreditam que o processo

---

[146] Em 2005, o governo foi assumido por candidato de outra coligação partidária diversa da AP.

será modificado e esvaziado *com domínio de aspectos técnicos*, que o *novo governo deverá introduzir novos atores no processo* promovendo *retomada de poder da Câmara dos Vereadores. O slogan vai permanecer porque foi incorporado na vida da cidade, mas os instrumentos vão ser alterados paulatinamente até perderem sua consistência, vai permanecer o rito burocrático, mas no OP o que importa são as pessoas.*

Entre os entrevistados que afirmaram não acreditar que o OPPA irá continuar foi mencionado: (a) OP é processo, aprendizado; o novo governo não teve essa experiência. A votação é apenas um aspecto: as plenárias, discussão e prestação de contas são igualmente importantes; (b) OP implica um projeto político diferenciado, não compartilhado pelo novo governo.

Os argumentos a favor da continuidade do OPPA destacaram aspectos de natureza formal, ao fato de ele estar conectado a processos concretos: (a) já está estruturado, foram constituídos instrumentos que garantem a sua operacionalização. O PI 2005 já está pronto, é só acessar o sistema e implementar; e (b) a continuidade da participação é requisito dos empréstimos internacionais contraídos. Esses argumentos não destacam a importância do processo participativo.

Nas declarações dos CROP a respeito das perspectivas futuras do OPPA encontramos uma situação contraditória. Muitos dos que acreditam que ele não irá ter continuidade justificam tal visão com base na crença de que o processo não depende de elementos formais, mas sim das pessoas e do aprendizado conjunto que elas realizaram. Já os que entendem que o processo permanecerá, valorizam a institucionalização do processo. Afirmam que devido à sua formalização, o processo já está pronto, "é só chegar e operar".

Essa divergência de opinião, além de revelar diferenças no valor relativo dado ao papel da institucionalização do OPPA, pode indicar a fragilidade do processo no sentido de que a sua existência formal não era percebida igual e facilmente por todos. Transparece também nos comentários de alguns a menor importância dada ao Poder Legislativo no processo, o que reforça a percepção da tensão existente entre o Executivo e o Legislativo, identificada por Ribeiro Dias (2002).

O fato de existirem valores comuns que podem orientar o trabalho dos CROP, não implica, no entanto, que o seu envolvimento pessoal não esteja isento de riscos éticos, como mostram os depoimentos a seguir. Tais riscos são agravados pela circunstância de que os CROP constituem uma elite em termos educacionais e de renda frente à população que participa no OPPA. Soma-se a isso sua condição de ocupantes de cargo em comissão, nomeados politicamente e pode-se ter como resultado uma situação problemática de direcionamento político na organização da comunidade.

> Podem ocorrer problemas e desvios no trabalho do CROP. Por exemplo, assumir o papel de dirigente comunitário, desrespeitando a autonomia dos movimentos organizados, ou fazer paternalisticamente tarefas que cabem à comunidade são desvios para os quais precisamos sempre estar atentos. Relações de tutela, geradoras de subordinação e dependência, ainda são presentes em nossa cultura política. Outro desvio, mediado por uma história de militância anterior na região é assumir atitudes de parcialidade, contrariando o perfil de isenção e universalidade que a função exige (depoimento de Maria Eunice de Andrade Araújo em Genro e Souza, 1997: 31).

> "Há uma pressão forte por parte desse conjunto de lideranças mesmo conhecedores do regimento do orçamento, das regras do orçamento, mesmo sabendo que ao final de cada ano eles podem revisar o regimento interno do OP. (...) Existe uma característica muito forte de tentar resolver e encaminhar, ter um retorno rápido para a sua demanda. É aquela velha história do jeitinho. As pessoas tentam isso (...) Tu tens que ter um certo cuidado, como se fosse uma autovigilância. (...) Não tem essa coisa de que enquanto coordenador eu tenho características diferentes ou alguma coisa que diferencie em termos de qualificação ética ou moral. Na verdade é um exercício diário de aprendizagem, de prática da democracia e da discussão da decisão coletiva."

As informações relativas ao perfil e características do trabalho dos CROP indicam que constituem um grupo singular de profissionais. Muitos deles alternaram sua carreira entre trabalhos com a comunidade e trabalho no governo, mas representam uma elite em relação ao público que participa do OPPA. Em virtude dos contatos apontados como necessários para a realização de seu trabalho, a posição dos CROP na estrutura hierárquica não é clara.

Embora sejam do nível do governo que tem vínculo mais direto com a população, os CROP desenvolvem atividades, possuem qualificações e, sobretudo, têm uma rede de relações geralmente associada a níveis elevados dos estratos burocráticos. Têm consciência de que o conflito e a sua mediação são partes importantes do trabalho que realizam. Adotam uma postura proativa na realização de suas atividades, que não se restringem àquelas definidas pelo Regimento Interno. Desempenham informalmente as funções de centro administrativo regional nas regiões em que o processo de descentralização não foi conduzido a contento.

Os CROP realizam suas atividades porque têm compromisso com o processo do OPPA e não necessariamente em seguimento a regras escritas e exaustivas ou em resposta à supervisão hierárquica. A fragilidade institucional do GRC contribui para aumentar a autonomia dos CROP. Como a unidade na qual atuam foi oficialmente institucionalizada e organizada apenas em 2003, foram nomeados para cargos em comissão emprestados de outras unidades da Prefeitura, não devendo sua posição unicamente à influência do chefe do GRC. Assim, em relação ao trabalho dos CROP "vale a pena destacar que o seu trabalho ocorreu devido ao intenso compromisso pessoal, mais do que em decorrência de uma política bem articulada da administração pública"[147] (Abers, 2000, p. 152).

Pode-se conjecturar que, da mesma forma que no caso descrito por Tendler (1998) dos agentes de saúde, dois fatores contribuem para que não haja abusos na relativa autonomia gozada pelos CROP: o fato de trabalharem junto com a comunidade, que pode exercer uma espécie de controle social sobre o seu desempenho, e o fato de que sua motivação para a ação está baseada no valor que conferem à participação e na crença de que o Estado tem um papel a cumprir na melhoria das condições de vida da população.

Embora exista o risco de arbitrariedade no trabalho dos CROP, este se mantém relativamente sob controle porque existe uma interação permanente com a população da região pela qual são responsáveis. O controle exercido pela comunidade sobre o trabalho dos CROP só é possível porque o seu nível de contato é bastante elevado. Daí a importância do caráter local da experiência[148]. Dificilmente tal grau de interação seria possível em outra dimensão territorial. A importância da proximidade da convivência com a população indicada pelo caso dos CROP (e também pelos agentes de saúde do Ceará) oferece um elemento para o aperfeiçoamento do mecanismo de controle social previsto pela Nova Gestão Pública[149].

Além disso, o controle social possibilitado pela convivência próxima com a população pode ser efetivo na medida em que encontra no indivíduo a contrapartida sob a forma da importância que conferem à participação. Não apenas o grupo força o indivíduo a agir certo, mas este, orientado por valores, quer agir certo. O sentido de sua ação social orienta o seu comportamento na direção requerida para a institucionali-

---

[147] Tradução livre.
[148] Agradeço ao professor Brasilmar Ferreira Nunes por ter chamado atenção à importância do caráter local da experiência do OPPA para o tratamento do tema desta tese na banca de qualificação.
[149] Nassuno (1999a) também chama a atenção para a necessidade de proximidade daqueles que exercem o controle social. Propõe que entidades representativas dos interesses dos usuários da instituição participem do Conselho de Administração das Organizações Sociais para que o mecanismo previsto de controle social funcione adequadamente.

zação da participação. Mais do que servidores públicos que obedecem a ordens, os CROP são dotados de iniciativa, autonomia de ação e valores que os levam a promover o processo participativo.

No entanto, os CROP exercem uma atividade de natureza diferente da realizada pelos agentes de saúde do Ceará. A mobilização e organização da sociedade promovida pelos CROP são distintas da disseminação de ações de saúde preventiva executadas pelos últimos. Considerando ainda que os CROP representam uma elite intelectual e econômica em relação aos participantes do OPPA e são nomeados politicamente, existe um grande risco de cooptação política na sua atuação. Para minimizar esse risco, o controle social, mesmo exercido mediante interações próximas com a população, pode não ser suficiente. Os meios de controle tradicional da democracia representativa precisam também ser fortalecidos.

O OPPA é apoiado por instituições de natureza singular, quando se considera o modelo tradicional de atuação da Administração Pública e a importância da função da administração pública – o orçamento – que por ele é realizada. Ao contrário de um arranjo burocrático típico no qual a institucionalização desempenha o papel de garantir a permanência[150], a institucionalização do OPPA enfrenta o desafio de conciliar a permanência com a mudança.

Na elaboração do OPPA existe uma clara orientação para a ação e com isso, aspectos institucionais ficam em segundo plano. Aparentemente, teme-se que a excessiva institucionalização reduza a fluidez do processo e restrinja uma de suas características marcantes: a permanente renovação.

O OPPA é construído na medida em que a relação Estado-sociedade se estabelece e se desenvolve. Embora no início de sua criação houvesse um ambiente e uma expectativa favorável para a participação, o contexto concreto em que a experiência foi desenvolvida obrigou a revisão de posições e mudanças na estratégia dos atores.

Ao introduzir o processo participativo na ação concreta dos diversos órgãos da Prefeitura, acaba-se por constituir uma teia de relações com a comunidade que garante que as decisões tomadas pela população sejam cumpridas. Essa rede de relações, derivada da ação e mutável

---

[150] De acordo com Crozier (1981, p. 284-5), é impossível conceber nas organizações burocráticas uma política de mudança gradual e permanente. Isso porque a busca pela impessoalidade exige que as decisões sejam tomadas por níveis centralizados, afastados daqueles que serão afetados por suas consequências. Assim, os dirigentes não podem receber informações antecipadas e quando são finalmente informados, o nível de disfunção existente atingiu um nível elevado de gravidade que pode ameaçar a própria sobrevivência da organização, requerendo medidas extremas. "O ritmo essencial que caracteriza uma organização burocrática é, particularmente, a alternância de longos períodos de estabilidade e curtos espaços de crise e mudança" (Crozier, 1981, p. 285).

segundo as determinações do processo participativo, acaba suprindo a ausência da inserção formal do OPPA na estrutura da Prefeitura.

De acordo com os indicadores definidos por Blau (1966), o GRC onde os CROP estão alocados não se caracteriza como uma unidade com alto grau de burocratização. A unidade é pequena, tem cerca de quarenta funcionários e faz uso de trabalho voluntário em momentos específicos do processo participativo[151]; o grau de especialização organizacional é pequeno, uma vez que o escopo das atividades realizadas é abrangente: a divisão de trabalho tem como referência a região e não o conhecimento técnico especializado. O grau de estabilidade no desempenho da função é pequeno, tendo em vista o relativamente reduzido tempo de trabalho dos pesquisados no GRC e o fato de a maioria de seus servidores ocupar cargo em comissão em muitos casos emprestado de outros órgãos.

À luz das características do tipo ideal da burocracia categorizadas em estrutura, processos, documentos e pessoas apresentadas no Capítulo 1, verifica-se na organização do governo municipal para a participação no OPPA a situação apresentada no Quadro 7, a seguir:

Quadro 7. Categorização dos instrumentos que institucionalizam a participação no OPPA

Categoria	Burocracia tipo ideal	OPPA
Estrutura	- Hierarquia - Tendência à centralização quanto maior o requisito de impessoalidade - Regras limitam poderes de mando e circunscrevem a obediência devida	- Caráter informal da estrutura do GRC - Centralização do processo no Gabinete do Prefeito - Descentralização (incompleta) da prestação de serviços - Menor ênfase à subordinação hierárquica - Controle social

---

[151] Nas assembleias, para cadastramento dos presentes e recolhimento e apuração das cédulas de votação.

Categoria	Burocracia tipo ideal	OPPA
Processos	- Distribuição de atividades entre funcionários especializados definida por regras - Regras de caráter geral orientam a realização contínua e regular das atividades - Impessoalidade no relacionamento com a população	- Ritmo de realização das atividades do OPPA definido por cronograma do processo orçamentário - Divisão das atividades entre unidades da Prefeitura definida em documento do processo orçamentário (PPA) - Regras que definem funções dos CROP são discutidas com a população - Focalização no atendimento da população carente da cidade
Documentos	- Registro de todos os atos, fatos e regras em documentos	- Documentos do processo orçamentário de caráter temporário garantem participação da população no processo - Documentos do processo orçamentário contêm dispositivos que acabam por inserir o OPPA na estrutura da Prefeitura - Documento RI discutido anualmente com a população institui e dispõe sobre o funcionamento do OPPA - Documento PI contém informações que fazem sentido à população

Categoria	Burocracia tipo ideal	OPPA
Pessoas	- Especialista - Atividades de caráter técnico definidas por regras - Ação orientada segundo a racionalidade com respeito a fins - Comportamento de obediência frente à ordem superior - Não assumem responsabilidade pelo que fazem - Carreira percorrendo cargos numa mesma organização	- Generalista, com atribuições abrangendo uma região - Atividades realizadas extrapolam as funções descritas para o cargo - Ação orientada pelo valor conferido à participação - Compromisso com a função que desempenham - Comportamento autônomo, capacidade de iniciativa - Carreira alterna períodos no governo e no movimento comunitário - Comunidade atua como pessoal do Estado fazendo diagnóstico de demandas, levantando informações, realizando acompanhamento e controle da prestação de serviços

A institucionalização da participação no OPPA apresenta diversos aspectos – estruturas, documentos e pessoas que a distanciam de um arranjo burocrático típico – e alguns documentos e processos da função orçamento que apresentam elementos característicos da burocracia. Sendo assim, pode-se dizer que a institucionalização da participação no OPPA é promovida por um quadro administrativo participativo, mediante a utilização de instrumentos específicos (não burocráticos).

Os elementos formais de uma burocracia típica não são suficientes para atender as necessidades institucionais da participação no OPPA. Além disso, verifica-se que o paulatino aumento das despesas com pagamento de servidores públicos pode reduzir o espaço para exercício da participação. Levando em consideração esses dois fatores é que se pode falar em uma tensão entre burocracia e participação no caso de Porto Alegre.

Entretanto, embora uma tensão entre burocracia e participação seja percebida, não se trata de uma oposição entre o quadro administrativo burocrático e o quadro administrativo participativo no OPPA, uma vez que tanto elementos burocráticos, quanto não burocráticos contribuem para que a participação da população se materialize no processo orçamentário e tenha consequências concretas em termos de bens e serviços.

No que se refere à estrutura, verifica-se um alto grau de informalidade que contrasta com o caráter hierarquicamente estruturado de uma organização burocrática. Em Porto Alegre, houve menor preocupação de incorporar as unidades que participam do OPPA – GAPLAN e, sobretudo, GRC - na estrutura da Prefeitura por meio de leis ou decretos. Verifica-se a ocorrência de centralização, mas esta não parece estar voltada para a busca por maior impessoalidade destacada por Crozier (1981).

Ainda no que se refere à estrutura, houve a tentativa de implantar um processo de descentralização com a criação de centros administrativos regionais como forma de alterar a relação do Executivo com a comunidade. Nessas unidades, o trabalho seria desenvolvido por grupos de "operários" generalistas, independentemente da competência de seu órgão de origem e das atribuições de seu cargo de provimento havendo troca de experiências e conhecimentos, uma configuração que se aproxima da descrição de Weber (1999) de administração democrática e que, segundo Pateman (1999), pode desenvolver qualidades políticas nos trabalhadores.

A institucionalização da participação promovida pelo OPPA foi realizada por meio de alterações nos documentos do processo orçamentário, elaboração de documentos específicos em conjunto com a população e por meio da adaptação do processo participativo ao ritmo e o conteúdo dos documentos orçamentários. Dessa forma, documentos e um processo de trabalho específico são importantes para a institucionalização da participação do OPPA, da mesma forma que num arranjo burocrático típico. O processo de trabalho refere-se à função orçamento, clássica da burocracia.

Mas, no caso dos documentos, embora alguns deles façam parte do processo orçamentário, tiveram que sofrer alterações para acomodar a participação e com essas alterações, suprem a inexistência de maior formalização do processo na estrutura da Prefeitura. Sua existência independe do processo participativo e assim constituem uma referência sólida para conferir materialidade à participação. Além disso, são documentos orientados para a ação, já que alocam recursos para a realização das atividades que distribuem e têm prazo de validade limitado no tempo, o que permite sua revisão caso sejam identificadas novas necessidades no processo participativo. Já outros documentos do OPPA têm características ainda mais singulares, uma vez que seu conteúdo é discutido com a população, fato não muito comum numa burocracia, onde tende a predominar o segredo.

Os documentos relativos ao processo orçamentário tradicional tanto garantem a participação da população na elaboração do orçamento de forma geral, quanto fazem menção específica ao OPPA e essas são as formas pelas quais promovem a institucionalização do processo participativo.

O Plano Plurianual faz cuidadosa distribuição de atividades entre unidades da Prefeitura evidenciando a preocupação em especificar detalhadamente a responsabilidade dos diversos órgãos governamentais frente ao processo participativo, seja no que se refere a realizar o ciclo de encontros e promover o permanente aperfeiçoamento da participação, seja no que diz respeito a organizar sua ação para responder às demandas da população.

O compromisso dos órgãos do governo municipal com o processo participativo é fortalecido com a regra de tomada de decisão pela qual os projetos incluídos no PI terão prioridade na liberação de recursos. Tal regra coloca recursos à disposição dos diferentes órgãos para que realizem as ações planejadas de atendimento às demandas da população. O Plano Plurianual tem vigência por apenas quatro anos, o período de um mandato. Isso propicia mais flexibilidade na distribuição de atividades entre as unidades da Prefeitura e direciona a alocação dos recursos orçamentários, sinalizando uma orientação para a ação maior do que as leis e decretos relativos à estrutura.

A Lei de Diretrizes Orçamentárias confere à população a prerrogativa de alterar temas e objetivos definidos nas diretrizes orçamentárias por meio do OPPA, um mecanismo que fortalece a importância da participação. No entanto, ao definir despesas que não podem ser objeto de restrição de empenho, limita o valor disponível para a alocação por meio de decisões da população.

Por outro lado, a Lei de Diretrizes Orçamentárias tem um dispositivo importante de disciplina fiscal que garante que recursos para investimentos uma vez iniciados sejam liberados até a sua conclusão. A garantia de recursos até a conclusão dos projetos é responsável pelo resultado mais importante do OPPA do ponto de vista da participação no período analisado nesta tese: a taxa de conclusão de 83,3% dos bens e serviços demandados pela população entre 1993 a 2003.

Os principais documentos do OPPA têm caráter singular que os diferencia dos documentos burocráticos pelo fato de que são discutidos com a população e alterados anualmente. Esses documentos referem-se ao Plano de Investimentos e Serviços que contém a lista de obras e serviços demandados pela população incluindo detalhes como o local, o órgão e o custo do projeto, o que permite que sejam compreendidos e acompanhados na sua execução pela população.

O Regimento Interno é outro documento ainda mais importante que institui e define o ciclo de assembleias e a forma pela qual a população toma parte na discussão do orçamento. Tem sido alterado anualmente principalmente em aspectos operacionais, indicando que representa uma referência viva para a operação do processo e que tem grande legitimidade frente aos participantes. A necessidade de discutir o RI com a população anualmente obriga o governo a entrar em acordo com a comunidade a respeito das regras que irão orientar a sua convivência. A discussão faz com que o espaço público compartilhado tenha de ser permanentemente refundado e transcende considerações estreitas de interesse próprio dos participantes.

O ciclo anual de encontros do OPPA é compatível com o cronograma de fases do processo orçamentário tradicional. O conteúdo da discussão e o tempo de duração das diversas etapas do ciclo do OPPA são estabelecidos levando em consideração os prazos e as necessidades de informação para a elaboração da proposta de orçamento. Como a dinâmica do orçamento é externa ao OPPA, é a participação que a ele tem que se adaptar para que possa alcançar o objetivo de incluir recursos necessários para atender as demandas da população no projeto de lei orçamentária.

Assim, um processo burocrático (o orçamentário) oferece um suporte para a participação no sentido de manter os debates em torno de um conjunto limitado de temas, garantir a objetividade dos participantes e encaminhar as discussões para decisões, decorrido determinado período de tempo.

Em outro aspecto, que trata do relacionamento com a população, o processo do OPPA se distingue da burocracia tipo ideal. Enquanto na burocracia vigora a impessoalidade – princípio que, de acordo com Weber, entrava em conflito com questões de justiça material – no OPPA verifica-se um esforço de focalização das atividades junto à população carente e/ou excluída da cidade, ou seja, uma tentativa de promover igualdade de oportunidades por meio da utilização de um tratamento que favorece a participação dos segmentos marginalizados no processo[152]. Esta focalização é, aliás, responsável pelo sucesso da experiência em termos redistributivos e participativos.

No que se refere ao pessoal do OPPA, nesta análise representado pe-

---

[152] A igualdade de oportunidades visa a igualar a posição de indivíduos que se encontram em situação desigual por qualquer motivo. Foi tratada no Capítulo 2.

los CROP, verifica-se que apresentam características que os distinguem de um quadro tipicamente burocrático nos seus aspectos formais. Da mesma forma que os agentes de saúde de Tendler (1998), na realização de suas atividades, os CROP não se restringem à descrição de sua função e gozam de certa autonomia.

A diferença é que a descrição das funções dos CROP consta do RI, documento discutido com a população. Além disso, os CROP têm uma rede de contatos ampla em todos os níveis do governo municipal e sua autonomia pode ser explicada pela fragilidade institucional do Gabinete de Relações com a Comunidade, o que faz com que sua nomeação não dependa exclusivamente do chefe da unidade na qual estão alocados.

O fato de a unidade onde trabalham ter permanecido tanto tempo na informalidade torna necessário que a ação dos CROP seja orientada por uma referência de sentido representada pelo valor que conferem à participação e ao estabelecimento de relações com a comunidade em adição à racionalidade orientada segundo fins da burocracia. Em alguns casos, o papel que dão ao OPPA e a forma como encaram o cidadão – gastar bem o dinheiro do contribuinte para lhe proporcionar os bens e serviços a que tem direito – aproximam a sua visão de mundo da abordagem do cidadão-usuário da Nova Gestão Pública.

Pela sua área de formação, os CROP podem ser classificados mais propriamente como generalistas do que detentores de conhecimento técnico-especializado. Sua alocação ocorre não em decorrência de sua especialidade, mas pelo critério da região pela qual se tornam responsáveis. Desenvolvem uma carreira que alterna períodos de trabalho no setor público e outros junto aos movimentos sociais.

São comprometidos com o trabalho que desenvolvem e assumem responsabilidade pelas próprias ações. Muitas vezes têm que responder perante a população sobre as atividades da Prefeitura como um todo ao atuar como um centro administrativo regional informal. Não apresentam resistência a desenvolver suas atividades fora do local de trabalho e além do horário do expediente como a maioria dos servidores públicos.

Um último elemento diferenciador do quadro de pessoal do OPPA em relação à burocracia típica refere-se ao papel desempenhado pela população. De um lado, a população exerce controle social sobre a atuação dos CROP garantindo que não ocorram abusos na sua atuação autônoma, risco bastante elevado – mesmo que todos deem valor à participação – dado o fato de que constituem uma elite econômica e intelectual em relação aos participantes do OPPA e pertencem ao grupo de apoio político ao Prefeito, podendo direcionar a mobilização da comunidade para fins políticos.

De outro lado, a própria comunidade faz parte do trabalho do pessoal do OPPA numa situação semelhante ao papel desempenhado pelos cidadãos no governo das comunas norte-americanas descrito por Tocqueville (2001)[153]. A comunidade exerce funções de governo atuando em fases do processo de políticas públicas, fazendo diagnóstico de demandas, levantando informações para subsidiar decisões, realizando acompanhamento das obras e controlando a prestação de serviços.

A partir dessa descrição das estruturas, processos, documentos e pessoas pelas quais a participação no OPPA se institucionaliza, pode-se verificar que alguns aspectos formais da burocracia têm mais importância e que outros sofreram alterações ou tiveram sua finalidade alterada para acomodar a participação. Também existe outro conjunto de elementos da institucionalização da participação no OPPA que tem características específicas, não se identificando com o tipo ideal da burocracia weberiana, conforme mostra o Quadro 4 a seguir.

Os elementos não burocráticos na organização do governo municipal que viabiliza a participação no OPPA apresentam algumas características em comum com as tendências apontadas pelo novo modelo de administração pública representado pela Nova Gestão Pública. A estrutura administrativa não é formal e hierarquicamente organizada; o trabalho com a população foca os extratos mais carentes ao invés de ser realizado de forma impessoal desconsiderando sua condição econômica; existem procedimentos que melhor possibilitam a alteração das regras de forma que não se tornem rígidas e desprovidas de sentido em relação ao contexto no qual são implementadas; o controle é antes social do que por um sistema rígido de supervisão e obediência; os profissionais que atuam com a população têm competências generalistas e desenvolvem carreiras que intercalam períodos de atuação no movimento social e junto ao governo, sua ação é orientada mais por um conjunto compartilhado de valores que envolvem o respeito à participação, do que pelo alcance de determinados fins; a iniciativa e a autonomia de decisão têm prevalência sobre a norma e a obediência à ordem superior para definir a conduta no trabalho (Bresser-Pereira, 2006).

Embora os itens levantados na experiência de institucionalização da participação no OPPA ofereçam indicações de aspectos comuns entre o quadro administrativo participativo e a Nova Gestão Pública, a exploração rigorosa de tal relação requer uma investigação equivalente

---

[153] O trabalho dos cidadãos nas comunas descrito por Tocqueville foi apresentado na Introdução.

à realizada neste trabalho para analisar burocracia e participação. Tal pesquisa envolve a busca por categorias que permitam a caracterização da Nova Gestão Pública de forma inequívoca. Entretanto, conforme mencionado no Capítulo 1, o modelo de administração pública representado pela Nova Gestão Pública não constitui um conjunto completamente coerente de ideias, e nem todos os países que a praticam estão seguindo a mesma estratégia. A Nova Gestão Pública ainda é considerada mais propriamente como um conjunto de sistemas alternativos de ideias dificultando a identificação e categorização de suas principais características para a composição de um parâmetro de comparação com organização do governo municipal voltada para a participação.

Quadro 8. Elementos burocráticos e não burocráticos da institucionalização da participação no OPPA

Burocrático	Burocrático com inclusão de dispositivos especiais ou alteração de finalidade	Não burocrático
Centralização da coordenação do processo orçamentário e tomada de decisão sobre execução financeira no Gabinete do Prefeito	Lei Orgânica do Município garante participação no processo orçamentário	Pouca importância estruturação unidades responsáveis OPPA
Processo orçamentário define ritmo e conteúdo dos encontros	Plano Plurianual define divisão de trabalho das unidades da Prefeitura relativamente ao OPPA	Lista de obras e serviços discutida anualmente com a população
Lei de Diretrizes Orçamentárias garante recursos para a conclusão das obras iniciadas	Lei de Diretrizes Orçamentárias garante a participação da população no OPPA e na inclusão de temas que orientarão a elaboração do anteprojeto de lei orçamentária	Regimento interno do OPPA discutido anualmente com a população

Burocrático	Burocrático com inclusão de dispositivos especiais ou alteração de finalidade	Não burocrático
		Pessoal do OPPA orientado por valores, suas atividades extrapolam competências definidas com população
		Controle próximo da população sobre o pessoal OPPA
		População executa partes do processo políticas públicas
		Inclusão de obra ou serviço no PI para a solução de conflitos intraburocráticos por recursos

É importante ressaltar que no quadro administrativo participativo, a burocracia por si só, embora necessária no âmbito dos processos, não é suficiente para oferecer estruturas, o tipo de documentos e pessoal com as características adequadas para a interação próxima com a população. E, embora os elementos não burocráticos do quadro administrativo participativo tenham aspectos em comum com a Nova Gestão Pública, a relação entre a administração gerencial e a participação precisaria ser analisada por uma investigação que conseguisse identificar características inequívocas dessa tendência de desenvolvimento da administração pública para a construção de um parâmetro de comparação.

Existem aspectos positivos e negativos para a garantia da participação no fato de sua institucionalização no OPPA apresentar características, em alguns casos, semelhantes e, em outros, distintas de um arranjo burocrático típico.

Como aspectos positivos de características não burocráticas do processo podemos destacar que documentos importantes do processo participativo – o documento que cria o OPPA e define as regras de seu funcionamento e a lista de bens e serviços que serão realizados – são definidos em conjunto com a população e discutidos anualmente. Desta forma, eles se tornam uma referência viva para a operação do processo e gozam de grande legitimidade frente aos participantes, uma vez que o seu conteúdo faz sentido para todos.

É positivo o uso de documentos do processo orçamentário (burocrático) com adaptações para garantir a participação e suprir ausência de uma estrutura que faça a divisão das atividades relativas ao OPPA entre as unidades da Prefeitura. Como a existência desses documentos independe do processo participativo, representam uma base de apoio permanente para acomodar a participação. Ao mesmo tempo, têm prazo de validade limitado no tempo e permitem a realização de alterações na divisão de competências, caso sejam identificadas novas necessidades no processo participativo. Ainda, como direcionam a alocação de recursos às atividades que distribuem, têm uma clara orientação para a ação.

Adicionalmente, a adaptação do processo participativo ao processo orçamentário é positiva, pois a necessidade de atender o ritmo de elaboração e o conteúdo dos documentos orçamentários, embora seja definida externamente ao processo participativo, dá ritmo e objetividade aos debates e contribui para que a deliberação seja conduzida para a formação pública de opiniões que podem influenciar a ação do Estado.

A existência de um quadro de pessoal com características distintas da burocracia aliada à informalidade institucional da unidade responsável pela relação com a comunidade tem implicações contraditórias. De um lado, no sentido positivo, permite que esse grupo de profissionais cujo sentido da ação está voltado para a participação e que interage com a comunidade realize suas atividades com autonomia. A orientação por valores para a atuação dos que interagem com o público parece ser um elemento fundamental para o trabalho com a população e pode indicar a necessidade de sua incorporação em propostas que pretendam alterar a relação entre o aparelho de Estado e a sociedade. Sobretudo, quando se considera que o crescimento permanente da despesa de pessoal pode reduzir os recursos disponíveis para alocação por meio da participação. De outro lado, no sentido negativo, como esses profissionais constituem uma elite econômica e intelectual em relação aos participantes do OPPA e são nomeados politicamente, podem induzir a mobilização da comunidade para fins políticos.

Um aspecto não burocrático da institucionalização da participação do OPPA – o controle social – permite contrabalançar parcialmente esse aspecto negativo do caráter não burocrático do pessoal do OPPA. A interação estreita com a população é um mecanismo que pode garantir que a arbitrariedade no trabalho dos CROP seja mantida sob controle, o que só é possível devido ao contato próximo entre os dois atores, dado o caráter local da experiência.

No entanto, o risco de manipulação política dos CROP sobre os participantes do OPPA só pode ser limitado se forem também fortalecidos os meios tradicionais de controle da democracia representativa. E, nesse sentido, o acirramento do conflito entre o Executivo e o Legislativo que resulta da existência do OPPA (Ribeiro Dias, 2002), pouco contribui nesse sentido, dificultando o desenvolvimento de um diálogo produtivo entre os dois Poderes.

Finalmente, a atuação da comunidade no exercício de funções de governo, fazendo diagnóstico de demandas, levantando informações para subsidiar decisões, realizando acompanhamento e controlando a prestação de serviços exercendo, em parte, papel que seria destinado à burocracia, pode contribuir para dar início ao processo de que os cidadãos passem a ver "os negócios da pátria como fossem seus", como quer Tocqueville (2001). A participação no OPPA pode contribuir para a formação de cidadãos de forma que a população excluída que dele toma parte venha alcançar plenamente sua condição de sujeito político[154].

---

[154] Conforme apresentado no Capítulo 2, a importância da participação para formação de cidadãos é destacada por Rousseau (2003), Mill (1991) e Tocqueville (2001).

CONSIDERAÇÕES FINAIS

Este livro busca contribuir para a compreensão da relação entre burocracia e participação, considerando estruturas, processos, documentos e pessoas utilizados pelo governo de Porto Alegre para institucionalizar a participação no OPPA e que constituem a aqui denominada "gestão para a participação".

O tipo ideal de burocracia enunciado por Weber foi o ponto de partida para a investigação realizada, apesar de ter sido objeto de diversas críticas, inclusive a de um movimento recente de reforma do aparelho do Estado que pretende oferecer uma alternativa de organização para a administração pública que conviva de forma mais próxima com o cidadão. Entretanto, como a questão da institucionalização da participação no OPPA trata de uma análise dos aspectos formais de administração do setor público, o modelo de burocracia de Weber permanece como um parâmetro fundamental para a organização do Estado.

O tipo ideal da burocracia foi utilizado para a identificação dos elementos que fazem com que opere no estado máximo em termos de impessoalidade, predomínio da técnica e da hierarquia; foi contraposto ao conceito de participação nos significados diversos que a intervenção dos indivíduos em atividades públicas pode assumir segundo vários autores; foi analisado tendo como referência noções amplas de igualdade e liberdade e serviu de parâmetro de comparação com os elementos que institucionalizam a participação no OPPA.

No último caso, dada a diferença existente entre o conceito de poder no qual se baseiam burocracia e participação, para definir o quadro administrativo participativo foi necessário encontrar um conceito diverso do utilizado por Weber e que não esteja impregnado pela noção de poder instrumental. A nova noção, quadro administrativo, foi definida a partir do conceito de relação social de Weber e seus elementos classificados segundo um conjunto específico de estruturas, processos, documentos e pessoas que desempenham o trabalho com determinadas características.

Nestas Considerações Finais serão retomados os principais argumentos apresentados no trabalho referentes a: (1) contribuição para a compreensão da tensão entre burocracia e participação; (2) o que foi acrescentado de conhecimento sobre o OPPA e (3) que elementos podem ser extraídos da experiência do OPPA para caracterizar a "gestão para participação".

Tensão entre burocracia e participação

Como primeiro passo para compreender a tensão entre burocracia e participação, empreendeu-se uma análise prévia da relação entre a burocracia e a democracia e entre a participação e a democracia.

No tratamento da relação entre burocracia e democracia uma questão inicialmente discutida diz respeito à situação histórica em que Weber identificou o pleno desenvolvimento das características do tipo ideal da burocracia, mais especificamente o Estado da Prússia durante o governo de Bismarck. Assim, o tipo ideal de burocracia caracterizado por Weber é um modelo de organização que se desenvolveu predominantemente durante o Estado liberal clássico, quando o Estado tem poderes e funções limitados. É no contexto da situação de poder limitado por regras representado pelo Estado de direito, quando o quadro administrativo desempenha funções do Estado mínimo que se desenvolve uma organização do tipo burocrático.

Entretanto, com o processo de democratização e conquista do acesso a direitos sociais por aqueles que adquiriram o direito de votar, as funções amplas do Estado democrático permaneceram sendo realizadas pela burocracia. No entanto, para a burocracia a democracia não implica um aumento da participação dos dominados na dominação, mas sim significa o nivelamento dos dominados diante do grupo dominante burocraticamente estruturado. Pois na burocracia, a massa nunca administra, mas é administrada (Weber, 1999).

O aumento das funções do Estado executadas pela organização burocrática provocou o seu crescimento sem precedentes, fato que teve implicações negativas sobre o próprio desenvolvimento da democracia. Por ser um aparato de poder ordenado hierarquicamente de cima para baixo – em direção completamente oposta ao sistema de poder democrático – a ampliação da burocracia é apontada por Bobbio (2000) como um dos obstáculos que explicam por que o projeto democrático não se concretizou como idealizado.

Habermas (1975) identifica outro desdobramento da burocratização de todas as esferas de atuação humana e correspondente domínio da ciência e da técnica conferindo-lhes o papel de ideologia: a despolitização das massas. Tal argumento é reforçado por Arendt (2001) que associa características de *labor* à atividade burocrática. Ao relacioná-la a necessidades vitais e questões de sobrevivência, Arendt entende a burocracia como uma atividade que isola o homem do convívio dos demais e o torna alheio ao mundo da política.

Ao relacionar poder e organização, Weber (1999) entende a burocracia como um aparato administrativo que está baseado num tipo de poder que estabelece uma relação de domínio de uns sobre os demais. No entanto, tal relação de domínio não é indefinida e indiscriminada. O exercício do poder pelos dominantes é limitado por regras. Assim, o elemento que explica a relação entre burocracia e democracia é o mesmo que explica a relação entre burocracia e o Estado liberal clássico: corresponde ao fato de que tanto o Estado liberal clássico quanto o Estado democrático são tipos de Estado em que o exercício do poder é limitado, situação que confere ao Estado, seja ele democrático ou liberal, a qualidade de Estado de direito e que se traduz na atuação da burocracia como garantidora da liberdade negativa e da igualdade de direito.

Os conceitos de liberdade negativa e igualdade de direito que caracterizam a atuação da burocracia não são, entretanto, suficientes para qualificar a participação entendida como "a intervenção dos cidadãos em atividades públicas". Apenas definem uma esfera de liberdade para o indivíduo na qual ele é livre para agir ou não agir independente de constrangimentos externos, no primeiro caso, e garantem tratamento igual a todos perante a lei, no segundo caso.

No caso da participação, o mais adequado seria identificá-la com a ideia de liberdade positiva, que confere aos indivíduos a autonomia do "poder querer" e com a igualdade de oportunidades que garante que os espaços de participação não serão dominados por aqueles que por qualquer motivo – nível educacional, renda etc. – estejam em melhores condições de expressar suas demandas frente aos demais cidadãos.

Adicionalmente, se considerarmos que na participação a liberdade e a igualdade atingem o seu nível máximo, tal situação corresponde à democracia máxima e supera nesses requisitos a forma de convivência que ocorre na democracia do sufrágio universal. Os únicos conceitos de liberdade e igualdade passíveis de convivência no seu estado máximo são os de Arendt e correspondem a relações que se realizam no espaço público, onde não há domínio nem se é dominado. O conceito de liberdade pública de Arendt é uma relação entre homens, da mesma forma que a igualdade, e não uma característica individual.

Entretanto, no pensamento de Arendt, as atividades que podem ser entendidas como participação são bastante restritas: devem ser isentas de motivos e desvinculadas do alcance de objetivos; seu desempenho deve ser avaliado pelo virtuosismo, que é o critério que mede as artes de realização, e devem permitir a revelação da singularidade do cidadão e torná-lo visível no espaço público. A convivência entre a liberdade e a igualdade no estado máximo pode ocorrer apenas num conjunto limitado e específico de atividades.

Isso pode significar que na abertura de canais de comunicação entre o Estado e a sociedade, seja necessário o enfrentamento de um duplo desafio. De um lado, garantir a preservação do espaço de participação, razão pela qual uma organização para a participação está sendo implantada. De outro, combater os riscos ao próprio espaço de participação que o esforço de organização pode representar. É preciso cuidado para que a ação estatal voltada para garantir a liberdade positiva e a capacidade de autodeterminação da população não acabe resultando em domínio e na negação da igualdade de oportunidades. Afinal de contas, a relação com o Estado, mesmo que participativa, tem como substrato uma relação de interesses. O fato de tal relação envolver a participação da sociedade coloca a negociação de interesses num contexto complexo, no qual a própria natureza do poder é questionada, no qual convivem noções diversas (e contraditórias) de igualdade e liberdade e no qual orientações de ação de racionalidades diversas têm que interagir.

Burocracia está relacionada à democracia porque ambas são compatíveis com um Estado de poder limitado ou Estado de direito. No entanto, por traduzir os conceitos de liberdade negativa e igualdade de direito na sua atuação, a burocracia estabelece uma relação tensa com a participação ou democracia máxima porque esta está relacionada com a liberdade positiva e a igualdade de oportunidades e ainda mais, com a liberdade e a igualdade públicas, as únicas passíveis de convivência no estado máximo, que representam a participação em termos ideais.

Se a relação entre a burocracia e a democracia fosse apenas positiva, no sentido de a primeira apenas fortalecer o desenvolvimento da segunda, numa situação de participação ou democracia máxima a organização correspondente deveria ser a burocracia máxima no sentido da máxima desumanização. No entanto, o que se identifica historicamente é a ocorrência de experiências esporádicas de participação com administração do tipo democrático (Marx, 1994; Tocqueville, 2001) e a máxima burocracia, a burocracia mais desumana entendida como o "governo de ninguém" se verifica nos governos totalitários, nos quais nem o último reduto da liberdade humana – a liberdade de pensamento – é preservado (Arendt, 2001 e 1999).

Explorando ao limite as características do tipo ideal da burocracia, que restringem a influência de fatores humanos no funcionamento da organização, tem-se uma administração cuja existência seria pouco provável num ambiente complexo como o que envolve a participação da população em atividades públicas. Tal fato confirma o que postulam diversos autores contemporâneos sobre a convivência problemática entre a burocracia e a participação pelos seus requisitos diversos de flexibilidade, discricionariedade, integração, responsabilidade e transparência.

A participação tem sido incluída como um elemento importante no desenho de alternativas à crise da democracia contemporânea como uma forma de dar expressão à pluralidade humana e resposta aos limites dos mecanismos tradicionais de representação. Entretanto, sua relevância já era reconhecida desde o início do processo de reflexão sobre o regime democrático, conforme apresentado no Capítulo 1.

Embora o voto secreto ainda não fosse uma prática, Jefferson se preocupava com o fato de que o aumento da participação do povo no poder público fosse restrito apenas à expressão política por meio do voto nos dias de eleição. No seu entender, conferir todo o poder aos cidadãos, sem dar-lhes a possibilidade de serem republicanos e agirem como cidadãos responsáveis em outros momentos, representaria um perigo mortal para a república (Arendt, 1988).

Mill (1991) considerava a participação necessária mesmo se o governo fosse exercido por um "déspota benevolente" onipresente e onisciente porque o povo que estaria sujeito a tal governante teria faculdades morais e inteligência reduzida se não pudesse tomar parte do governo. O exercício do governo pelos cidadãos permitiria à população desenvolver responsabilidades cívicas e aperfeiçoar a sua noção do bem comum, da mesma forma que a livre e franca expressão de opiniões contribuiria para o alcance da verdade.

Tocqueville (2001) preocupava-se com a apatia cívica do indivíduo e com a preservação de seu poder porque temia que, se os indivíduos se descuidassem das atividades políticas, o Estado absorveria todas as atividades, decidindo sobre todos os assuntos públicos e restringiria a liberdade individual. Quando os indivíduos participavam do governo das comunas ou formavam associações civis era como se assumissem a condição de soberanos e retomassem o poder original que delegaram aos representantes eleitos do governo centralizado.

Considerando a importância da intervenção dos indivíduos em atividades públicas além do voto para o fortalecimento da democracia e levando em conta a relação tensa entre a burocracia e a participação, para explorar outras facetas dessa relação foram analisados diferentes significados que o conceito de participação pode assumir segundo alguns autores.

A participação dos cidadãos na elaboração de leis, a expressão livre de opiniões para o alcance da verdade e o exercício de funções de governo pelos cidadãos ficam prejudicados na medida em que crescentemente são necessários conhecimentos técnicos para resolver problemas políticos e aumenta a necessidade de especialistas. A ideia democrática (e participativa) básica de que todos podem decidir a respeito de tudo deixa de ter aplicação (Rousseau, Mill, Bobbio, Tocqueville).

A necessidade de controle social questiona o pressuposto da superioridade técnica da burocracia – que segundo Weber é a principal razão para a sua expansão em todas as áreas de atividade humana – e a postura de segredo assumida pelos burocratas. As regras definindo a distribuição de atividades entre indivíduos com conhecimento especializado e a sua realização regular, bem como o controle hierárquico não são suficientes para que os burocratas públicos desempenhem suas funções em prol do interesse público. Eles precisam prestar contas das atividades que realizam e torna-se necessário um contato próximo com a população que garanta a adequação de seu comportamento. O controle social também problematiza e indica a insuficiência dos meios de controle tradicional da democracia representativa. A população tem que contribuir para evitar a apropriação privada da *res publica*, uma vez que controles, tanto o judiciário, quanto o legislativo podem não ser suficientes para tanto (Bresser-Pereira). Afinal, o único recurso contra o mau uso do poder público é fazer incidir a luz que predomina na visibilidade da esfera pública (Arendt).

O conceito de participação como exercício de funções de governo estabelece de saída uma relação tensa com a burocracia porque coloca mais um grupo de atores – os cidadãos – no campo de atuação que até então era exclusivo da burocracia. A formação de associações civis para realizar atividades coletivas permite, além da execução de ações do interesse de todos, o exercício de faculdades morais e inteligência pelos cidadãos e o desenvolvimento de uma orientação para o bem comum. Em conjunto com a prestação de serviços públicos pelo setor público não estatal, a formação de associações civis demonstra a possibilidade concreta de criar formas alternativas à burocracia para a realização de atividades que dispõem de flexibilidade, experiência acumulada e habilidade para chegar a clientes difíceis de alcançar e orientam sua ação por valores como confiança, dedicação e solidariedade (Tocqueville, Bresser-Pereira e Cunill Grau).

Com relação à capacidade de agir representada pela participação, de revelar-se como cidadão singular entre iguais no espaço da política, o universo burocrático de regras, hierarquia, impessoalidade e o comportamento de obediência que retira do burocrata qualquer responsabilidade pelos seus atos, fazem com que na burocracia prevaleça o oposto, uma relação de caráter anônimo entre os indivíduos, que são diferentes apenas no que se refere às suas especialidades técnicas e suas posições de poder. Além disso, à medida que a sobrevivência material do indivíduo se torna intimamente conectada ao funcionamento da organização, o trabalho na burocracia assume características do *labor*, equivalente ao processo biológico do corpo humano e exclui o indivíduo da convivência livre (e política) com outros homens (Arendt). Finalmente, na interação despersonalizada entre indivíduos que ocorre na burocracia, as relações estão integradas pelos meios de controle e baseadas na racionalidade estratégica, na seleção de meios para o alcance de determinados fins e não pela solidariedade e pela comunicação voltada para o entendimento, o que leva a burocracia a um processo de desumanização (Habermas).

A burocracia tem como pressuposto que os indivíduos devem ser sujeitos ao poder instrumental para que conformem suas vontades aos interesses dos dominantes; já a participação tem como pressuposto a ideia de que os indivíduos estão abertos ao diálogo e dispostos à construção de interesses comuns numa concepção não instrumental de poder. Se a participação se orienta por princípios morais que têm caráter universal, a burocracia se move levando em consideração interesses dos detentores do poder, frente a quem assume a postura de obediência. Se, de um lado, na participação verifica-se a ocorrência da igualdade no sentido de isonomia; de outro, na burocracia, existe a hierarquia.

Na burocracia predomina o conhecimento técnico especializado, que contribui para a despolitização das massas; na participação, o pressuposto é de que todos são capazes de decidir a respeito de tudo e implementar as ações correspondentes. Assim, se na burocracia atua o especialista, a participação pode ser exercida pelo cidadão comum. A burocracia é entendida como o meio tecnicamente superior para a realização de atividades humanas; a participação mostra que existem formas alternativas que contam com o envolvimento dos cidadãos para alcance dos mesmos objetivos, que associam resultados com a vivência de valores cívicos e de solidariedade. Na participação, os cidadãos por meio da ação e do discurso no espaço público se distinguem como agentes políticos; na burocracia os especialistas contribuem anonimamente para o funcionamento da organização como na linha de produção de uma fábrica.

A postura de segredo da burocracia é limitada com a necessidade de prestar contas pelos burocratas ao estar em contato próximo com a população e atuar na visibilidade do espaço público como resultado da participação, como um complemento aos meios de controle tradicionais da democracia representativa. Enquanto na burocracia são estabelecidas relações anônimas entre os indivíduos e o público porque o trabalho transcorre de forma contínua sem a necessidade de contato de uns com os outros e porque os indivíduos não precisam assumir responsabilidade pelo que fazem; a participação é o meio pelo qual as pessoas podem manifestar sua capacidade de ação e do discurso perante outros homens no espaço público e deixar o registro do novo começo que trouxeram ao mundo ao nascer. Se na burocracia a busca é por uniformidade, como uma decorrência da aplicação da regra da impessoalidade, do tratamento igual de todos perante a lei; na participação tem-se o respeito à pluralidade, que admite o tratamento discricionário.

No comportamento da burocracia o que se procura é a previsibilidade, e por essa razão existe o controle hierárquico, as regras definindo a distribuição das atividades e sua forma de realização e os documentos que registram todas as ocorrências. Tal previsibilidade é a característica que torna tal tipo de organização tão caro para o desenvolvimento do capitalismo. A participação tem caráter imprevisível e interminável: uma vez realizada, a participação inicia uma cadeia infinita de ações igualmente imprevisíveis. A capacidade humana de fazer e cumprir promessas e de perdoar podem ser as únicas formas de limitar esse caráter inevitável da participação. Assim, se a burocracia se caracteriza pela conservação do *status quo*; a participação, pela possibilidade de transformação.

A relação do indivíduo com a burocracia está vinculada à sobrevivência e visa a libertação das necessidades de sobrevivência: seja porque a organização burocrática é responsável pela produção dos bens e serviços que suprem as necessidades materiais da vida humana, seja porque a atividade do indivíduo tem nela caráter de *labor*. O indivíduo está associado à organização burocrática por questões de sobrevivência, de caráter pré-político e que o afastam da convivência com outros homens; a participação, uma vez que representa o exercício da liberdade pública pressupõe a convivência no espaço público entre homens livres e iguais. A participação representa um fim em si mesmo, deve ser realizada livre de fins e de motivos; já a burocracia constitui um meio para o alcance de determinados fins. A participação pode ser avaliada em função da virtuosidade daquele que realiza a ação e enuncia o discurso; o parâmetro de medida da atuação do burocrata é a eficiência, a melhor relação entre meios e fins.

Gestão no Orçamento Participativo de Porto Alegre

A contribuição desta tese para o conhecimento existente sobre o OPPA refere-se a destacar a importância do âmbito do Estado e da dimensão gestão como foco de análise. É reconhecido que o OPPA não seria possível sem a participação da sociedade. No entanto, o que o estudo mostra é que também foi necessária uma alteração na organização do governo municipal para se adequar à participação. A contrapartida da participação no âmbito governamental não é a desorganização e o caos, mas sim um conjunto de estrutura, processos, documentos e pessoas desenvolvido ao longo do tempo para interagir com a população e viabilizar o atendimento de suas demandas. Não é porque uma atividade de governo não se esgota no Estado e não é porque se relaciona com a sociedade e, eventualmente, cria-se um canal de comunicação que o Estado perde as suas características específicas como esfera de atuação.

O fato de a participação ocorrer numa função típica de Estado como o orçamento é mais uma razão que fortalece a visão de que o OPPA não representa uma instância alternativa à institucionalidade estatal como querem alguns autores, mas sim que a complementa e tem que com ela conviver para que o setor público desempenhe melhor sua função.

Para o governo interagir com a população na realização de uma função típica de Estado como o orçamento, é necessário haver estruturas, processos, documentos e pessoas que organizem o setor público para a participação. Os próprios documentos do processo orçamentário podem oferecer um ponto de partida adequado para tal organização desde que incorporem dispositivos especiais que garantam a ocorrência de participação no processo orçamentário, distribuam as atividades relativas à participação entre as unidades da Prefeitura e assegurem o direito da população de opinar sobre os temas para a destinação de recursos no projeto de lei orçamentária.

O fato de a participação estar associada a um processo burocrático que tem ritmo e conteúdo definido pelas necessidades de informação dos documentos orçamentários contribui para que a participação se desenvolva com certo ritmo e objetividade e evita que as discussões durem interminavelmente, direcionando-se para a tomada de decisão após um período de tempo. Isso garante que o processo de formação de opinião e vontade que ocorre no OPPA possa influenciar a ação da instância administrativa.

Duas regras contribuem para garantir que a influência da participação na ação do governo seja efetiva. A primeira se refere a um dispositivo da Lei de Diretrizes Orçamentárias que assegura a continuidade do fluxo de recursos até a conclusão dos investimentos, uma vez iniciados. A segunda é a regra utilizada para a solução de conflitos intraburocráticos por recursos segundo a qual obras e serviços demandados pela população e incluídos no PI têm prioridade na liberação de recursos na fase de execução orçamentária.

Mas, para que o processo permaneça vivo e seja considerado legítimo pelos seus participantes existe um documento que regula o funcionamento do OPPA, o Regimento Interno. O RI tem características especiais porque é discutido e revisto anualmente pela população e representa uma referência concreta para a realização dos debates. Outro elemento que indica o cuidado com o qual a participação é tratada no OPPA é a elaboração de um documento, o Plano de Investimentos e Serviços, que registra o resultado das deliberações e é organizado de forma a ser compreendido pela comunidade. Apresenta a lista de obras e serviços que serão executados e o órgão responsável, de forma a permitir o acompanhamento de sua realização pela população.

A possibilidade de revisão permanente das regras de operação do OPPA exige do ponto de vista da institucionalização, uma flexibilidade na estrutura de governo que irá acomodar a divisão de trabalho entre as unidades da Prefeitura, visando a atender as necessidades do processo participativo. Por essa razão é importante que documentos orçamentários – que têm prazo de vigência limitado e orientação para ação, uma vez que alocam recursos às atividades – criem uma espécie de "estrutura" no governo municipal para distribuir as atividades relativas ao processo participativo entre as unidades da Prefeitura.

Para garantir a afluência quantitativa e qualitativa da população nas assembleias do OPPA, o que confere à experiência o seu caráter redistributivo e participativo, foi necessário constituir uma equipe de profissionais, os CROP, cujo perfil, natureza da atividade, estrutura de carreira, compromisso com a função, orientação para a ação baseada em valores os diferenciam dos servidores públicos típicos da Prefeitura e os colocam muitas vezes em conflito com eles. No entanto, para restringir a arbitrariedade na atuação desses profissionais, uma vez que o caráter informal da unidade onde trabalham os libera do controle hierárquico, é importante a existência de um mecanismo não burocrático – o controle social – que atua por meio da convivência próxima dos CROP com a população da região na qual atuam.

A experiência do OPPA mostra ainda que a ênfase no controle apenas não basta para garantir que os servidores públicos atuem na busca do interesse público. É necessário também que adotem um comportamento orientado por valores e que os leve à ação. Do contrário, tem-se uma espiral crescente de controle que gera o imobilismo, na existência da qual a melhor atitude a tomar é não fazer nada. Além de meios de controle ou de regras que impedem que as pessoas ajam errado, é preciso que as pessoas queiram agir certo, sob pena de que a tentativa de evitar o descontrole gere a absoluta paralisia.

A qualificação do controle social para uma maior proximidade com os cidadãos, além do reconhecimento de que deve ser acompanhado por uma mudança na postura dos servidores públicos em termos de atuar orientados por valores são dois aspectos da experiência do OPPA que podem contribuir para o aperfeiçoamento da Nova Gestão Pública.

Entretanto, uma vez que os CROP constituem uma elite intelectual e socioeconômica em relação aos participantes do OPPA e são nomeados politicamente, existe o risco de manipulação na mobilização da população que realizam, contra a qual o controle social próximo não é suficiente para dar conta. Sendo assim, faz-se necessário também o fortalecimento dos meios tradicionais de controle da democracia representativa, numa ilustração da relação complementar que precisa existir entre a participação e a representação.

Nesse quesito, porém, a experiência de Porto Alegre não constitui uma situação exemplar, tendo em vista que, conforme mostra Ribeiro Dias (2002), o incentivo à participação direta da população na elaboração do orçamento resultou em restrição do poder dos vereadores de fazer alterações na peça orçamentária, agravando o conflito entre o Legislativo e o Executivo e impedindo o desenvolvimento de um diálogo construtivo entre os Poderes. Pelo contrário, o OPPA é considerado por Jardim Pinto (2004) como uma experiência de participação que enfraqueceu a representação.

A análise da experiência do OPPA mostra também a relação da participação com dois temas cujo tratamento tem sido restrito ao âmbito das finanças públicas: a questão da disciplina fiscal e os gastos com pessoal.

A disciplina fiscal é importante porque está relacionada com a permanência do OPPA no tempo, que se destaca na experiência analisada. A continuidade do OPPA garante que as obras solicitadas pela população, que levam em média 26 meses para serem concluídas, possam ser finalizadas. Assim, existe interesse por parte da população que o governo municipal obedeça ao dispositivo da Lei de Diretrizes Orçamentárias que assegura recursos até a conclusão dos investimentos iniciados. A pressão da população contribui para que a Prefeitura de Porto Alegre cumpra a sua parte desse acordo e reserve recursos do orçamento por três anos consecutivos. Por outro lado, para que a comunidade possa acompanhar a implantação das obras e exigir do Poder Executivo o seu término, é necessário que o espaço de participação permaneça existindo, o que implica o estabelecimento de um acordo contínuo a respeito das regras de convivência mútua.

Também no que se refere à continuidade, a experiência de Porto Alegre parece mostrar que no interesse da participação da população em funções do governo, o ideal é que seja alcançado um *portfólio* diversificado composto por algumas obras e serviços que possam ser executados rapidamente para demonstrar que a participação tem resultados e outros que necessitem de um período de tempo superior ao de um mandato para se concretizar. Se, de um lado, todas as demandas pudessem ser imediatamente atendidas, poderia haver uma tendência subsequente de esvaziamento da participação. Se, de outro lado, o atendimento das demandas demorasse a acontecer, haveria o risco de descrença no processo participativo.

A questão dos gastos com pessoal não é tão grave nem um tema exclusivo da situação de Porto Alegre, mas tem implicações sobre o processo participativo. O aumento da destinação de recursos orçamentários para o item recursos humanos resulta em redução nos recursos disponíveis para serem alocados pela população. A elevação dos gastos de pessoal pode ser, em parte, resultado da participação ampliada da população pressionando por aumentos na prestação de serviços intensivos em trabalho. No entanto, os gastos com pessoal podem também apresentar um crescimento que independe da ampliação da prestação de serviços, como resultado do atual regime previdenciário dos servidores públicos.

No que diz respeito à relação entre burocracia e participação, o debate recente da administração pública ressalta a rigidez, falta de flexibilidade e ausência de discricionariedade como elementos que dificultam a convivência da burocracia com a participação e tornam necessário que iniciativas participativas, como o OPPA, tenham de ser acompanhadas por outros tipos de arranjos organizativos.

Conforme verificado, no caso de Porto Alegre a organização do setor público para a participação no OPPA apresenta características diversas de um arranjo burocrático típico e documentos e processos da função orçamento que são típicos da burocracia. Desta forma, considera-se que a organização para a participação no OPPA representa um quadro administrativo participativo, uma vez que faz uso de instrumentos específicos (não burocráticos).

O quadro administrativo participativo encontrado no OPPA não se configura como o oposto de um quadro administrativo burocrático, pois tanto elementos burocráticos (ainda que sofrendo adequações), quanto não burocráticos contribuem para que a participação da população se materialize no processo orçamentário e tenha consequências concretas em termos de bens e serviços. A necessidade de promover alterações nos instrumentos burocráticos ou utilizar outros instrumentos não burocráticos para organizar o governo municipal para a participação no OPPA mostra que os elementos formais da burocracia tipo ideal não são suficientes para atender as necessidades institucionais da participação. Além disso, verifica-se que o aumento das despesas com pagamento de servidores públicos pode reduzir o espaço para exercício da participação. Esses elementos caracterizam a tensão entre burocracia e participação identificada no caso de Porto Alegre e evidenciam a ocorrência, no governo de Porto Alegre, da gestão para a participação.

Gestão para participação

A participação cria a oportunidade para o cidadão comum, por meio de "hábitos tranquilos", "fazer do interesse público o seu interesse", conforme Tocqueville. Se o Estado pretende promovê-la, é preciso ter em mente que sua forma peculiar de organização não coexiste naturalmente com a participação. E pior, pode oferecer ameaça à própria participação, âmbito de ação organizado pela lógica da busca do entendimento. É esse o risco de colonização do mundo vivido pelo sistema, de que trata Habermas.

A partir da análise da gestão do Orçamento Participativo de Porto Alegre, foram identificados os elementos da organização do governo municipal desenvolvidos para adequá-la à participação. Em que pese os limites de sua transposição para outros contextos, pois, sendo identificada com as artes de realização e tendo como critério de avaliação o virtuosismo, é pouco provável que instrumentos utilizados em uma iniciativa participativa possam ser aplicados com igual sucesso em outras, tentativamente serão esboçados alguns aspectos gerais extraídos da experiência de Porto Alegre e da discussão teórica aqui realizada para caracterizar a "gestão para participação".

A primeira questão que merece menção, por mais óbvia que seja, é que a abertura de espaços no Estado para a participação do cidadão não corresponde na Administração Pública a uma contrapartida de desorganização e caos. Essa forma específica de organização do setor público desenvolvida para estabelecer um contato mais próximo com a população, aqui denominada "gestão para participação", compartilha de características com a Nova Gestão Pública, conforme releitura do Plano

Diretor da Reforma do Estado de 1995 do Governo Federal brasileiro, mas também do próprio conceito de participação, conforme analisado anteriormente.

Espaços de participação patrocinados pelo setor público devem desenvolver mecanismos que permitam conciliar a permanência com a mudança. Essencial nesse sentido é criar a possibilidade de sua refundação periódica, de forma que os motivos e regras que orientam a convivência entre os atores possam ser recolocados para não perder sentido aos que dela tomam parte e permanecerem vivos na lembrança de todos. É como se, de tempos em tempos, os assim denominados "custos de transação" implícitos nas relações entre os participantes, que na esfera do governo foram assumidos com a criação do meio de controle poder para não sobrecarregar a linguagem da necessidade de justificativas (Habermas), possam ser explicitados, rediscutidos e reavaliados na convivência entre os atores no espaço participativo, com a revisão periódica das regras que orientam os encontros.

Em relação à equipe do setor público que interage com a população no espaço participativo, parece não ser necessária a definição de regras que circunscrevam especificamente suas atribuições e ou de supervisão hierárquica rígida para controle. É preciso haver espaço para sua ação espontânea e adequada às circunstâncias. É mais provável que a coerência e o trabalho em torno de um objetivo comum sejam obtidos se todos atuarem com uma orientação de valor compartilhada. E, para evitar a arbitrariedade no seu comportamento, o controle social e o controle exercido pelos mecanismos da democracia representativa parecem ser mais efetivos do que o controle burocrático. É necessário evitar o segredo burocrático e haver transparência, que é facilitada quanto maior a proximidade entre os participantes, caso de experiências em nível local.

No que se refere ao conteúdo da participação, contrariamente ao pensamento de Arendt, é difícil imaginar espaços participativos patrocinados pelo Estado nos quais interesses não sejam considerados. A questão é não deixar que os interesses predominem a discussão nem que, por meio deles, haja risco de manipulação dos participantes. Devem ser tomadas medidas como os já mencionados cuidados com o esforço periódico de refundação do espaço e a sua permanente exposição aos controles social e político, da democracia representativa. Além disso, é necessário transparência: manter os debates informados por tantos dados concretos e objetivos quanto possível, para que não se percam em suposições e abstrações estéreis. Pode ser interessante também se houver um cronograma com resultados ou decisões a serem alcançados após a realização de um conjunto de reuniões, conferindo certa objetividade, disciplina às falas e ritmo aos encontros. Além disso, a existência desses resultados ou decisões por parte do espaço participativo pode obrigar o setor público a definir regras e procedimentos para dar-lhes seguimento no interior da burocracia, bem como a criar uma sistemática de prestação de contas. Se o Estado não for capaz de demonstrar aos membros da iniciativa participativa que seus debates tiveram encaminhamento e consequência, o esforço de todos pode deixar de ter sentido, correndo o risco de esvaziamento.

* * *

A preocupação inicial que orientou o desenvolvimento da análise aqui apresentada esteve relacionada com a percepção de que a participação requeria cuidados especiais para acontecer e que os meios tradicionais de atuação da administração pública pareciam não ter condições de oferecer e, pelo contrário, poderiam colocá-la em risco. E, de fato, o trabalho obteve indicações na teoria e na prática a respeito da existência de uma tensão entre burocracia e participação: os instrumentos característicos da burocracia tipo ideal não são suficientes para atender as necessidades institucionais da participação e precisam ser complementados por outros. Tal constatação conduz para a retomada da discussão sobre o quadro administrativo que é capaz de conviver com a participação.

A pesquisa realizada mostra que a participação, além de complexificar o processo decisório, tema relativamente bem explorado na literatura, requer também uma contrapartida em termos de organização do aparelho do Estado específica e mais elaborada para que as decisões tomadas com a presença da população possam ser efetivamente implementadas, um assunto que até agora não tem recebido muita atenção.

A mera menção em lei da necessidade de ocorrência da participação em processos públicos não é condição suficiente para ela existir concretamente. Ao se incluir um dispositivo legal prevendo a participação da população em qualquer etapa do processo de políticas públicas, é necessário conceber e fazer funcionar concomitantemente o modelo de gestão para processamento e incorporação dos insumos resultantes do processo participativo e compatibilizá-los com os insumos organizacionais à disposição da Administração Pública. Isso significa que a contrapartida da participação ampliada da população no âmbito do aparelho do Estado é uma forma específica de organização bastante complexa e não a desorganização e o caos.

No entanto, embora a burocracia contribua para o fortalecimento da democracia representativa, uma vez que está associada aos conceitos de liberdade negativa e igualdade de todos perante a lei, não é suficientemente capaz de dar conta das necessidades de institucionalização da participação, pois esta diz respeito à liberdade e igualdade como relações no espaço público.

Trazer a participação para o âmbito do Estado implica – além de abrir um espaço para que novas identidades possam se expressar e criar a possibilidade de regulamentação para temas considerados importantes para a sociedade, que dizem respeito à participação em si – complexificar a atuação do setor público, fazendo coexistir conceitos de poder de natureza diferente, noções diversas e até mesmo opostas as de liberdade e igualdade e ações orientadas por racionalidades que ora buscam a eficiência na escolha dos melhores meios para o alcance dos fins, ora a comunicação voltada para o entendimento mútuo.

A burocracia é uma organização na qual o poder é estruturado de cima para baixo, em direção oposta à democracia, e o domínio do conhecimento e da técnica por ela promovidos e sua transformação em ideologia, resultam em crescente despolitização das massas. Além disso, existem evidências de que o desenvolvimento máximo da burocracia compartilha muitos aspectos em comum com regimes totalitários.

Além disso, cabe ressaltar que embora a burocracia conviva com a situação de poder limitado ela não passa de uma forma de organização. A burocracia por si só não é capaz de garantir a permanência da democracia, pois não é capaz de exercer por si mesma limites ao poder. É da natureza do poder que a única forma de controlá-lo não é o conhecimento técnico, mas outro poder, como descobriu Montesquieu. Problemas políticos requerem soluções políticas. Essa é a única maneira de o poder não ser destruído e ser substituído pela impotência. É só no domínio público, na luz que torna visível cada ato efetuado dentro de suas fronteiras, que se pode combater o mau uso do poder. Existem tensões de natureza política que apenas o exercício da liberdade pública por meio da participação pode promover.

REFERÊNCIAS BIBLIOGRÁFICAS

ABERBACH, J. D.; R. D. PUTNAM e B. A. ROCKMAN (1981). *Bureaucrats and Politicans in Western Democracies*. Cambridge, Harvard University Press.

ABERS, R. N. (2003). "Reflections on what makes empowered participatory governance happen". In: FUNG, A. e E. O. WRIGHT (orgs.): *Deepening Democracy. Institutional Innovations in Empowered Participatory Governance*. Londres, Verso.

ABERS, R. N. (2000). *Inventing Local Democracy. Grassroots Politics in Brazil*. Boulder, Lynne Rienner Publishers.

ABRÚCIO, F. (1998). "Os avanços e os dilemas do modelo pós-burocrático: a reforma da administração pública à luz da experiência internacional recente". In: BRESSER-PEREIRA, L. C. e P. SPINK (orgs.): *Reforma do Estado e administração pública gerencial*. São Paulo, Editora Fundação Getúlio Vargas.

ALFONSO, F. B. (1981). "Assisting farmer controlled development of communal irrigation systems". In: KORTEN, D. C. e F. B. ALFONSO (org.). *Bureaucracy and the Poor. Closing the Gap*. Asian Institute of Management, Manila. New York, Mcgraw-Hill.

ARENDT, H. (2001). *A condição humana*. 10. ed. Rio de Janeiro, Forense Universitária.

_____. (1999). *Eichman em Jerusalém: um relato sobre a banalidade do mal*. São Paulo, Companhia das Letras.

_____. (1999a). "Desobediência civil". In: *Crises da República*. 2. ed. São Paulo, Editora Perspectiva.

_____. (1999b). "Da violência". In: *Crises da República*. 2. ed. São Paulo, Editora Perspectiva.

_____. (1988). *Da Revolução*. Brasília, Editora da UnB.

_____. (1972). "O conceito de história – antigo e moderno". In: *Entre o passado e o futuro*. São Paulo, Editora Perspectiva.

_____. (1972a). "Que é autoridade". In: *Entre o passado e o futuro*. São Paulo, Editora Perspectiva.

_____. (1972b). "Que é liberdade". In: *Entre o passado e o futuro*. São Paulo, Editora Perspectiva.

AVRITZER, L. (2000). "Teoria democrática e deliberação pública". In: *Lua nova* n. 50.

_____. (2002a). "O orçamento participativo: as experiências de Porto Alegre e Belo Horizonte". In: DAGNIGNO, E. (org.). *Sociedade civil e espaços públicos no Brasil*. São Paulo, Paz e Terra.

_____. (2002b): "Modelos de deliberação democrática: uma análise do orçamento participativo no Brasil". In: SOUSA SANTOS, B. (org.): *Democratizar a democracia: os caminhos da democracia participativa*. Rio de Janeiro, Civilização Brasileira.

BAIOCCHI, G. (2003). "Participation, activism, and politics: the Porto Alegre experiment". In: FUNG, A. e E. O. WRIGHT (orgs.). *Deepening Democracy. Institutional Innovations in Empowered Participatory Governance*. Londres, Verso.

BALBACHEVSKY (1991). "Stuart Mill: liberdade e representação". In: WEFFORT, F. C. (org.). *Os clássicos da política 2*. São Paulo, Editora Atica.

BARCELÓ, S. e Z. PIMENTEL (2002). *Radicalizar la democracia. Porto Alegre um modelo de município participativo*. Madri, Catarata.

BARZELAY, M. (1992). *Breaking through Bureaucracy*. Berkeley, University of California Press.

BENDIX, R. (1965). "Bureaucracy and the problem of power". In: MERTON, R. K. e outros (orgs.). *Reader in Bureaucracy*. New York, Free Press.

BLAU, P. M. (1966). "O estudo comparativo das organizações". In: CAMPOS, E. (org.). *Sociologia da burocracia*. Rio de Janeiro, Zahar Editores.

BOBBIO, N. (2000). *O futuro da democracia*. São Paulo, Paz e Terra.

_____. (1997). *Liberalismo e democracia*. São Paulo, Editora Brasiliense.

_____. (1996). *Igualdade e liberdade*. Rio de Janeiro, Ediouro.

_____. (1994). *A teoria das formas de governo*. Brasília, Editora UnB.

BRASIL, Câmara da Reforma do Estado (1995). *Plano diretor do aparelho da reforma do Estado*. Brasília.

BRESSER-PEREIRA, L. C. (2006). *Formas de poder segundo três critérios: sociológico, político e administrativo*. Mimeo.

_____. (2004). *Democracy and Public Management Reform: Building the Republican State*. New York, Oxford University Press.

_____. (2001). "A new management for a new State: liberal, social and republican". Paper. *The 2001 Manion Lecture, promovida pelo Canadian Centre for Management Development*. Ottawa, May 3.

_____. (1998). *Reforma do Estado para a cidadania. A reforma gerencial brasileira na perspectiva internacional*. São Paulo/Brasília, Editora 34/ENAP.

_____. (1997). "A reforma do Estado nos anos 90: lógica e mecanismos de controle". *Cadernos MARE*. n.1. Brasília, MARE.

_____ e N. CUNILL GRAU (1999). "Entre o Estado e o mercado: o público não-estatal". In: BRESSER-PEREIRA, L. C. e N. CUNILL GRAU (orgs.): *O público não estatal na reforma do Estado*. Rio de Janeiro, Editora Fundação Getúlio Vargas.

CIDADE Centro de Assessoria de Estudos Urbanos (2003). *Quem é o público do orçamento participativo 2002*. Porto Alegre, Cidade.

COHEN, J. L. e A. ARATO (1994). *Civil Society and Political Theory*. Cambridge, MIT Press.

COHN, G. (2000). "Perfis em teoria social. Tocqueville e Weber, duas vocações". In: AVRITZER, L. e J. M. DOMINGUES (orgs.). *Teoria social e modernidade no Brasil*. Belo Horizonte, Editora UFMG.

COSTA, S. (1999). "La esfera pública y las mediaciones entre cultura y política: el caso de Brasil". In: *Metapolítica. Revista Trimestral de Teoría y Ciencia de la Politica*. v. 3. n. 9. Enero-Marzo.

CROZIER, M. (1981). *O fenômeno burocrático*. Brasília, Universidade de Brasília.

CUNILL GRAU, N. (1998). *Repensando o público através da sociedade: novas formas de gestão pública e representação social*. Brasília, ENAP.

CUNILL GRAU, N. (1995). "La rearticulación de las relaciones Estado-sociedad: em búsqueda de nuevos sentidos". *Reforma y democracia*. CLAD (4). Julho.

DINIZ, E. (1997). "Governabilidade, democracia e reforma do Estado: os desafios da construção de uma nova ordem no Brasil dos anos 90". In: DINIZ, E. e S. de AZEVEDO (orgs.). *Reforma do Estado e democracia no Brasil*. Brasília, Editora UnB.

DOWNS, A. (1994). *Inside Bureaucracy*. Boston, Little, Brown.

EISENBERG, J. (2003). "Comunidade ou república? Hannah Arendt e as linguagens do pensamento político contemporâneo". In: JARDIM DE MORAES, E. e N. BIGNOTTO (orgs.). *Hannah Arendt: diálogos, reflexões e memórias*. Belo Horizonte, Editora UFMG.

FEDOZZI, L. J. (2000). *O poder da aldeia: gênese e história do orçamento participativo de Porto Alegre*. Porto Alegre, Tomo Editorial.

FEDOZZI, L. J. (1996). *Do patrimonialismo à cidadania. Participação popular na gestão municipal: o caso do orçamento participativo de Porto Alegre*. Dissertação. Porto Alegre, Universidade Federal do Rio Grande do Sul.

FERLIE, E.; L. ASBURNER; L. FITZGERALD e A. PETTIGREW (1999). *A nova administração pública em ação*. Brasília, Editora UnB/ENAP.

FERRAREZI, E. e M. NASSUNO (1996). *Desafios para implantação da administração gerencial: o projeto das organizações sociais e agências executivas*. Mimeo.

FRANCHE, M. (2000). *Concertación y Acuerdos: La Experiencia de Porto Alegre*. La Paz, PNUD.

FUNG, A. e E. O. WRIGHT (2003). "Thinking about empowered participatory governance". In: FUNG, A. e E. O. WRIGHT (orgs.). *Deepening Democracy. Institutional Innovations in Empowered Participatory Governance*. Londres, Verso.

GENRO, T. e U. SOUZA (1997). *Orçamento participativo. A experiência de Porto Alegre*. São Paulo, Editora Fundação Perseu Abramo.

HABERMAS J. (2003). *Teoría de la Acción Comunicativa. Volume I Racionalidad de la acción y racionalización social; volume II Crítica de la razón funcionalista*. Buenos Aires, Taurus.

HABERMAS, J. (2002). "Três modelos normativos de democracia". In: *A inclusão do outro: estudos de teoria política. São Paulo, Edições Loyola.

HABERMAS, J. (1975). "Técnica e ciência como ideologia". *Os pensadores XLVIII*. São Paulo, Editora Abril.

HIRST, P. Q. (1996). "Democracy and civil society". In: HIRST, P. e S. KHILNANI (orgs.). *Reinventing Democracy*. Oxford, Blackwell Publishers.

JARDIM PINTO, C. R. (2004). "Espaços deliberativos e a questão da representação". *Revista Brasileira de Ciências Sociais*. n. 54. Fevereiro.

KETTL, D. F. (1998). "A revolução global: reforma da administração pública do setor público". In: BRESSER-PEREIRA, L. C. e P. SPINK (orgs.). *Reforma do Estado e administração pública gerencial*. São Paulo, Editora Fundação Getúlio Vargas.

KUNRATH SILVA, M. (2002). *Cidadania e exclusão. Os movimentos sociais urbanos e a experiência da participação na gestão municipal de Porto Alegre*. Porto Alegre, UFRGS Editora.

LIPSKY, M. (1980). *Street Level Bureaucracy*. New York, Russell Sage Foundation.

MARX, F. M. (1967). "The higher civil service as an action group in western political development". In: LA PALOMBARA, J. (org.). *Bureaucracy and Political Development*. Princeton, Princeton University Press.

MARX, K. (1994). "Manifesto do Conselho Geral da Associação Internacional dos Trabalhadores sobre a guerra civil na França em 1871". In: Marx, K. e F. Engels. *Obras escolhidas*. v. 2. São Paulo, Editora Alfa-Ômega.

MERTON, R. K. (1965). "Breaucratic structure and personality". In: MERTON, R. K. e outros (orgs.). *Reader in Bureaucracy*. New York, Free Press.

MILL, J. S. (1991). "Sobre a liberdade". In: WEFFORT, F. C. (org.): *Os clássicos da política 2*. São Paulo, Editora Atica.

MONTGOMERY, J. D. (1988). *Bureaucrats and the People. Grassroots Participation in the Third World Development*. London, Johns Hopkins University Press.

MOORE, M. H. (1995). *Creating Public Value: Strategic Management in Government*. Cambridge, Harvard University Press.

MYERS, R. e R. LACEY (1996). "Consumer satisfaction, performance and accountability in the public sector". *International Review of Administrative Sciences*, v. 62. n. 3. September.

NASSUNO, M. (2000). "A administração com foco no usuário-cidadão: realizações no governo federal brasileiro nos últimos 5 anos". *Revista do Serviço Público*. Ano 51, n. 4. Outubro-Dezembro.

_____. (1999). "O controle social nas organizações sociais no Brasil". In: BRESSER-PEREIRA, L. C. e N. CUNILL GRAU (orgs.). *O público não estatal na reforma do Estado*. Rio de Janeiro, Editora Fundação Getúlio Vargas.

_____. (1999a). "Organização dos usuários, participação na gestão e controle das organizações sociais". In: PETRUCCI, V. e L. SCHWARZ (orgs.). *Administração pública gerencial: a reforma de 1995. Ensaios sobre a reforma administrativa brasileira no limiar do século XXI*. Brasília, Editora da UnB/ENAP.

NAVARRO, Z. (1998). "Democracia e controle social de fundos públicos – o caso do orçamento participativo de Porto Alegre (Brasil)". In: BRESSER PEREIRA, L. C. e N. CUNILL GRAU (orgs.). *O público não estatal na reforma do Estado*. Rio de Janeiro, Editora Fundação Getúlio Vargas.

NISKANEN, W. (1971). *Bureaucracy and Representative Government*. Chicago, Aldine-Atherton.

NUNES, E. (1997). *A gramática política do Brasil. Clientelismo e insulamento burocrático*. Rio de Janeiro/Brasília, Jorge Zahar Editor/ENAP.

NYLEN, W. R. (2003). *Participatory Democracy versus Elitist Democracy: Lessons from Brazil*. Nova York, Palgrave Macmillan.

O'SULLIVAN, N. (1982). "Hannah Arendt: A nostalgia helênica e a sociedade industrial". In: CRESPIGNY, A. e K. R. MINOGUE (orgs.): *Filosofia política contemporânea*. Brasília, Editora da UnB.

OCDE (2001). *Citizens as Partners. OCDE Handbook on Information, Consultation and Public Participation in Policy-Making*. Paris, OCDE.

OTTMAN, G. (2004). "Habermas e a esfera pública no Brasil: considerações conceituais". *Novos Estudos CEBRAP*. n. 68. Março.

PATEMAN, C. (1999). *Participation and Democratic Theory*. Cambridge, Cambridge University Press.

PIERRE, J. (1998). "Public consultation and citizen participation: dilemmas of policy advice". In: PETERS, G. e D. J. SAVOIE (orgs.). *Taking Stock: Assessing Public Sector Reforms*. CCMD series on governance and public management. Montreal, McGill-Queen's University Press.

PRATS I CATALÁ, J. P. (1996). "Direito e gerenciamento nas administrações públicas – notas sobre a crise e renovação dos respectivos paradigmas". *Revista do Serviço Público* (2). Maio/ago.

PRZEWORSKI, A. (1996). "On the design of the State: a principal-agent perspective". Paper.*Seminário A Reforma do Estado na América Latina e no Caribe: Rumo a uma Administração Pública Gerencial*. Brasília.

PUTNAM, R. D. (1991). *Making Democracy Work. Civic traditions in modern Italy*. Princeton, Princeton University Press.

RIBEIRO DIAS, M. (2002). *Sob o signo da vontade popular. O orçamento participativo e o dilema da Câmara Municipal de Porto Alegre*. Rio de Janeiro, IUPERJ.

ROUSSEAU, J-. J. (2003). *Do contrato social. Princípios do direito político*. São Paulo, Martins Fontes.

SANTOS, C. (2003). "Buerokratische Effizienz durch Partizipation? Der Orçamento Participativo von Porto Alegre im Lichte der oekonomischen Theorie der Buerokratie". *Lateinamerika Analysen* 5, Junho.

SOUSA SANTOS, B. (2002). "Orçamento participativo em Porto Alegre: para uma democracia redistributiva". In: SOUSA SANTOS, B. (org.). *Democratizar a democracia. Os caminhos da democracia participativa*. Rio de Janeiro, Civilização Brasileira.

_____ e L. AVRITZER (2002). "Para ampliar o cânone democrático". In: SOUSA SANTOS, B. (org.). *Democratizar a democracia. Os caminhos da democracia participativa*. Rio de Janeiro, Civilização Brasileira.

STEELMAN, T. A. e W. ASCHER (1997). "Public involvement methods in natural resource policy making: advantages, disadvantages and trade-offs". *Policy Sciences* 30.

TENDLER, J. (1998). *Bom governo nos trópicos: uma visão crítica*. Brasília, ENAP.

TOCQUEVILLE, A. (2001). *A democracia na América. Livro I Leis e costumes; Livro II Sentimentos e opiniões*. São Paulo, Martins Fontes.

UTZIG, J. E. (s/d). *Orçamento participativo e performance governamental*. Mimeo.

VITALE, D. (2004). "Democracia e poder local: a experiência brasileira do orçamento participativo". In: COELHO, V. S. P. e M. NOBRE (orgs.). *Participação e deliberação: teoria democrática e experiências institucionais no Brasil contemporâneo*. São Paulo, Editora 34.

WANDERLEY REIS, F. (1990). "Cidadania democrática, corporativismo e política social no Brasil". *Para a década de 1990 - Prioridades e perspectivas de políticas públicas*. Brasília, IPEA.

WEBBER, C. e A. WILDAVSKY (1986). *A History of Taxation and Expenditure in the Western World*. New York, Simon and Schuster.

WEBER, M. (1999). *Economia e sociedade*. v. 1 e 2. Brasília, Editora da UnB.

_____. (1993). *Parlamento e governo na Alemanha reordenada. Crítica política do funcionalismo e da natureza dos partidos*. Petrópolis, Editora Vozes.

_____. (1993a). *Ciência e política, duas vocações*. São Paulo, Editora Cultrix.

_____. (1992). "A objetividade do conhecimento na ciência social e na ciência política – 1904". In: *Metodologia das ciências sociais, parte 1*. Campinas, Editora da Unicamp.

WOOD, B. D. e R. W. WATERMAN (1994). *Bureaucratics Dynamics. The Role of Bureaucracy in a Democracy*. Boulder, Westview Press.

WORLD BANK (1999). *World Development Report 1998/99. Knowledge for Development. Summary*. Washington, Oxford University Press.

YATES, D. (1982). *Bureaucratic Democracy. The Search for Democracy and Efficiency in American Government*. Cambridge, Harvard University Press.

Legislação consultada
Constituição da República Federativa do Brasil de 1988.
Lei Complementar n. 101, de 4 de maio de 2002, Lei de Responsabilidade Fiscal
Lei n. 4.320, de 17 de março de 1964.

Lei Orgânica do Município de Porto Alegre, de 11 de junho de 2004.

Lei municipal n. 8.748, de 20 de julho de 2001, Plano Plurianual para o período 2002 a 2005.

Lei municipal n. 9.205, de 2 de setembro de 2003, Lei de Diretrizes Orçamentárias para o Orçamento de 2004.

Lei municipal n. 9.318, de 16 de dezembro de 2003, que estima a receita e fixa a despesa do município de Porto Alegre para o exercício financeiro de 2004.

Lei municipal n. 7.439, de 17 de junho de 1994, extingue a Supervisão de Planejamento e Programação Econômica da Secretaria do Planejamento Municipal e cria o Gabinete de Planejamento.

Decreto municipal n. 11 de fevereiro de 1998, define a estrutura do Gabinete de Planejamento.

Decretos municipais n. 11.910 de 17 de fevereiro de 1998 CC; n. 12.008, de 22 de junho de 1998 CC; n. 13.057, de 17 de dezembro de 2000 FG; n. 13.511, de 19 de novembro de 2001 FG; n. 13.616, de 21 de janeiro de 2002 CC; lotam ou alteram lotação de cargos em favor do GAPLAN.

Decreto municipal n. 14.393, de 5 de dezembro de 2003, institui o Gabinete de Relações com a Comunidade no GP.

Ordem de Serviço n. 6, de 14 de julho de 2004, estabelece as regras e prazos para elaboração da proposta orçamentária 2005 pelas unidades da Prefeitura.

Ordem de Serviço n. 3, de 29 de abril de 2004, estabelece as regras para a execução do Orçamento 2004.

Lei federal n. 9.637, de 15 de maio de 1998, Projeto das Organizações Sociais.

Documentos consultados

Regimento Interno OPPA para os anos 1995, 1996, 1997, 1998; 2000, 2001, 2002, 2004 e 2005.

Plano de Investimentos para os anos 1991, 1993, 1994, 1995, 1996, 1997, 1998, 1999, 2000, 2001, 2002, 2004, 2005.

Grupo de Trabalho de Modernização do Orçamento Participativo (2001): Rompendo nossos limites: uma primeira avaliação dos pontos de estrangulamento que vivemos no processo do orçamento participativo de Porto Alegre. Mimeo.

Prefeitura de Porto Alegre (2002): Material Seminário Interno sobre Orçamento, junho. Mimeo.

Prefeitura de Porto Alegre (2001): *Prestação de Contas*. Porto Alegre: Prefeitura Municipal de Porto Alegre.

Prefeitura de Porto Alegre (2000): *Prestação de Contas*. Porto Alegre: Prefeitura Municipal de Porto Alegre.

Prefeitura de Porto Alegre (1995): *Prestação de Contas*. Porto Alegre: Prefeitura Municipal de Porto Alegre.

Prefeitura de Porto Alegre (s/d): PDA Programa de Descentralização Administrativa. Mimeo.
Prefeitura de Porto Alegre (s/d): Seminário Formação FASCOM 2003. *Mimeo*
Prefeitura de Porto Alegre (s/d): Histórico do Orçamento Participativo de Porto Alegre. Mimeo.

Material de divulgação consultado
Calendário e Pauta das Plenárias Regionais e Temáticas para o OP dos anos de 2002, 2003, 2004 e 2005. Os dois últimos anos incluem calendário e local de realização para cada Região e Plenária.
Cartazes de divulgação do período de realização das Plenárias para o OP dos anos de 2002, 2003 e 2005. O último ano inclui informação (a ser preenchida) de região/temática, data/hora e local.
Diagramas do Ciclo Orçamentário vigente de 1998 até 2001 e a partir de 2001.
Cartilha do Orçamento Participativo, junho 1999.
Orçamento Participativo. Modelo de Gestão Participativa: A experiência de Porto Alegre, 2003.
Orçamento Participativo. Assembleia Municipal Receitas e Despesas, 2003.
Exemplares de Boletim dos CAR Centros Administrativos Regionais – Partenon/Lomba do Pinheiro, Norte/Eixo-Baltazar; Noroeste/Humaitá-Navegantes Ano 2, Abril/2003.
OPPA 2002. Eu também faço Porto Alegre. *Material de divulgação da segunda rodada*, 2001.
Argumento XXI. Orçamento Participativo. Democracia Participativa. Maio de 1999, n. 1.
Orçamento Participativo. Aqui a participação fala mais alto (s/d).
Porto Alegre resiste e constrói/resists and builds (s/d).

Formulários
Ficha de credenciamento Assembleia Regional e Temática.
Orientações sobre como votar nas Prioridades temáticas das Regiões OP relativo a 2005.
Orientações sobre como votar nas Plenárias Temáticas OP relativo a 2005.
Cédula de votação de Conselheiros (as).
Cédula de votação Prioridades Regionais.
Cédula de votação Prioridades Temáticas.
Ficha de descrição de cada Demanda Regional e respectiva hierarquia.
Ficha de descrição das demandas de cada Assembleia Temática e respectiva hierarquia.
Relatório consolidando resultado de votação de demandas regionais e de assembleia temática.

Relatório consolidando resultado de eleição de Conselheiros.

Proposta para Plano de Investimentos 2005 região Leste.

Pedido de liberação de recursos orçamentários para comprometimento de valores referentes à obra/ação específica (GOR) de Secretaria fim para GAPLAN.

Sites consultados na internet

http://www.portoalegre.rs.gov.br/op_prestacao

http://www.portoalegre.rs.gov.br/op/

ANEXO I

PRINCIPAIS MUDANÇAS OCORRIDAS NO OPPA

1989
1º governo da Frente Popular – coligação de partidos de esquerda. Plataforma principal: democratização das relações entre Estado e sociedade civil.

Primeira proposta de Orçamento Participativo: discussão pública do orçamento e recursos para investimento. Coordenado pela Secretaria Municipal de Planejamento.

Proposta da Prefeitura de regionalização do OPPA – 5 regiões.

Debate com as lideranças comunitárias e sindicais – definição das 16 regiões.

1ª reunião do OPPA – Zona Norte no Sindicato dos Metalúrgicos – 200 participantes.

1990
Aprovação da Lei Orgânica Municipal em 03/10/1990.

O OPPA passa a ser coordenado pela CRC.

Criação do GAPLAN, mudando o padrão tradicional de fazer o orçamento. O GAPLAN e CRC estão vinculados diretamente ao Gabinete do Prefeito.

Criação do Conselho Municipal do Plano de Governo e Orçamento.

Critérios para eleição de delegados na 1ª rodada – 5 pessoas, 1 delegado.

Critério para distribuição de recursos nas regiões: população carente, população total, contribuição para a organização da cidade, mobilização popular e carência de infraestrutura.

1991
Distribuição dos recursos por setor de atividade ao invés da política de concentração dos investimentos nas áreas de carência máxima.

A hierarquização é feita por órgãos da administração.

Dois critérios foram abandonados: mobilização popular e importância da região para a organização da cidade. Novo critério: prioridade da região.

Critérios para distribuição de recursos: carência de serviços ou infraestrutura urbana da região, população em área de carência máxima de serviços ou infraestrutura da região, população total da região e prioridade da região.

Criação do Fórum Regional do Orçamento Participativo – FROP.

1992

Criação do Coordenador Regional do Orçamento Participativo – CROP.

Introdução de 7 temas para hierarquização: saneamento básico, regularização fundiária, transportes, saúde, organização da cidade, pavimentação e educação.

1993

2ª gestão da Administração Popular

Novo nome para o tema pavimentação: Pavimentação Comunitária

Plano Plurianual elaborado internamente pelo governo é apresentado para aprovação no COP.

I Congresso da cidade – aprovação das diretrizes, projetos e ações da cidade que se deseja.

1994

Criação das Temáticas: Circulação e Transporte, Saúde e Assistência Social, Educação, Cultura e Lazer, Desenvolvimento Econômico e Tributação e Organização da Cidade e Desenvolvimento Urbano.

Primeira discussão e aprovação do Regimento Interno no Conselho Municipal do Plano de Governo e Orçamento.

Constituição da Comissão Paritária que coordena e planeja as atividades do Conselho, com 4 representantes do governo e 4 conselheiros eleitos.

Criação da Comissão Tripartite composta por Governo, Conselho e Sindicato dos Municipários (SIMPA) que trata sobre o ingresso de pessoal na administração do município.

Início da discussão dos critérios técnicos e gerais no Conselho de forma sistemática.

Redefinição do critério de eleição para delegados: 20 participantes, 1 delegado e a fração maior do que dez. Parcela dos delegados é tirada também nas reuniões intermediárias: 10 participantes, 1 delegado na reunião de maior quórum.

1ª prioridade de toda a cidade: regularização fundiária.

1995

Alteração nos critérios gerais do OP: é excluído o critério "população carente da região".

O Regimento Interno passa a ter formato próprio e é publicado.

Comissão Paritária e a Tripartite constam no Regimento Interno.

Realização do II Congresso da Cidade: início das discussões sobre a reformulação do Plano Diretor de Desenvolvimento Urbano.

1996

Mudança dos nomes dos temas de hierarquização: transporte passa a ser transporte e circulação e retira-se o termo comunitária da pavimentação.

Mudança nos critérios de eleição para delegados: introdução do sistema de faixas.

Introdução de uma tabela de proporcionalidade no Regimento Interno para a eleição dos conselheiros quando tiver mais de uma chapa.

Mudança no nome do Conselho: Conselho Municipal do Orçamento Participativo.

OPPA apresentado no Habitat II em Istambul com a participação de conselheiro do OP.

1997

3ª gestão da Administração Popular.

Elaboração do Plano Plurianual com participação popular: discutido nos Fóruns do OP.

Alteração no critério de eleição dos delegados: oito faixas de proporcionalidade.

A rodada passa a ser chamada de Assembleia Geral Popular.

Os participantes da 1ª rodada são identificados para a escolha dos delegados.

Introduz-se oficialmente o nome de Rodadas Intermediárias.

Criação da Comissão de Tripartite II composta pelo conselho, Secretaria Municipal da Educação e Conselho Municipal dos Direitos da Criança e do Adolescente que trata sobre o convênio das creches comunitárias.

Criação da comissão de comunicação do Conselho.

Mudança nos critérios gerais (pesos, notas e faixas): carência dos serviço ou infraestrutura (peso 4 e 5), população total da região (peso 2 e 4 notas) e prioridade temática da região (peso 4 e 5 notas).

Novo tema de hierarquização (total de 8 temas): assistência social, ampliação do tema regularização fundiária que passa a chamar-se política habitacional abrangendo: regularização fundiária, reassentamento, urbanização e unidades habitacionais.

1ª prioridade de toda cidade: política habitacional.

1998

Alteração no critério de eleição dos delegados: quatro faixas de proporcionalidade.

Conselheiros organizam pauta de reuniões para discutir o seu papel

Novos temas de hierarquização (total de 12 temas): áreas de lazer, esporte e lazer; desenvolvimento econômico e cultura.

O tema desenvolvimento econômico tem critérios técnicos definidos no Regimento Interno.

Implantação de grandes empreendimentos na cidade deve ser submetida às diretrizes do desenvolvimento econômico.

1ª prioridade de toda a cidade: pavimentação.

Incluída no Regimento Interno a garantia de intérprete da Língua Brasileira de Sinais.

1999

Novo nome do Conselho: Conselho do Orçamento Participativo (COP).

Incluído no Regimento Interno artigo tratando sobre as reuniões dos Conselheiros.

Identifica-se necessidade de divulgar as deliberações e encaminhamentos das reuniões da Comissão Tripartite.

Inclui-se no Regimento Interno a possibilidade de constituir comissão especial para acompanhar a real carência de cada região.

1ª prioridade de toda a cidade: saneamento básico.

2000

Alteração no critério de eleição dos delegados: 10 participantes, 1 delegado.

Alteração nos critérios para eleição dos delegados nas intermediárias.

Na ficha de credenciamento dos participantes nas rodadas acrescenta-se a expressão segmento ao qual a pessoa pertence.

Para eleição de delegados nas rodadas intermediárias determina-se reunião específica para este fim.

Coordenação do COP substitui a Comissão Paritária, composta de 4 representantes do governo e 8 conselheiros.

Introdução dos critérios técnicos da Assistência Social.

Alteração nos critérios gerais: carência de serviço ou infraestrutura (peso 4 e 4 notas); prioridade da região (peso 5 e 4 notas).

Criação de nova temática: cultura.

Inclui-se no Regimento Interno: obras institucionais que exigirem recursos orçamentários próprios ou financiamentos de organismos nacionais ou internacionais deverão ser debatidas previamente com a comunidade.

1ª prioridade de toda a cidade: política habitacional.

III Congresso da Cidade: 2 eixos de enfoque: gestão participativa e qualidade de vida.

Inauguração do Auditório Popular no Mercado Público – local para as reuniões do Orçamento Participativo.

2001

4ª gestão da Administração Popular.

Novo tema de hierarquização (total de 13 temas): saneamento ambiental; mudança nos nomes do tema política habitacional para a habitação e organização da cidade para iluminação pública.

Inclui-se no regimento interno que o acompanhamento das obras pode ser feito pela Comissão de Obras independente de sua fase, devendo o governo providenciar transporte.

Incluído no Regimento Interno a linguagem braile nas plenárias.

Criação da Tripartite III: discussão das políticas de assistência social

Criada no COP a Comissão de obras, habitação e área social.

Inclui-se nos critérios técnicos da habitação: necessidade de um cadastramento junto à comunidade nos casos dos projetos habitacionais, evitando a grilagem e a venda de terrenos.

Inclui-se no regimento interno: governo deverá responder aos conselheiros das regiões/temáticas sobre as questões levantadas nos informes das reuniões.

OP-internet: possibilidade de enviar sugestões via internet com análise prévia do governo e sendo obrigatória a avaliação e deliberação nos Fóruns de Delegados do OP.

Discussão da proposta no Plano Plurianual pela população em geral, nas instâncias de base do OP, no Plano Diretor de Desenvolvimento e Urbano e Ambiental e Conselhos Setoriais.

Criação do Grupo de Trabalho Modernização do OP – internamente ao governo - para propor melhorias.

Aprovação da proposta de realização de cursos de capacitação sobre o OPPA.

2002 a 2004

Unificação da 1ª e 2ª rodada para haver mais tempo para as assembleias intermediárias.

Criação da Assembleia Municipal que reúne o conjunto de delegados regionais e temáticos do OPPA na qual são hierarquizadas as obras e serviços.

Prestação de contas do OPPA é divulgada na internet.

Adotada a política indicativa de que na nominata das chapas que concorrem a vaga de conselheiro esteja previsto que nenhum gênero tenha representação inferior a 40%.

ANEXO II

OPPA NO PLANO PLURIANUAL

– Para o Gabinete do Prefeito
Diretriz: 005
Ampliar e aprofundar o processo de democratização do Poder Público Municipal, qualificando canais já existentes e constituindo instrumentos capazes de assegurar a participação popular nas decisões sobre ações do governo, bem como sua transparência quanto ao planejamento e execução.
Objetivo: 005.0010.002
Aprofundar o processo de Descentralização Administrativa, reforçando política e administrativamente os Centros Administrativos Regionais.
Meta: 005.0010.002.003
Consolidar formalmente a Coordenação de Relações com a Comunidade CRC.
Objetivo: 005.0010.003
Ampliar e modernizar o Orçamento Participativo.
Meta: 005.0010.003.001
Ampliar a participação popular no Orçamento Participativo tanto através da frequência às suas reuniões, como através de mecanismos de manifestação de opinião e/ou demanda.
Meta: 005.0010.003.002
Viabilizar os meios, diretamente ou através de convênios com instituições públicas, para o desenvolvimento de pesquisas sobre o Orçamento Participativo.
Meta: 005.0010.003.004
Manter relações permanentes e qualificadas de diálogo e colaboração com entidades e movimentos representativos da comunidade.
– Para o Gabinete de Planejamento GAPLAN
Diretriz: 002
Executar o planejamento estratégico do Governo, compatibilizar as decisões políticas do Governo, os planejamentos dos diversos órgãos da Administração Municipal e as prioridades apresentadas pelas comunidades, incorporando as contribuições das diversas instâncias através do processo do Orçamento Participativo, e promovendo a transparência administrativa indicada na Lei de Responsabilidade Fiscal.

Objetivo: 002.0079.001
Ampliar a participação no Orçamento Participativo
Meta: 002.0079.001.001
Incluir, em conjunto com a CRC, novos setores sociais, principalmente os grupos em desvantagem social e o público das entidades profissionais e sindicais no processo do Orçamento Participativo.
Objetivo: 002.0079.002
Coordenar o processo de planejamento do governo, articulando as propostas dos órgãos municipais, fóruns, conselhos municipais, com as decisões estabelecidas pelo Orçamento Participativo.
Meta: 002.0079.002.003
Elaborar anualmente o Plano de Investimentos da Prefeitura, articulando órgãos municipais e instância do Orçamento Participativo.
Meta: 002.0079.002.004
Contribuir no processo de discussão do Orçamento Participativo, realizando a mediação e compatibilização entre os recursos existentes, as iniciativas institucionais e as demandas da comunidade.
Meta: 002.0079.002.005
Contribuir para agilização da análise das demandas da comunidade pelos órgãos do governo.
Meta: 002.0079.002.006
Promover a integração e capacitação das Assessorias de Planejamento de cada órgão, afirmando-as como instrumentos de planejamento interno articulados com a implementação e acompanhamento do Orçamento Participativo.
Meta: 002.0079.002.007
Coordenar, em conjunto com a CRC, a qualificação e ampliação das Comissões de Obras e Serviços.
Objetivo: 002.0079.003
Promover em conjunto com a CRC, a Comissão de Coordenação e o Conselho do Orçamento Participativo um contínuo ajuste crítico do processo do Orçamento Participativo, visando ao seu constante aperfeiçoamento.
Meta: 002.0079.003.001
Promover a revisão anual do Regimento Interno, Normas e Critérios de funcionamento do Orçamento Participativo.
Meta: 002.0079.003.002
Implantar, em conjunto com a CRC, seminários de atualização sobre o Orçamento Público para os CROP's.
Meta: 002.0079.003.003

Participar da elaboração de propostas de reformas e modificações do Orçamento Participativo (...).
Objetivo: 002.0079.004
Qualificar e modernizar a administração pública.
Meta: 002.0079.004.001
Qualificar (...) a página do OP na internet.
Meta: 002.0079.004.002
Realizar (...) cursos sobre o Orçamento Participativo para os funcionários da administração.
Objetivo: 002.0079.005
Construir os canais e mecanismos necessários para o aperfeiçoamento do Orçamento Participativo, dos Conselhos Municipais, Regionais e Setoriais.
Meta: 002.0079.005.001
Realizar Seminários Públicos sobre Orçamento Participativo aberto para o público em geral.
Meta: 002.0079.005.002
Criar um Centro de Referência de Documentação do Orçamento Participativo (...).
Meta: 002.0079.005.003
Implantar o uso do geoprocessamento no encaminhamento, análise e acompanhamento das demandas do Orçamento Participativo.
Meta: 002.0079.005.004
Realizar anualmente, em conjunto com a CRC, seminários de capacitação de Delegados e Conselheiros em Orçamento Público e Dinâmica do Orçamento Participativo.
Objetivo: 002.0079.007
Promover a consolidação de informações técnicas pertinentes à atuação do Governo e das demandas da comunidade.
Meta: 002.0079.007.001
Aperfeiçoar o sistema GPR (Gerenciamento de Projetos) de forma a possibilitar o monitoramento do planejamento e do controle da execução, com acesso da comunidade através dos Centros Administrativos Regionais e de página na internet.
Meta: 002.0079.007.002
Consolidar os Planos de Investimentos anuais, discriminando os cronogramas físico-financeiros de obras e atividades.
Objetivo: 002.0079.008
Planejar, analisar e controlar a execução orçamentária anual a partir das decisões estabelecidas pelas instâncias do Governo e do OP.

Meta: 002.0079.008.002

Assegurar, através da utilização dos instrumentos de planejamento adequados, os recursos necessários para a execução dos serviços da cidade, bem como para as obras do Plano de Investimentos, decididas pelo Orçamento Participativo.

Diretriz: 003

Desenvolver o Planejamento Orçamentário na Administração Municipal

Objetivo: 003.0020.001

Capacitar os órgãos na elaboração da programação orçamentária

Meta: 003.0020.001.002

Munir o Conselho do Orçamento Participativo de material técnico acessível para a análise da Proposta Orçamentária do Poder Executivo.

– Para a Secretaria do Governo Municipal

Diretriz: 002

Ampliar e aprofundar o processo de democracia participativa do poder público municipal.

Objetivo: 002.0009.001

Ampliar e qualificar, em conjunto com o Gabinete de Planejamento GAPLAN e a CRC, o Orçamento Participativo da Cidade.

Meta: 002.0009.001.001

Coordenar estudos em conjunto com o Gabinete do Prefeito, Gabinete de Planejamento e Coordenação de Relações com a Comunidade para ampliar e qualificar a participação da população no Orçamento Participativo.

Secretaria Municipal de Esportes, Recreação e Lazer, meta 001.0018.001.007: ampliar o programa "Em cada campo uma escolinha" por região do OPPA; meta 001.0019.002.003: implementar o conjunto de equipamentos esportivos existentes ampliando-os para integração das comunidades escolares de acordo com as definições do Orçamento Participativo anual; meta 001.0029.001.002: cercar e iluminar praças esportivas, de acordo com as decisões do OPPA; meta 001.0069.001.001: adaptar um espaço por região do OPPA;

Secretaria Municipal da Cultura, meta 001.0022.001: realizar espetáculos artísticos de acordo com as demandas do OPPA; meta 001.0022.001.002: realizar oficinas culturais em todas as áreas de acordo com as demandas do OPPA; meta 001.0022.001.003: realizar o festival de música em todas as regiões do OP; meta 002.0009.001.002: considerar as resoluções das conferências municipais de cultura, bem como, os pareceres do Conselho Municipal de Cultura nas discussões do OPPA e nas ações da Secretaria;

Secretaria Municipal de Obras e Viação, meta 004.0033.001.002: aumentar progressivamente a capacidade de pavimentação da conservação permanente de acordo com as decisões do OPPA e matriz orçamentária;

Secretaria Municipal de Educação, meta 001.0005.001.002: construir creches de acordo com as decisões do OPPA; meta 001.0005.001.002: conveniar 15 creches/ano, estabelecendo, quando necessário, convênios específicos, de acordo com as decisões do OPPA e análise técnica de (...) e Conselheiros do OPPA, conforme resolução vigente; meta 002.0042.002.002: construir ou ampliar e reconstruir escolas de educação fundamental a partir das definições no OPPA; meta 002.0042.003.001: expandir as totalidades iniciais do SEJA para toda a RME, com implantação gradativa nas escolas, conforme demandas do OPPA; meta 002.0042.003.002: expandir as totalidades finais do SEJA para toda a RME, de forma gradativa, conforme demandas do OPPA; meta 005.0009.002.002: continuar e qualificar o planejamento e orçamento participativo nas escolas como instrumento de mobilização e participação no processo de deliberação, articulando uma maior integração com o orçamento participativo da cidade; meta 008.0009.001.001 construir banco de dados único, informatizado, definindo indicadores por bairro e região do OP;

Secretaria Municipal dos Transportes, objetivo 001.0051.002: executar obras corretivas nos pontos críticos da cidade, apontadas por consultoria e aprovadas no OPPA, para facilitar a fluidez e a segurança;

Secretaria Municipal de Saúde, meta 008.0083.009.001: estudar a viabilidade técnica e financeira de implantação de atendimento 24 horas na Lomba do Pinheiro, de acordo com as prioridades anuais do Orçamento Participativo; meta 012.0087.001 divulgar semestralmente o número de órteses e próteses solicitadas e o número fornecido pelo Sistema Público, através do Diário Oficial do Município, ao Conselho Municipal de Saúde e em documentos do OPPA;

Secretaria Municipal do Meio Ambiente, meta: 008. 0058.004.001: construir novas praças de acordo com as demandas do OPPA; meta 012.0096.001.001: reassentar ou relocar famílias em situação ou áreas de risco, em conjunto com o DEMHAB, conforme as prioridades do OPPA e/ou situações emergenciais; meta 013.0058.002.001: formar comissões de meio ambiente nas 16 regiões do OPPA;

Departamento Municipal de Habitação, meta 003.0072.001.001: constituir comissões de habitação nas regiões do OPPA;

Departamento Municipal de Águas e Esgoto, objetivo 003.0073.003:

ampliar os sistemas de coleta e bombeamento de esgotos em resposta às demandas do OPPA;

Departamento Municipal de Limpeza Urbana, meta 001.0071.009.002: expandir a coleta seletiva em toda a cidade de acordo com a viabilidade técnica, financeira e priorização do OPPA.

Leia também da Editora Horizonte
Coleção Mulheres e Letras

Culpados, primeiro romance de Kate Chopin. "Em *Culpados*, marginalizadas pela sociedade, suas protagonistas desenvolvem anseios que não podem ser satisfeitos em um mundo patriarcal. Elas parecem estar sempre um passo a frente de seu tempo, fazendo exigências e sonhando completudes, que seus momentos sociais negam. Poderíamos classificá-las de feministas de primeira hora, mas são de uma radicalidade de pretensões e exigências, que o próprio movimento feminista de nossos dias tem dificuldade de acomodar. O fato de que suas heroínas continuam a fascinar é prova do interesse continuado em se perguntar pelo desejo da mulher". Maria Elisa Cevasco.

Cosima é a autobiografia de Grazia Delledda, escritora que superou seu tempo, sua educação cheia de costumes campestres e rigidez religiosa. Passou pela euforia do primeiro livro publicado, foi humilhada e desprezada por todos, pois ser escritora era muita pretensão nos tempos idos da cidade de Nuoro, cidade natal da autora, que teve de abandoná-la para seguir carreira. Sua escrita se tornou tão abrangente, que expandiu para os domínios da Arte, influenciando artistas como Antonio Ballero e Giuseppe Biasi, por mais de uma década.

Cartas a Victor Hugo, de Louise Michel, mostra as correspodências da revolucionária da Comuna de Paris que não abriu mão do direito de lutar pela igualdade e pela liberdade. Presa, por mais de 10 anos, só aceitou sua soltura quando todos os revolucionários recebessem anistia. Ainda na prisão encontrava forças para defender seus amigos condenados à morte; forças para ensinar tribos canacas a lutarem e impedirem a invasão de suas terras. Forças para ser poeta e mulher.

Visite o site da Editora Horizonte www.editorahorizonte.com.br